EDUCAÇÃO SEXUAL NOS MUSEUS

Editora Appris Ltda.
1.ª Edição - Copyright© 2025 dos autores
Direitos de Edição Reservados à Editora Appris Ltda.

Nenhuma parte desta obra poderá ser utilizada indevidamente, sem estar de acordo com a Lei nº 9.610/98. Se incorreções forem encontradas, serão de exclusiva responsabilidade de seus organizadores. Foi realizado o Depósito Legal na Fundação Biblioteca Nacional, de acordo com as Leis nos 10.994, de 14/12/2004, e 12.192, de 14/01/2010.

Catalogação na Fonte
Elaborado por: Dayanne Leal Souza
Bibliotecária CRB 9/2162

O488e
2025
	Oliveira, Suellen de
	   Educação sexual nos museus / Suellen de Oliveira. – 1. ed. – Curitiba: Appris, 2025.
	   319 p. : il. ; 23 cm. – (Geral).
	
	   Inclui referências.
	   ISBN 978-65-250-7303-3
	
	   1. Educação sexual. 2. Museus. 3. Educação não formal. I. Oliveira, Suellen de. II. Título. III. Série.
	                                                                          CDD – 741.074

Livro de acordo com a normalização técnica da ABNT

Appris editorial

Editora e Livraria Appris Ltda.
Av. Manoel Ribas, 2265 – Mercês
Curitiba/PR – CEP: 80810-002
Tel. (41) 3156 - 4731
www.editoraappris.com.br

Printed in Brazil
Impresso no Brasil

Suellen de Oliveira

EDUCAÇÃO SEXUAL NOS MUSEUS

Appris
editora

Curitiba, PR
2025

FICHA TÉCNICA

EDITORIAL	Augusto Coelho
	Sara C. de Andrade Coelho

COMITÊ EDITORIAL

- Ana El Achkar (Universo/RJ)
- Andréa Barbosa Gouveia (UFPR)
- Antonio Evangelista de Souza Netto (PUC-SP)
- Belinda Cunha (UFPB)
- Délton Winter de Carvalho (FMP)
- Edson da Silva (UFVJM)
- Eliete Correia dos Santos (UEPB)
- Erineu Foerste (Ufes)
- Fabiano Santos (UERJ-IESP)
- Francinete Fernandes de Sousa (UEPB)
- Francisco Carlos Duarte (PUCPR)
- Francisco de Assis (Fiam-Faam-SP-Brasil)
- Gláucia Figueiredo (UNIPAMPA/ UDELAR)
- Jacques de Lima Ferreira (UNOESC)
- Jean Carlos Gonçalves (UFPR)
- José Wálter Nunes (UnB)
- Junia de Vilhena (PUC-RIO)
- Lucas Mesquita (UNILA)
- Márcia Gonçalves (Unitau)
- Maria Aparecida Barbosa (USP)
- Maria Margarida de Andrade (Umack)
- Marilda A. Behrens (PUCPR)
- Marília Andrade Torales Campos (UFPR)
- Marli Caetano
- Patrícia L. Torres (PUCPR)
- Paula Costa Mosca Macedo (UNIFESP)
- Ramon Blanco (UNILA)
- Roberta Ecleide Kelly (NEPE)
- Roque Ismael da Costa Güllich (UFFS)
- Sergio Gomes (UFRJ)
- Tiago Gagliano Pinto Alberto (PUCPR)
- Toni Reis (UP)
- Valdomiro de Oliveira (UFPR)

SUPERVISORA EDITORIAL	Renata C. Lopes
PRODUÇÃO EDITORIAL	Daniela Nazario
REVISÃO	Bruna Fernanda Martins
DIAGRAMAÇÃO	Jhonny Alves dos Reis
CAPA	Lívia Costa
REVISÃO DE PROVA	Ana Castro

Dedico este livro a todos(as) que decidiram enfrentar o desafio imposto pelo tabu e ousaram a promover a educação sexual.

Dedico também àqueles que a partir desta leitura irão se inspirar e assumir os seus papéis como educadores(as) sexuais.

AGRADECIMENTOS

Ao apoio incondicional da minha família: Arinete de Oliveira Borges, Gilvan Borges, Vinícius de Oliveira Borges, Beatriz de Oliveira Borges, Caio César Bianchi de Castro e cachorro Mojito – amo vocês!

Ao Robson Coutinho-Silva, meu orientador durante a realização da pesquisa do doutorado e a todos que contribuíram com a realização da tese que deu origem a este livro. Em 2024, a tese recebeu o "Prêmio Anual IOC de Teses Alexandre Peixoto" pelo Programa de Pós-graduação em Ensino em Biociências e Saúde do Instituto Oswaldo Cruz", além de ser indicada ao "Prêmio Capes de Tese - Edição 2024".

À Sônia Simões Camanho (Praça da Ciência Itinerante da Fundação Centro de Ciência e Educação Superior a Distância do Rio de Janeiro) e à Mary Neide Damico Figueiró (Universidade Estadual de Londrina), por me inspirarem a seguir como educadora sexual.

Ao Pedro Vitiello, que apoiou o início da minha caminhada como educadora sexual no Espaço Ciência Viva, estando ao meu lado a todo momento. Juntos contribuímos para a formação de diversos educadores da educação formal e não formal. Também criamos a Ludus Magisterium, que trouxe muitos frutos, tais como as amizades construídas e meu primeiro livro: *Jogos de Tabuleiro na Educação*. Serei eternamente grata!

Ao Paulo Henrique Colonese (Espaço Ciência Viva e Museu da Vida da Fundação Oswaldo Cruz) e à doutora Grazielle Rodrigues Pereira (Instituto Federal do Rio de Janeiro) pelo fornecimento de informações e compartilhamento de materiais que contribuíram para a construção deste livro.

Ao doutor Paulo Rennes Marçal Ribeiro (Universidade Estadual Paulista Júlio de Mesquita Filho), que disponibilizou materiais para me ajudar a construir o capítulo referente à história do Museu e Pinacoteca de Educação Sexual.

À Brune Ribeiro da Silva, Camila Macedo Guastaferro, Daniela Barbosa, Eduardo Santos Sá, Ellen Nicolau, Fabiana Caitano da Silva Bandeira, Fátima Almeida, Laís de Araújo Pereira, Mauro Romero Leal Passos, Robson Coutinho-Silva, Rodrigo Moura Silva, Sônia Simões Camanho, Tania Cremonini Araujo-Jorge, Thatiana Antunes Vieira da Silva, Thiago Petra e Val Chagas, por concederem entrevistas que contribuíram significativamente para a construção deste livro.

À Katie Bruce (Glasgow Life) pelas informações compartilhadas por e-mail sobre a exposição sh[OUT]. A Ludmila Ribeiro de Carvalho, por me receber no Museu de Anatomia — Por dentro do Corpo (ICB/UFRJ) para que eu pudesse fotografar as esculturas anatômicas em cera. Ao Igor Rodrigues por me receber no Museu Nacional para que eu pudesse fotografar os fetos utilizados nas atividades educativas conduzidas por Victor Stawiarski. Ao Ernani Benincá Cardoso, diretor geral do Instituto de Educação Médica da Estácio, por me permitir fotografar as peças oriundas da Universidade Gama Filho, que possivelmente pertenceram ao Museu e Pinacoteca de Educação Sexual.

À Janaína Staciarini e Bruna Fernanda Martins, pela revisão cuidadosa deste livro.

*Se a educação sozinha não transforma a sociedade,
sem ela tampouco a sociedade muda.*

Paulo Freire

PREFÁCIO 1

A Educação Museal existe como prática no Brasil desde que os primeiros museus começaram a surgir. Ainda no século XIX, o Museu Nacional, localizado no Rio de Janeiro, mas à época conhecido como Museu Imperial, acolhia estudantes e estudiosos, que contribuíram para o registro, estudo e difusão do conhecimento sobre o Brasil, sua fauna, flora e povos.

Institucionalizada no mesmo Museu Nacional, em 1927, com a criação da Seção de Assistência ao Ensino, a SAE, a Educação Museal desenvolveu-se no país com características particulares: conciliando prática e reflexão teórica, elaboração conceitual e pedagógica, integração com o campo internacional e criação nacional, contornando desafios e galgando espaço nas políticas públicas de cultura, desde o início do século XX.

Na segunda década do século XXI, a Educação Museal, por força e dedicação de seus agentes, ganhou uma Política Nacional, construída de forma participativa, entre 2010 e 2017, e que entre 2023 e 2024 tem seus instrumentos revistos e incrementados, devido à atuação coletiva destes mesmos agentes, sejam eles representantes do poder público ou dos diversos movimentos, coletivos, redes e representantes de diferentes segmentos sociais que atuam com educação em museus, instituições de memória e cultura, escolas e demais espaços educacionais.

Museus são lugares de entretenimento, diversão, de aprendizagem e de exercício da cidadania, onde pessoas se encontram, interagem política e socialmente, despertando afetos, curiosidades, redes de solidariedade e de construção de pensamentos coletivos.

Há museus de muitas temáticas, acervos de diversas tipologias, podemos dizer que se pode criar museus de toda e qualquer coisa que a criatividade e a imaginação humana forem capazes de conceber. Igualmente, os temas de trabalho com acervo, edifício, território e gentes dos museus são um enorme cardápio a ser explorado por profissionais que neles atuem, sejam pessoas educadoras, curadoras, museólogas ou de qualquer outra profissão museal.

Nesse contexto, também tudo é ensinável, aprendível, é passível do despertar de interesses, conflitos e saberes construídos comunitariamente. O universo de potencialidade educativa de um museu é infinito, mas depende de condicionantes que nem sempre são de controle ou desejo das pessoas educadoras de museus e de públicos com os quais se relacionam em sua prática profissional.

Sendo alvo fácil de processos educativos museais contemporâneos, os tabus são exemplos do que os museus, ao mesmo tempo, trazem de potencial e limitação exploratória e sua presença no cotidiano da Educação Museal é uma condição de longa data.

O livro de Suellen de Oliveira, educadora museal, sexual, divulgadora científica, ou qualquer outra nomeação que queira se dar a sua prática formativa integral, nos apresenta a luta em defesa e pela valorização de processos educativos que, seja no campo museal ou não, apresentam-se há séculos como um tabu a ser superado.

Fruto de uma vasta pesquisa acadêmica, com extenso levantamento de dados, significativas entrevistas e análises muito pertinentes e necessárias ao momento em que vivemos. Seu texto traz o importante tema da Educação Sexual como um tabu na sociedade em geral e nos museus em particular, apesar de ser já tratado no campo museal há quase um século, como nos demonstra em uma rica narrativa histórica.

Conheci Suellen na luta pela consolidação de uma Educação Museal reconhecida pelo poder público, valorizada pelas instituições e exercida de forma inclusiva e emancipatória pelas pessoas educadoras museais. Nos cruzamos no Grupo de Pesquisa Educação Museal: conceitos, história e políticas, do Instituto Brasileiro de Museus, quando sua pesquisa era desenvolvida ainda como uma tese de doutorado em curso. Acompanhei seu desenvolvimento, as dificuldades da lida com o tema e também a satisfação de ver que algo tão socialmente necessário foi tomando corpo e vida, em um texto são e politicamente necessário.

Para leitoras e leitores que atuam na Educação Museal, o conteúdo deste livro emociona por possibilitar o conhecimento de tantas ações transformadoras para o campo museal, que, embora ainda insuficientes, demonstram os avanços dos museus e de seus agentes sociais, em especial nos últimos anos, podendo ser considerado já um importante referencial sobre o tema.

É satisfatória a forma como o trabalho diferencia abordagens fetichistas daquelas educativas. Sabemos facilmente, a partir da lógica apresentada pela autora, diferenciar as abordagens sobre sexualidade presentes, por exemplo, em museus europeus e brasileiros, em distintos momentos nas últimas décadas.

Os estudos dos museus realizados pela autora apresentam profundidade teórica e reflexão crítica, apresentando ainda caráter propositivo, seja no aspecto teórico quanto prático. A riqueza do levantamento de dados é impressionante, mas a cereja do bolo do texto de Suellen e sua maior relevância, é a proposição de um referencial teórico para o trabalho com educação sexual nos museus e a apresentação qualitativa de propostas práticas.

Este livro deverá ser lido por todos que se envolvem na temática da sexualidade relacionada aos museus, ou que, ao tratar do tema, particularmente nas escolas, querem fazer dele algo considerado mais comum e cotidiano. Saber o que é sexualidade, como se alcança a saúde sexual e como se educa toda uma população a alcançá-la é um ato político e Suellen propõe método, conteúdo e justificativa para que os museus assumam essa tarefa.

Em um país que tem 124 denúncias de violência sexual a crianças e adolescentes por dia*, que mata uma pessoa LGBTI+ a cada 34h**, este é um trabalho de relevância humanitária, abordando aspectos históricos, sociais, culturais e profissional no que diz respeito à educação museal e ao seu desenvolvimento como prática educativa e política pública. Este livro se torna um manual obrigatório acerca do aprendizado sobre o tema da Educação Sexual nos museus contemporâneos.

*Dados de pesquisa realizada pela Fundação Abrinq, em 2022.
** Dados do Dossiê de Mortes e Violências contra LGBTI+ no Brasil 2022, publicado pelo Ministério dos Direitos Humanos e Cidadania.

Fernanda Castro

Educadora Museal e Presidenta do Instituto Brasileiro de Museus

PREFÁCIO 2

Educação Sexual: uma soma de esforços

Com grande prazer e admiração, li esta obra que vem descortinar a potencialidade de um MUSEU como instituição que pode ir além do monitoramento de exposições. Ao longo do livro, a autora mostra como um MUSEU pode atuar na área da Educação, da Saúde e da formação integral das pessoas, de modo a se tornar, inclusive, um valioso colaborador das escolas, sobretudo no que diz respeito à Educação Sexual. A obra ajuda-nos a compreender que a exposição é apenas um dos aspectos de sua função social e cultural, pois, por ser um centro histórico, de entretenimento e de lazer, um MUSEU pode se destacar, também, como um lugar de ensino e de pesquisa.

Suellen tem o domínio das Ciências Biológicas e da Pedagogia, mas, sobretudo, comprometimento e paixão pelo exercício de levar para as pessoas os conhecimentos científicos ligados à sexualidade, de modo especial, para crianças e adolescentes. Deixa clara a certeza de que o conhecimento da Biologia e da Fisiologia do corpo e da sexualidade, trabalhado de forma natural e com amor, pode trazer contribuições positivas, melhorando a qualidade de vida das pessoas envolvidas.

De maneira envolvente e alegre, Suellen nos apresenta como, desde o início do século XX, vem acontecendo Educação Sexual intencional em espaços de MUSEU, o que se caracteriza como uma educação não formal. Mostra, ainda, de que maneira, aproveitando as exposições, é possível fazer uso de imagens, cenas, obras de arte e fotos para oportunizar reflexão e criticidade sobre temáticas relacionadas à sexualidade. Além disso, traz exemplos de exposições, tanto nacionais como internacionais, nas quais o tema foi explorado. Esta ideia fica clara em sua tenaz afirmação: "Basta um novo olhar sobre os itens musealizados que será possível identificar elementos associados à sexualidade passíveis de serem explorados para despertar no público determinadas interpretações sobre o tema".

Encontramos, nessa leitura prazerosa, um resgate histórico da Educação Sexual intencional de três Instituições do Rio de Janeiro, a saber: o MUSEU Nacional, o Espaço Ciência Viva e o MUSEU e Pinacoteca de Educação Sexual. Esse último esteve ativo por mais de vinte anos, na primeira metade do século XX. Nesse resgate, estão incluídas a caminhada de vários profissionais, como médicos/as, psicólogos/as e professores/as, que, com esmero, se dispuseram e/ou se dispõem a levar adiante os conhecimentos científicos sobre o corpo, o sexo, a anticoncepção, a gravidez, a saúde sexual, entre outros temas relacionados.

Suellen ressalta que algumas atitudes dos/as profissionais de um MUSEU constituem formas alternativas de valorizar o papel ativo do/a visitante ou aluno/a no processo de aprendizagem e no exercício de aprender a pensar, seja por meio de descoberta ativa, experiências, reflexões e discussões, sempre conduzidos/as por monitores e/ou profissionais e professores/as devidamente preparados/as para a atuação nessa área. Entre essas alternativas, está, por exemplo, a de ir até o público, em praças e feiras, para a apresentação de trabalhos. Suellen relata, também, o extremo cuidado e a atenção voltados para a variação de estratégias de ensino em todos os trabalhos. Refere-se, várias vezes, aos empecilhos e às dificuldades encontrados, mas ficam claras a resiliência e a força que está constantemente junto àqueles que valorizam o ensino de temas ligados à sexualidade, considerando que o direito às informações científicas é um direito de todas as pessoas, lembrando a nós, leitores/as, que esse é um dos Direitos Reprodutivos e dos Direitos Sexuais.

Pesquisas têm mostrado que a família e a escola são muito importantes na educação sexual de crianças e adolescentes. Pais, mães, avós, cuidadoras, professores/as, mesmo que não saibam, são grandes educadores/as sexuais das crianças e adolescentes, pois educam (ou deseducam) pelas suas falas, pelas suas atitudes e, muitas vezes, pelo silêncio em torno do tema, pois o não falar sobre já é uma forma de "passar mensagens" a respeito do mesmo: "esse é um assunto do qual não se fala"; "é um assunto feio... que encabula as pessoas adultas". Também a mídia, as novelas, os filmes e as letras de música educam (ou deseducam) sexualmente, de modo não intencional, na maioria das vezes. Esses exemplos constituem o que se entende como Educação Sexual informal, ou seja, a que ocorre sem planejamento, no cotidiano das relações, muitas vezes, sem que as pessoas envolvidas percebam isso. É muito bom quando família e escola também fazem um trabalho intencional.

Diversas pessoas, infelizmente, pensam que a Educação Sexual vai estimular a criança a fazer sexo, assim, apresentam várias razões, sem fundamento científico, para se mostrarem contrárias a toda ação educativa voltada para a sexualidade. O resultado dessa postura é o que temos visto: muitas gravidezes não planejadas (frequentemente de garotas de pouca idade), altas taxas de IST, o aumento assustador do fenômeno da violência sexual infanto-juvenil e outras problemáticas de ordem pessoal e social. Em grande medida, isso se dá devido à falta da Educação Sexual intencional.

Muito apraz aos que lutam pela Educação Sexual constatar que mais uma instituição, além da escola, pode se comprometer com o ensino da sexualidade, oportunizando acesso a informações científicas e favorecendo reflexões e debates. Coerente com a perspectiva emancipatória da Educação Sexual, assumida também por Suellen, é necessário, ainda, formar pessoas capazes de identificar onde há violências, discriminação de toda ordem, desigualdades e injustiças, para, então, agir na direção das transformações sociais, com respeito a todo tipo de diversidade e visando à eliminação de desigualdades, violências, machismo e sexismo. Falar sobre sexualidade tem a ver com saúde, felicidade e formação em valores humanos, tais como respeito a si e ao outro, entre outros.

Um ponto peculiar, no livro de Suellen, está no destaque da experiência no Espaço Ciência Viva, na qual é dada ênfase à formação de monitores/as e professores/as, dentro do que se denomina formação inicial e formação continuada.

Vale considerar que a Educação Sexual deve se dar ao longo da vida, até atingirmos a velhice, pois precisamos continuar a buscar novas informações e a repensar nossos valores, sentimentos e atitudes ligados à vida sexual. Além disso, quando se trabalha o tema da sexualidade com professores/as ou monitores/as, visando a prepará-los/as para atuarem como educadores/as sexuais de crianças e adolescentes, tem-se um alcance duplo, pois os/as educadores/as também crescem como pessoas ao vivenciarem sua formação continuada voltada para o tema da sexualidade. Restam-nos dois desafios: o de sensibilizar os demais profissionais de MUSEUS para este trabalho e o de descobrir outras instituições capazes de, também, se comprometerem com a Educação Sexual e, assim, somarem esforços com pais, mães e professores/as.

Dr.ª Mary Neide Figueiró

Psicóloga, autora de vários livros de educação sexual e professora aposentada da Universidade Estadual de Londrina

SUMÁRIO

1
INTRODUÇÃO 23
1.1 SEXUALIDADE, UMA PALAVRA POLISSÊMICA 23
1.2 SAÚDE SEXUAL 25
1.3 EDUCAÇÃO SEXUAL 28
1.4 PERCURSO METODOLÓGICO 34

2
A EDUCAÇÃO SEXUAL NO CONTEXTO MUSEAL 41
2.1 A SEXUALIDADE ESTÁ PRESENTE NOS MUSEUS? 41
2.2 QUAIS SÃO OS FATORES QUE INFLUENCIAM NA INCLUSÃO OU EXCLUSÃO DE EXPOSIÇÕES SOBRE SEXUALIDADE NOS MUSEUS? 43
   2.2.1 ESCASSEZ DE RECURSOS HISTÓRICOS PARA FUNDAMENTAR E/OU COMPOR AS EXPOSIÇÕES 43
   2.2.2 PERCEPÇÃO DOS SEUS FUNCIONÁRIOS SOBRE O TEMA 54
   2.2.3 CURRÍCULO ESCOLAR 58
   2.2.4 INTERESSE DO PÚBLICO 60
2.3 OS MUSEUS DEVEM PROMOVER AÇÕES EDUCATIVAS? 68
2.4 OS MUSEUS TÊM PROMOVIDO EDUCAÇÃO SEXUAL? 72

3
EDUCAÇÃO SEXUAL INTENCIONAL NOS MUSEUS 75
3.1 SEXO: UMA EXPOSIÇÃO REVELADORA (*SEX: A TELL-ALL EXHIBITION*), CANADÁ, 2010 A 2012 76
3.2 NATUREZA SEXUAL (*SEXUAL NATURE*), INGLATERRA, 2011 81
3.3 *SH[OUT]*, ESCÓCIA, 2009 85
3.4 *UMA QUESTÃO DE SEXO(S)*, PORTUGAL, 2006 A 2007 93
3.5 *SEXO... E ENTÃO?!*, PORTUGAL, 2010 A 2011 100
3.6 *HEALTHY SEXUALITY: THE STORY OF LOVE*, TAILÂNDIA, 2010 106
3.7 *SÍFILIS: HISTÓRIA, CIÊNCIA E ARTE*, BRASIL, 2021 – 2022 107
3.8 *PREVENINDO A GRAVIDEZ JUVENIL*, BRASIL, 2009 – 2015 124
3.9 MUSEU DA VIDA, BRASIL 134

4
EDUCAÇÃO SEXUAL NO BRASIL: OS MUSEUS PIONEIROS 141

4.1 *MUSEU E PINACOTECA DE EDUCAÇÃO SEXUAL* DO CÍRCULO BRASILEIRO DE EDUCAÇÃO SEXUAL, BRASIL 141

    4.1.1 A SEXUALIDADE, SEGUNDO ALBUQUERQUE 142

    4.1.2 OS ELEMENTOS BASILARES DA EDUCAÇÃO SEXUAL, SEGUNDO JOSÉ DE ALBUQUERQUE 142

    4.1.3 A ATUAÇÃO DO CÍRCULO BRASILEIRO DE EDUCAÇÃO SEXUAL E O MUSEU E PINACOTECA DE EDUCAÇÃO SEXUAL 149

4.2 VICTOR STAWIARSKI E A EDUCAÇÃO SEXUAL NO MUSEU NACIONAL 165

4.3 O DESENVOLVIMENTO DA ÁREA TEMÁTICA EDUCAÇÃO SEXUAL INTEGRAL DO ESPAÇO CIÊNCIA VIVA: UMA HISTÓRIA DE RESISTÊNCIA! 180

    4.3.1 A CRIAÇÃO DO ESPAÇO CIÊNCIA VIVA 180

    4.3.2 AS PRIMEIRAS ATIVIDADES PROMOVIDAS PELA INSTITUIÇÃO 184

    4.3.3 A CONQUISTA DA SEDE 197

    4.3.4 O OLHAR ATENTO PARA O PÚBLICO E A IDENTIFICAÇÃO DA NECESSIDADE DE REALIZAR ATIVIDADES DE EDUCAÇÃO SEXUAL 199

    4.3.5 A PRIMEIRA EXPOSIÇÃO SOBRE SEXUALIDADE 200

    4.3.6 O PLANEJAMENTO DA PRIMEIRA EXPOSIÇÃO PERMANENTE DO SETOR DE SEXUALIDADE 203

    4.3.7 AS LIMITAÇÕES FINANCEIRAS ENFRENTADAS, AS ESTRATÉGIAS REALIZADAS PARA ENFRENTÁ-LAS E ATUAÇÃO DO SETOR DE SEXUALIDADE DO MUSEU 206

    4.3.8 OS MÓDULOS EXPOSITIVOS E AS PRIMEIRAS OFICINAS DESENVOLVIDAS PELO SETOR DE SEXUALIDADE 212

    4.3.9 O TABU RELACIONADO À SEXUALIDADE E A CENSURA NO MUSEU 223

    4.3.10 O ESPAÇO CIÊNCIA VIVA NAS REDES SOCIAIS 225

    4.3.11 AS ATIVIDADES ITINERANTES SOBRE EDUCAÇÃO SEXUAL 227

    4.3.12 A FORMAÇÃO DA ATUAL EQUIPE E A CRIAÇÃO DA ÁREA TEMÁTICA DE EDUCAÇÃO SEXUAL INTEGRAL 229

    4.3.13 A CONTRIBUIÇÃO DAS ESTRATÉGIAS DE EDUCAÇÃO SEXUAL PROMOVIDAS PELO ESPAÇO CIÊNCIA VIVA 232

        4.3.13.1 FORMAÇÃO CONTINUADA DE PROFESSORES 232

        4.3.13.2 FORMAÇÃO DE MEDIADORES DE MUSEUS 237

4.3.13.3 O QUE OS EDUCADORES SEXUAIS DO ESPAÇO CIÊNCIA VIVA TÊM A DIZER AOS QUE DESEJAM ATUAR NA EDUCAÇÃO SEXUAL NOS MUSEUS DE CIÊNCIAS? 240

4.4 O MUSEU DA DIVERSIDADE SEXUAL: UMA CONQUISTA!............ 245

5 DESAFIOS E POTENCIALIDADES DA EDUCAÇÃO SEXUAL NO CONTEXTO MUSEAL............ 261

5.1 DESAFIOS ENFRENTADOS PELOS MUSEUS AO PROMOVEREM A EDUCAÇÃO SEXUAL DE MANEIRA INTENCIONAL 261

5.1.1 A PERCEPÇÃO DA EQUIPE GESTORA E DOS CURADORES DO MUSEU SOBRE OS ASSUNTOS RELACIONADOS À SEXUALIDADE E À EDUCAÇÃO SEXUAL DETERMINA A INCLUSÃO OU EXCLUSÃO DE ESTRATÉGIAS DE EDUCAÇÃO SEXUAL INTENCIONAL NA INSTITUIÇÃO............ 261

5.1.2 A PERCEPÇÃO DOS EDUCADORES MUSEAIS SOBRE OS ASSUNTOS RELACIONADOS À SEXUALIDADE E A EDUCAÇÃO SEXUAL PODE IMPACTAR NA EDUCAÇÃO SEXUAL OFERTADA PELA INSTITUIÇÃO DE ENSINO............ 264

5.1.3 O CURRÍCULO ESCOLAR INFLUENCIA NA ESCOLHA DOS TEMAS ABORDADOS PELOS MUSEUS, MAS APESAR NO AUMENTO DA INCLUSÃO DA EDUCAÇÃO SEXUAL NO CURRÍCULO, OS ASPECTOS SOCIAIS E PSICOLÓGICOS DA SEXUALIDADE FREQUENTEMENTE NÃO SÃO INCLUÍDOS............ 265

5.1.4 A ESCASSEZ DE RECURSOS HISTÓRICOS PARA COMPOR E FUNDAMENTAR AS EXPOSIÇÕES É UM DESAFIO QUE PODE SER SUPERADO............ 265

5.1.5 A OPOSIÇÃO SOCIAL É UMA DAS PRINCIPAIS LIMITAÇÕES ENFRENTADAS PELOS MUSEUS, POIS PODE RESULTAR NA CENSURA E AUTOCENSURA. ... 266

5.1.6 HÁ DIVERSOS DESAFIOS ENFRENTADOS PELOS MUSEUS QUE NÃO ESTÃO NECESSARIAMENTE ASSOCIADOS À EDUCAÇÃO SEXUAL, MAS IMPACTAM NEGATIVAMENTE NA SUA PROMOÇÃO............ 270

5.2 POTENCIALIDADES DA EDUCAÇÃO SEXUAL EMANCIPATÓRIA NOS MUSEUS............ 271

6 REFERÊNCIAS 277

INTRODUÇÃO

Para compreender a discussão proposta neste livro, é preciso entender o que é sexualidade, saúde sexual e educação sexual. Portanto, tais conceitos serão apresentados a seguir, assim como o percurso metodológico adotado para construí-lo.

1.1 SEXUALIDADE, UMA PALAVRA POLISSÊMICA

A sexualidade é uma palavra com muitos significados e defini-la é um grande desafio, já que integra aspectos biológicos, psicológicos e sociais da dimensão humana (Vargas-Trujillo, 2007). Segundo a Organização Mundial da Saúde (OMS):

> Sexualidade é um aspecto central do ser humano ao longo da vida que envolve sexo, identidades e papéis de gênero, orientação sexual, erotismo, prazer, intimidade e reprodução. A sexualidade é vivenciada e expressa em pensamentos, fantasias, desejos, crenças, atitudes, valores, comportamentos, práticas, papéis e relacionamentos. Embora a sexualidade possa incluir todas essas dimensões, nem todas são sempre vivenciadas ou expressas. A sexualidade é influenciada pela interação de fatores biológicos, psicológicos, sociais, econômicos, políticos, culturais, legais, históricos, religiosos e espirituais (World Health Organization, 2015, p. 6, tradução nossa).

Apesar dos inúmeros esforços para elaborar o conceito supracitado, ele ainda não é universalmente aceito. Para Vargas-Trujillo (2007), essa proposta conceitual apresentada pela OMS cita diversos componentes da sexualidade, mas não a define. Após 16 anos de pesquisa no Grupo Família e Sexualidade do Departamento de Psicologia da Universidade dos Andes, a pesquisadora considera a sexualidade como um dos componentes da identidade pessoal e propõe a seguinte definição:

> Sexualidade é um construto que representa tudo que a pessoa pode dizer acerca de sua dimensão sexual quando se descreve. [...] Definir a sexualidade como uma face da identidade implica assumir que se trata do reconhecimento explícito, por parte da pessoa, do conjunto de atributos e comportamentos que a caracterizam e que lhe permitem responder à pergunta: "Quem sou eu sexualmente?" (Vargas-Trujillo, 2007, p. 6, tradução nossa).

O conceito apresentado por Vargas-Trujillo (2007) também traz muitas fragilidades, visto que há diversas possibilidades de respostas, com amplitude variada, e para responder à pergunta realizada é necessário ter conhecimento sobre diversos assuntos relacionados aos diferentes aspectos da sexualidade, além do autoconhecimento. Sem isso, um indivíduo poderia incluir em sua resposta, por exemplo, apenas uma classificação acerca do seu sexo de nascimento, baseado na anatomia dos seus órgãos genitais ou até mesmo informações associadas à sua prática sexual. Aliás, o equívoco cometido por muitos em associar a sexualidade apenas ao sexo e à genitalidade favorece o desenvolvimento de uma percepção negativa sobre esse tema, resultando em uma dificuldade para falar a respeito dele com naturalidade e ausência de malícia (Vargas-Trujillo, 2007). Além disso, devido ao equívoco, essas pessoas não compreendem que a sexualidade está presente durante toda a vida, o que gera uma ansiedade ao ouvir sobre ações de educação sexual destinadas a indivíduos que ainda não atingiram a puberdade, por considerá-las inadequadas, já que eles ainda não são capazes de se reproduzir e, por isso, não estariam aptos para discutirem o tema (Vargas-Trujillo, 2007).

Retomando a tentativa de identificar uma definição para sexualidade, a publicação da Organização das Nações Unidas para a Educação, a Ciência e a Cultura (Unesco), com as orientações técnicas internacionais de educação em sexualidade, apresenta não apenas uma definição, mas sim uma matriz conceitual:

> Assim, a sexualidade pode ser entendida como uma dimensão central do ser humano que inclui: compreensão e relacionamento com o corpo humano, vínculo emocional, amor, sexo, gênero, identidade de gênero, orientação sexual, intimidade sexual, prazer e reprodução. A sexualidade é complexa e inclui dimensões biológicas, sociais, psicológicas, espirituais, religiosas, políticas, legais, históricas, éticas e culturais que evoluem ao longo da vida. [...]

> • Além dos aspectos biológicos, a sexualidade se refere aos significados individuais e sociais dos relacionamentos interpessoais e sexuais. Trata-se de uma experiência subjetiva e de uma parte da necessidade humana de ter intimidade e privacidade.
>
> • Simultaneamente, a sexualidade é um construto social, cuja compreensão é mais fácil na variabilidade das crenças, práticas, comportamentos e identidades. "A sexualidade é moldada por práticas individuais e por valores e normas culturais" (Weeks, 2011).
>
> • A sexualidade é ligada ao poder. O último limiar do poder é a possibilidade de ter controle sobre o próprio corpo. A EIS[1] pode abordar a relação entre sexualidade, gênero e poder, bem como suas dimensões políticas e sociais. Tal aspecto é mais apropriado para estudantes mais maduros.
>
> • As expectativas que regem o comportamento sexual diferem amplamente entre e nas culturas. Determinados comportamentos são vistos como aceitáveis e desejáveis, enquanto outros são considerados inaceitáveis. Contudo, isso não significa que esses últimos não ocorram, ou que devam ser excluídos da discussão no contexto da educação em sexualidade.
>
> • A sexualidade está presente ao longo de toda a vida, manifestando-se de diferentes formas e interagindo com a maturação física, emocional e cognitiva. A educação é uma ferramenta importante para a promoção do bem-estar sexual e para a preparação de crianças e jovens para relacionamentos saudáveis e responsáveis nas diversas etapas da vida (Unesco, 2019, p. 17).

Neste livro foi adotada a matriz supracitada para definir o termo sexualidade por considerá-la mais abrangente e adequada.

1.2 SAÚDE SEXUAL

O relatório da reunião sobre educação e tratamento em sexualidade humana, realizada em 1974 pela Organização Mundial da Saúde (OMS), apresenta a seguinte definição:

> Saúde sexual é a integração dos aspectos somáticos, emocionais, intelectuais e sociais do ser sexual, de maneira

---
[1] EIS: Educação Integral em Sexualidade.

enriquecedora, que aprimora a personalidade, a comunicação e o amor (World Health Organization, 1974, p. 6, tradução nossa).

Esse conceito foi elaborado a partir de uma perspectiva positiva da sexualidade humana, no qual o propósito da promoção da saúde sexual envolve o aprimoramento pessoal e das relações entre os indivíduos. O relatório também aponta os elementos básicos que deveriam ser incluídos nesse conceito (World Health Organization, 1974):

> 1) Capacidade de desfrutar e controlar o comportamento sexual e reprodutivo, de acordo com a ética pessoal e social.
>
> 2) Libertação do medo, da vergonha, culpa, falsas crenças e outros fatores fisiológicos que inibem a resposta sexual e prejudicam o relacionamento sexual.
>
> 3) Ausência de distúrbios orgânicos, doenças e deficiências que interferem nas funções sexuais e reprodutivas (World Health Organization, 1974, p. 6, tradução nossa).

Em 2015, a saúde sexual passou a ser definida como:

> Um estado de bem-estar físico, emocional, mental e social em relação à sexualidade; não é apenas a ausência de doença, disfunção ou enfermidade. A saúde sexual requer uma abordagem positiva e respeitosa da sexualidade e das relações sexuais, bem como a possibilidade de ter experiências sexuais prazerosas e seguras, livres de coerção, discriminação e violência. Para que a saúde sexual seja alcançada e mantida, os direitos sexuais de todas as pessoas devem ser respeitados, protegidos e cumpridos (World Health Organization, 2015, p. 5, tradução nossa).

A saúde sexual é fundamental para o desenvolvimento social e econômico de uma comunidade (World Health Organization, 2015). No entanto, há diversos problemas que podem afetá-la tais como: infecções sexualmente transmissíveis (IST) e outras infecções não transmissíveis por via sexual; impossibilidade de controle da fertilidade (quando não há acesso a contraceptivos ou ao aborto seguro); gravidez não planejada; infertilidade; disfunções sexuais; desigualdade de gênero; sequelas associadas à violência sexual e à mutilação genital feminina; discriminação, marginalização e estigma; barreiras legais para o acesso, garantia de privacidade e/ou confidencialidade dos serviços de saúde (World Health Organization, 2015; Unesco, 2019). Esses problemas variam de acordo com o contexto sociocultural e socioeconômico. Além disso, há situações específicas relacionadas aos diferentes momentos da vida, que variam conforme a idade e o estado civil, por exemplo (World Health Organization, 1974; 2015; Unesco, 2019).

Segundo o documento da Unesco (2019), as principais demandas que afetam a saúde e o bem-estar de crianças e jovens, por exemplo, são: questões biológicas, psicológicas e socioculturais relacionadas à puberdade; acesso aos contraceptivos modernos; problemas associados à gravidez precoce; aborto inseguro; violência física e/ou sexual, muitas vezes associadas à intolerância à diversidade sexual (orientação sexual e identidade/expressão de gênero); infecções sexualmente transmissíveis; acesso a informações inadequadas por meio da internet; *cyberbullying*, incluindo recebimento de mensagens com conteúdo sexual explícito; riscos associados ao *sexting* (troca de mensagens virtuais com conteúdo erótico); saúde mental/emocional prejudicada e o consumo de drogas, que podem contribuir com o aumento da exposição aos riscos associados à prática sexual.

Muitas vezes a saúde sexual é compreendida de forma limitada como a ausência dos problemas supracitados. Em vista disso, os profissionais de saúde frequentemente são mais preparados para enfrentar as questões patológicas do que para contribuir com a promoção do bem-estar sexual (World Health Organization, 1974). Isso se deve, ao menos em parte, à incompreensão desse complexo conceito.

A educação sexual, o aconselhamento e a terapia devem ser esforços indissociáveis na promoção da saúde sexual, o que envolve a participação de múltiplos profissionais e instituições (World Health Organization, 1974). A privação de informações abrangentes sobre sexualidade, de educação sexual, de serviços relacionados à sexualidade e à saúde sexual de boa qualidade, com privacidade e confidencialidade, contribui para o aumento da vulnerabilidade da saúde sexual e constitui violações aos direitos humanos (World Health Organization, 2015).

Segundo a OMS, a educação sexual deve receber a maior prioridade entre todas as abordagens de atenção à saúde sexual, devido à sua relevância em termos de prevenção e à sua capacidade de atingir grande número de pessoas. Além disso, existe uma importante relação entre a ignorância sexual (equívocos relacionados à sexualidade) e diversos problemas de saúde (World Health Organization, 1974).

1.3 EDUCAÇÃO SEXUAL

Muitos indivíduos chegam à vida adulta sem ter recebido o preparo adequado que favoreça o desenvolvimento da autonomia para tomar decisões conscientes acerca da sexualidade, de maneira saudável e responsável (Unesco, 2019). Esses jovens frequentemente recebem mensagens conflitantes, negativas e confusas sobre assuntos relacionados à sexualidade, além de muitas vezes enfrentarem o constrangimento e silêncio dos adultos, incluindo responsáveis legais e educadores. Em algumas sociedades, eles também se deparam com normas sociais que perpetuam condições prejudiciais e até mesmo legislação que reprime a discussão sobre sexualidade e o comportamento sexual (Unesco, 2019).

As estratégias de educação sexual[2] podem contribuir para a promoção do acesso às informações compreensíveis sobre sexualidade, a construção de conhecimento dos riscos associados à atividade sexual e a percepção da própria vulnerabilidade (World Health Organization, 2015). Além de contribuir para a construção de conhecimentos, ela também favorece o desenvolvimento de atitudes, habilidades e de valores positivos que proporcionam o desenvolvimento da autonomia para:

> [...] garantir a própria saúde, bem-estar e dignidade; desenvolver relacionamentos sociais e sexuais de respeito; considerar como suas escolhas afetam o bem-estar próprio e o de outras pessoas; entender e garantir a proteção de seus direitos ao longo de toda a vida (Unesco, 2019, p. 16).

Devido à sua relevância, a educação sexual deve ser realizada em espaços de educação formal[3] e não formal[4]. Ela deve ser cientificamente fundamentada, abrangendo os diferentes aspectos da sexualidade (Unesco, 2019). Os programas de educação sexual devem ser estruturados, grada-

---

[2] A nomenclatura utilizada no documento é educação integral em sexualidade. Neste livro, definimos educação sexual como "toda ação de ensino aprendizagem sobre a sexualidade humana, seja a nível de conhecimento de informações básicas, seja a nível de conhecimento e/ou discussões e reflexões de valores, normas, sentimentos, emoções e atitudes relacionadas à vida sexual" (Figueiró, 1995).

[3] Educação formal: corresponde ao ensino oferecido pelo sistema educacional hierarquicamente estruturado e cronologicamente graduado, que ocorre no ambiente escolar e universitário (Marandino, 2018).

[4] Educação não formal: consiste em qualquer atividade planejada para atender um público-alvo previamente definido, organizada fora do sistema formal de educação, mas que tenha objetivos de aprendizagem delimitados (Marandino, 2018).

Para saber mais sobre a diferenciação dos termos educação formal e não formal leia: MARANDINO, M. Faz sentido ainda propor a separação entre os termos educação formal, não formal e informal? *Ciênc. Educ.*, v. 23, n. 4, p. 811-816, 2017.

tivos e apropriados para o contexto, considerando, por exemplo, a idade ou estágio de desenvolvimento — em caso de atraso cognitivo e emocional — e a relevância de um assunto em uma determinada cultura. As atividades devem contribuir para a compreensão dos direitos humanos e para a consciência da diversidade sexual, visando à igualdade de gênero. Também devem favorecer o desenvolvimento de habilidades necessárias para a realização de escolhas saudáveis, contribuindo para o desenvolvimento da autonomia, exercício da cidadania e formação de uma sociedade mais justa, solidária e igualitária (Unesco, 2019).

Para construir essa sociedade é preciso lutar para mudar os padrões de relacionamento sexual existentes. Alguns desses padrões foram discutidos por Goldberg em 1988 e ainda estão presentes nos dias de hoje. Mas que padrões são esses? São todos aqueles que sustentam a desigualdade sexual e a manutenção dos princípios da família patriarcal, ou seja, da dominação masculina. Nesse contexto, o homem precisaria de sexo e deveria ter a liberdade de praticá-lo com diversas mulheres. Já as mulheres estariam divididas em dois grupos. No primeiro, seria admitido o desejo e o prazer sexual, sendo composto por mulheres pobres e prostitutas. Já no segundo estariam as "santas", cuja finalidade do sexo seria apenas a procriação, sendo consideradas ideais para se casar, cuidar dos filhos e administrar o lar. Esse padrão esteve e está presente em diversas culturas. Em alguns lugares, como África e países árabes, a dominação masculina está tão presente que as pessoas do sexo feminino são brutalmente mutiladas. O procedimento de remoção do clitóris e pequenos lábios é feito sem anestesia, sem condições de assepsia e sem consentimento, provocando profunda dor, possibilidade de complicações que podem levar ao óbito, traumas psicológicos, além da frigidez. No Brasil, a dominação masculina também está presente, mas é expressa de outras maneiras, como a violência sexual, a violência doméstica e os crimes passionais (Goldberg, 1988).

Apesar das consequências negativas da manutenção desses padrões, rompê-los não é uma tarefa fácil, pois nem sempre é possível enxergá-los, já que a cultura na qual estamos inseridos não costuma ser visível e autoevidente (Roy, 1975). Sendo assim, frequentemente reproduzimos, de maneira inconsciente, certos padrões comportamentais (Bordieu, 1930). Além disso, a todo momento interiorizamos códigos de permissão, proibição e punição social (Chauí, 1995), que resulta na autorrepressão. Portanto, para promover a transformação social é preciso oportunizar momentos de reflexão sobre o processo histórico de construção dos padrões existentes (Chauí, 1995), o que permitirá compreendê-los. A construção desse conhecimento é fundamental para o exercício da autonomia, ou seja, da tomada de decisões conscientes e responsáveis.

Para Goldberg (1988), além de promover a autonomia, é preciso envolver o indivíduo na luta coletiva pela transformação dos padrões de relacionamento sexual, analisando de maneira crítica o cenário atual, à luz do passado, para que seja possível identificar o que precisa ser denunciado, bem como compreender as razões do repúdio, para então propor alternativas concretas para revolucionar os padrões vigentes. A luta é contra o autoritarismo sexual e a favor da liberdade sexual, ou seja, no exercício da sexualidade sem culpa e sem opressão.

A educação sexual é uma arma de luta para a construção da sociedade que desejamos, seja aquela realizada nas instituições de ensino ou nas ruas durante os atos políticos. No entanto, é preciso cuidado para não investirmos em propostas educativas que visem à conservação da ordem (ou desordem) social existente. **Portanto, a educação sexual deve ser um projeto de uma nova ordem e não um reflexo ou adaptação da ordem atual:**

> A esperança é que, através de uma Educação – cada vez mais projeto –, "crianças, mulheres e homens (possam) ser preparados... para viver na totalidade das dimensões de sua humanidade; como um ser capaz de escolher – ao contrário de todas as espécies animais – seus próprios fins; como ente criador do seu futuro e do futuro da sua espécie; como ser solidário de uma comunidade, recebendo dela todo o passado da humanidade e contribuindo, pessoalmente, para a inauguração de novas possibilidades (Goldberg, 1988, p. 85).

Paulo Freire afirma que **"ensinar exige a convicção de que a mudança é possível"** (Freire, 2016, p. 74), pois apesar de sermos objeto da história, também somos sujeitos. Logo, ao constatarmos o que ocorre no mundo, podemos intervir na realidade. "Mudar é difícil, mas é possível" (Freire, 2016, p. 77) e exige a "dialetização entre a denúncia da situação desumanizante e o anúncio de sua superação, no fundo, o nosso sonho" (Freire, 2016, p. 77). Sendo assim, **não há como estar no mundo, interagindo com as pessoas, de maneira neutra** (Freire, 2016). Alguns acreditam no mito da neutralidade, em "uma escola asséptica, conduzida por pessoas que evitariam comprometer-se com a discussão de valores, limitando-se a ficar no terreno dos fatos", mas, segundo Goldberg, essa neutralidade não existe (Goldberg, 1988, p. 93).

Werebe (1977) considera "absolutamente forçada" a ideia da neutralidade na educação sexual, assim como de qualquer outra ação educativa. Para comprovar a sua afirmação, ela apresenta e discute sobre a proibição ou solicitação da educação sexual em diversos momentos da história, de acordo com as suas necessidades e interesses de uma determinada nação. Ela já foi defendida inclusive por eugenistas para assegurar "a melhoria da raça" e por programas de planejamento familiar pautados no malthusianismo. Note que não basta lutarmos a favor da educação sexual. É necessário definir com clareza o tipo de educação sexual que almejamos. No entanto, é preciso cuidado, pois os valores e normas de conduta podem estar implícitos em uma afirmação aparentemente neutra, já que algumas ações educativas podem ser mais prejudiciais que benéficas (Werebe, 1977).

Se por um lado devemos ter esperança e lutarmos pela construção da sociedade que desejamos, por outro não podemos ser ingênuos e acreditarmos que apenas a educação sexual pode resolver todos os problemas relacionados à sexualidade de uma pessoa. Há questões que estão associadas a fatores sociais, políticos, econômicos e culturais (Werebe, 1977). Ademais, as estratégias educativas não atuam sobre um ser abstrato, mas sim em um ser inserido em uma sociedade, que muitas vezes age com preconceito e alimenta tabus relacionados à sexualidade, inclusive na escola, cuja ideologia costuma refletir a sociedade na qual está inserida (Werebe, 1977).

Werebe (1977) afirma que a relação entre as pessoas na escola ou na família tem influência no comportamento, opiniões e atitudes dos educandos. Isso pode ocorrer de maneira **consciente ou não, com intencionalidade implícita ou explícita, por meio de mensagens verbais e não verbais**, incluindo a omissão e a repressão. O silêncio acerca de determinados assuntos relacionados à sexualidade, por exemplo, pode ser encarado como condenações implícitas, reforçando tabus e sentimento de culpa. Sendo assim, é possível afirmar que a "educação sexual, em sentido amplo, sempre existiu em todas as civilizações, ao longo da história, mas a ideia de uma **educação sexual intencional e sistemática é relativamente recente**" (Werebe, 1977, p. 45-46, grifo nosso).

Goldberg afirma que é necessário resgatar o trabalho da educação sexual da clandestinidade, retirando as mordaças colocadas ao longo dos anos por moralistas (Goldberg, 1988). As ideias de Goldberg foram compartilhadas em 1988, no livro intitulado *Educação sexual: uma proposta, um desafio*, mas esse desafio ainda permanece. Por isso, em 2010, a Dr.ª Mary Neide Damico Figueiró publicou o livro *Educação sexual: retomando uma proposta, um desafio* (Figueiró, 2010) e resgata a discussão em seus demais livros, tais como *Formação de educadores sexuais: adiar não é mais possível*, publicado em 2014 (Figueiró, 2014) e *Educação Sexual no Dia a Dia*, publicado em 2013 e em 2020 (Figueiró, 2020). Entre várias possibilidades de retomar a proposta, a autora opta pela abordagem política (emancipatória) da educação sexual, mas antes disso expõe a fundamentação teórica das principais abordagens existentes em publicações sobre a educação sexual no Brasil, de 1980 a 1993.

Principais abordagens da educação sexual, segundo Figueiró (2010):

Educação sexual religiosa católica tradicional — a vivência da sexualidade é correlacionada com o amor a Deus e consequentemente com a submissão às normas religiosas oficiais, tais como a manutenção da virgindade até o matrimônio e o sexo vinculado ao amor pela pessoa que se casou e à procriação. O educador sexual busca promover o desenvolvimento da vida espiritual e a preservação dos valores morais cristãos. Há variações dentro desse modelo, que vai desde a abordagem tradicional conservadora até uma abordagem libertadora/questionadora.

Abordagem médica da educação sexual — busca promover a saúde sexual por meio da promoção dos direitos sexuais e reprodutivos. Envolve a atuação de diversos profissionais que buscam compreender os fatores que possam afetar a sexualidade a fim de desenvolver estratégias para preveni-los ou superá-los por meio de ações terapêuticas. As estratégias de educação sexual têm como foco o fornecimento de informações.

Abordagem pedagógica da educação sexual — as estratégias de educação sexual estão relacionadas ao processo de ensino-aprendizagem de conteúdos relacionados à sexualidade, tendo como foco o aspecto informativo. O aspecto formativo, quando presente, busca proporcionar a reformulação de valores e atitudes em nível individual.

Abordagem emancipatória da educação sexual — valoriza o aspecto informativo, podendo dar ênfase no processo formativo, favorecendo a discussão sobre os valores, emoções, sentimentos, atitudes, tabus e preconceitos para oportunizar a vivência da sexualidade de maneira saudável, livre e responsável. Analisa a história, provoca a reflexão sobre as questões socioculturais e o questionamento das normas e padrões vigentes. Desafia a lutar pela transformação da sociedade, rompendo as relações de poder existentes, aceitando e respeitando os diferentes modos de vivenciar a sexualidade. Promove o desenvolvimento da autonomia responsável. Resgata o erótico e o prazer, encarando a própria sexualidade como algo positivo, que pode ser vivenciado de maneira livre, sem vergonha e culpa, reconhecendo todo o corpo como passível de provocar prazer sexual e não apenas as genitálias. Resgata o gênero, ou seja, compreende como a masculinidade, a feminilidade e os demais modos de expressão de gênero são vivenciados e identifica o que precisa ser transformado na sociedade a fim de permitir o bem-estar de todos. Valoriza o respeito à diversidade. Ajuda o indivíduo a compreender o processo histórico de construção das normas sociais e a influência dessas normas em nosso dia a dia, seja por meio da repressão ou autorrepressão. Assim, espera-se que esses indivíduos se engajem na luta coletiva pela transformação dessas normas e valores para que a sociedade possa vivenciar a sexualidade de maneira livre, prazerosa e com responsabilidade.

Segundo Figueiró (2020), a educação sexual emancipatória possui dois focos importantes: primeiro, preparar a criança, o/a adolescente e o/a jovem para viver bem a sua sexualidade, de modo feliz e saudável, sem culpa, livre de violência e de autoritarismos. Para isso, deve garantir a eles e a elas o direito ao acesso a todos os conhecimentos científicos ligados à sexualidade, o exercício de aprender a pensar e o desenvolvimento da autonomia moral e intelectual. O segundo foco consiste em formar a pessoa como cidadã que saiba identificar onde há repressão, opressão, discriminação e desigualdade de todo o tipo, e que seja capaz de posicionar-se de maneira crítica e contribuir para eliminar os preconceitos sexuais, todos os tipos de desigualdades e violência sexual (Figueiró, 2020, p. 54-55).

Vale ressaltar que as ideias dos autores supracitados se referem à educação sexual informal[5] e formal. No entanto, as estratégias de educação não formal, como a que ocorre em museus e centros de ciências, também podem contribuir de maneira significativa para a formação integral do público. Mas será que a sexualidade está presente nos museus? Como a educação sexual tem sido realizada nessas instituições? Quais desafios essas

---

[5] Educação informal: corresponde ao processo educativo cotidiano que favorece a construção de conhecimentos, valores e atitudes, realizado em diversos contextos, tais como ambiente familiar, laboral, midiático e de lazer (Marandino, 2018).

instituições educativas têm enfrentado? Quais são as potencialidades da educação sexual realizada pelos museus? Este livro analisará diversas situações ocorridas no contexto museal buscando responder a essas questões.

1.4 PERCURSO METODOLÓGICO

O livro resultou da pesquisa realizada durante a tese intitulada *Educação sexual no contexto museal: situações, desafios e potencialidades*. Trata-se de uma pesquisa de natureza qualitativa. Pesquisas dessa natureza são realizadas em diferentes contextos e uma das suas características é o uso de múltiplas fontes de evidência (Yian, 2016).

Buscou-se identificar os artigos científicos, dissertações e teses que tratassem de atividades de educação sexual desenvolvidas por museus e estivessem presentes nas seguintes bases de dados: Catálogo de Teses e Dissertações da Coordenação de Aperfeiçoamento de Pessoal de Nível Superior (Capes)[6], Portal de Periódicos da Capes[7] e Google Acadêmico[8]. Diversos descritores foram utilizados durante a pesquisa (exemplos: museu AND sexualidade OR "educação sexual"; "educação sexual" AND "ensino não formal"), buscando coletar o maior número de trabalhos. Sites jornalísticos e institucionais também foram consultados com a mesma finalidade.

Por meio da pesquisa exploratória, foi possível identificar algumas estratégias de educação sexual realizadas pelos museus, permitindo buscas por conteúdos relacionados a cada uma delas. O nível de aprofundamento da apresentação dessas estratégias dependeu da quantidade e qualidade dos dados disponíveis nas fontes consultadas ou a possibilidade de coletá-los. A exposição *Sífilis: história, ciência e arte*, por exemplo, é recente; e por isso, além dos dados coletados no site institucional, foi possível conhecê-la e entrevistar organizadores e os mediadores (Quadro 1); já em outras exposições só foi possível coletar dados por meio do acesso ao site institucional.

---

[6] Site do Catálogo de Teses e Dissertações da Coordenação de Aperfeiçoamento de Pessoal de Nível Superior (Capes). Disponível em: https://catalogodeteses.capes.gov.br/catalogo-teses/#!/. Acesso em: 1 jun. 2023.
[7] Site do Portal de Periódicos da Coordenação de Aperfeiçoamento de Pessoal de Nível Superior (Capes). Disponível em: https://www-periodicos-capes-gov-br.ezl.periodicos.capes.gov.br/. Acesso em: 1 jun. 2023.
[8] Site do Google Acadêmico. Disponível em: https://scholar.google.pt/schhp?hl=pt-BR&as_sdt=0,5. Acesso em: 1 jun. 2023.

Quadro 1 — Pessoas entrevistadas nesta pesquisa

Nome da pessoa entrevistada	Instituição ou exposição	Atuação	Duração da entrevista
Brune Ribeiro da Silva	Sífilis: História, Ciência e Arte	Educadora museal	16 minutos
Camila Macedo Guastaferro	Instituto Kaplan	Coordenadora de Projetos, educadora sexual e diretora científica.	100 minutos
Daniela Barbosa	Sífilis: História, Ciência e Arte	Educadora museal	6 minutos e 34 segundos
Eduardo Santos Sá	Sífilis: História, Ciência e Arte	Educador museal	12 minutos e 51 segundos
Ellen Nicolau	Museu da Diversidade Sexual	Supervisora do setor educativo	71 minutos
Fabiana Caitano da Silva Bandeira	Espaço Ciência Viva	Educadora museal	125 minutos
Fátima Almeida	Sífilis: História, Ciência e Arte	Educadora museal	7 minutos e 19 segundos
Júlia Campos de França	Sífilis: História, Ciência e Arte	Visitante	3 minutos e 29 segundos
Laís de Araújo Pereira	Espaço Ciência Viva	Educadora museal	71 minutos
Mauro Romero Leal Passos	Sífilis: História, Ciência e Arte	Curador emérito	99 minutos
Robson Coutinho-Silva	Espaço Ciência Viva	Coordenador do setor de sexualidade	37 minutos
Rodrigo Moura Silva	Museu Catavento	Supervisor do setor educativo	60 minutos
Sônia Simões Camanho	Espaço Ciência Viva	Educadora museal	130 minutos

Tania Cremonini Araujo-Jorge	Espaço Ciência Viva	Educadora museal	74 minutos
Thatiana Antunes Vieira da Silva	Espaço Ciência Viva	Educadora museal	73 minutos
Thiago Petra	Sífilis: História, Ciência e Arte	Coordenador de produção	99 minutos
Val Chagas	Museu da Diversidade Sexual	Coordenadora pedagógica	56 minutos

Fonte: a autora

A análise exploratória também permitiu identificar quatro instituições de educação não formal pioneiras na educação sexual brasileira: o Museu e Pinacoteca de Educação Sexual, o Museu Nacional, o Espaço Ciência Viva e o Museu da Diversidade Sexual. O trabalho desenvolvido por elas será apresentado de maneira detalhada, no entanto, há algumas limitações. A primeira instituição já não existe e José de Albuquerque, a principal pessoa responsável por ela, já faleceu. Não há registro do ano em que ela deixou de existir ou o destino do seu acervo. A segunda foi vítima da falta de investimento e um incêndio levou à perda de grande parte do seu arquivo histórico. Na terceira, as atividades não foram devidamente documentadas, porém, ao longo da pesquisa eu me tornei colaboradora e sócia dessa instituição e tive acesso a relatórios, fotografias e a equipe do museu. E a última permaneceu fechada por quase todo o período da pesquisa, pois além da pandemia, enfrentou um processo jurídico que exigiu o seu fechamento temporário, além de passar por uma reforma. Apesar disso, foi possível realizar uma entrevista on-line com uma educadora do museu (Quadro 1).

Para coletar os dados relacionados ao Museu e Pinacoteca de Educação Sexual, o Catálogo de Teses e Dissertações da Capes, o Portal de Periódicos da Capes e o Google Acadêmico foram consultados, usando as palavras-chave Pinacoteca de Educação Sexual, Pinacotheca de Educação Sexual, Museu e Pinacoteca de Educação Sexual e José de Albuquerque. Todos os trabalhos foram analisados, bem como as fontes acessíveis mencionadas por eles. Além disso, jornais publicados no período de 1930 a 1979, disponíveis na Hemeroteca Digital da Biblioteca

Nacional[9] também foram consultados, utilizando as palavras-chave Educação Sexual, Pinacoteca de Educação Sexual, Pinacotheca de Educação Sexual, Museu, Museu e Pinacoteca de Educação Sexual. Foram incluídos na análise os livros publicados pelo fundador da instituição, o médico José de Albuquerque, disponíveis na Biblioteca Nacional.

Para compreender o trabalho de educação sexual desenvolvido pelo Museu Nacional, foram consultados os jornais publicados no período de 1920 a 1989, disponíveis na Hemeroteca Digital da Biblioteca Nacional, utilizando a palavras-chave Stawiarski, sobrenome do pioneiro da educação sexual nesse museu. A palavra-chave "Victor Stawiarski" foi utilizada para consultar os artigos publicados disponíveis no Portal de Periódicos da Capes e no Google Acadêmico. Além disso, textos produzidos pelo educador e publicados na Revista do Museu Nacional[10] também foram incluídos.

Para compreender o processo de desenvolvimento do setor de sexualidade do Espaço Ciência Viva foi elaborado um protocolo de pesquisa (Quadro 2), considerando os princípios enumerados por Yin (2016):

1. Deve conter questões suficientes para orientar a investigação. As questões elaboradas devem ser aplicáveis a todas as fontes de evidência, tais como o processo de revisão dos documentos, as entrevistas e observações de campo.
2. As questões devem ser introjetadas pelo pesquisador. Desse modo, o protocolo passa a atuar como uma estrutura mental, reduzindo a influência dos demais pensamentos na coleta de dados.
3. As questões devem contribuir para o encontro de evidências convergentes e trianguladas.
4. O processo de descoberta, ao deparar-se com evidências inesperadas, não deve ser inibido pelo protocolo.

---

[9] Site da Hemeroteca Digital da Biblioteca Nacional. Disponível em: https://bndigital.bn.gov.br/hemeroteca-digital/. Acesso em: 1 jun. 2023.

[10] Site da *Revista do Museu Nacional*. Disponível em: https://obrasraras.museunacional.ufrj.br/REVMN.html. Acesso em: 1 jun. 2023.

Quadro 2 — Protocolo de pesquisa

Protocolo para a investigação do desenvolvimento do setor de sexualidade do museu
A- Origem do museu
1) Em que ano o museu foi criado?
2) O que levou à sua criação?
3) Quais foram os fundadores?
4) Quais instituições apoiaram a sua criação?
5) Qual era o seu objetivo inicial?
6) Como a instituição é mantida?
7) Quais foram as primeiras atividades?
B- Atividades relacionadas ao setor de sexualidade
8) Qual foi a primeira atividade realizada? Quem a criou? Qual era seu objetivo?
9) Como a exposição permanente foi criada? Quem a criou? Qual era seu objetivo? Quem financiou?
10) Quais foram as oficinas desenvolvidas? Quem as criou? Quais eram seus objetivos?
11) Quais foram os principais eventos relacionados à sexualidade? Quais atividades foram inseridas nesses eventos?
12) Quem atuou diretamente no setor de sexualidade?
13) Quais foram as principais dificuldades enfrentadas por essas pessoas?

Fonte: a autora

Para atender ao protocolo realizei uma revisão narrativa, utilizando a palavra-chave "Espaço Ciência Viva" no Portal de Periódicos da Capes e Google Acadêmico, selecionando os trabalhos que mencionam alguma atividade relacionada à área de sexualidade do Espaço Ciência Viva. A Hemeroteca Digital da Biblioteca Nacional também foi consultada. Matérias publicadas em jornais no período de 1980 a 1989 mencionando a palavra-chave "Ciência Viva" foram selecionadas. Por fim, colaboradores que já atuaram em atividades relacionadas à sexualidade nesse museu foram entrevistados (Quadro 1).

Além dos trabalhos acadêmicos encontrados na revisão narrativa, das matérias publicadas em jornais e dos textos com as transcrições das entrevistas, consultei documentos diversos fornecidos pelo museu, tais como projetos, relatórios e fotografias. Mas por que analisar os documentos arquivados pelo museu se entrevistei as pessoas que já atuaram no setor de sexualidade? Segundo Cellard:

> As capacidades da memória são limitadas e ninguém conseguiria pretender memorizar tudo. A memória pode também alterar lembranças, esquecer fatos importantes, ou deformar acontecimentos. Por possibilitar realizar alguns tipos de reconstrução, o documento escrito constitui, portanto, uma fonte extremamente preciosa para todo pesquisador nas ciências sociais (Cellard, 2008, p. 295).

Desse modo, os documentos arquivados ajudaram a elucidar possíveis divergências encontradas entre os demais documentos (trabalhos acadêmicos, matérias publicadas em jornais e texto com as transcrições das entrevistas). Então, por que utilizar outros documentos além desses? Primeiramente, as informações relacionadas à sexualidade são escassas. Além disso, em alguns documentos não há data, autor e/ou finalidade. Portanto, os dados coletados por meio das quatro estratégias selecionadas se complementam e, por isso, foram adotadas sempre que possível (Figura 1):

Figura 1 — Percurso metodológico

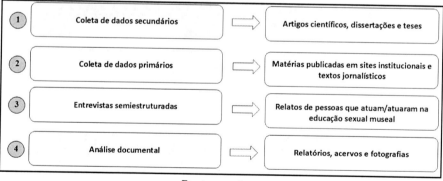

Fonte: a autora

Para trazer mais fluidez para o texto, as palavras presentes nas citações diretas em língua portuguesa oriundas de publicações antigas (exemplo: algumas citações diretas do item 4.1) ou de Portugal foram reescritas, segundo as normas da língua portuguesa atual utilizada no Brasil.

A EDUCAÇÃO SEXUAL NO CONTEXTO MUSEAL

Nesta seção, situações vivenciadas pelos museus foram descritas a fim de responder às seguintes perguntas: A sexualidade está presente nos museus? Quais são os fatores que influenciam na inclusão ou exclusão de exposições sobre sexualidade nos museus? Os museus devem promover ações educativas? Os museus têm promovido educação sexual? Como os museus têm promovido educação sexual intencional? Em seguida, foram apresentadas algumas estratégias de educação sexual intencional desenvolvidas por museus, destacando a atuação dos pioneiros no Brasil.

2.1 A SEXUALIDADE ESTÁ PRESENTE NOS MUSEUS?

Para responder a essa pergunta é preciso resgatar a matriz conceitual de sexualidade, apresentada na introdução:

> Assim, a sexualidade pode ser entendida como uma dimensão central do ser humano que inclui: compreensão e relacionamento com o corpo humano, vínculo emocional, amor, sexo, gênero, identidade de gênero, orientação sexual, intimidade sexual, prazer e reprodução. A sexualidade é complexa e inclui dimensões biológicas, sociais, psicológicas, espirituais, religiosas, políticas, legais, históricas, éticas e culturais que evoluem ao longo da vida. [...]
>
> • Além dos aspectos biológicos, a sexualidade se refere aos significados individuais e sociais dos relacionamentos interpessoais e sexuais. Trata-se de uma experiência subjetiva e de uma parte da necessidade humana de ter intimidade e privacidade.
>
> • Simultaneamente, a sexualidade é um construto social, cuja compreensão é mais fácil na variabilidade das crenças, práticas, comportamentos e identidades. "A sexualidade é moldada por práticas individuais e por valores e normas culturais" (Weeks, 2011).

- A sexualidade é ligada ao poder. O último limiar do poder é a possibilidade de ter controle sobre o próprio corpo. A EIS[11] pode abordar a relação entre sexualidade, gênero e poder, bem como suas dimensões políticas e sociais. Tal aspecto é mais apropriado para estudantes mais maduros.
- As expectativas que regem o comportamento sexual diferem amplamente entre e nas culturas. Determinados comportamentos são vistos como aceitáveis e desejáveis, enquanto outros são considerados inaceitáveis. Contudo, isso não significa que esses últimos não ocorram, ou que devam ser excluídos da discussão no contexto da educação em sexualidade.
- A sexualidade está presente ao longo de toda a vida, manifestando-se de diferentes formas e interagindo com a maturação física, emocional e cognitiva. A educação é uma ferramenta importante para a promoção do bem-estar sexual e para a preparação de crianças e jovens para relacionamentos saudáveis e responsáveis nas diversas etapas da vida (Unesco, 2019, p. 17).

Trata-se de um conceito amplo. Portanto, pode-se afirmar que, de uma maneira ou de outra, o tema quase sempre está presente nos museus, mas nem sempre é explorado pela equipe do museu e/ou reconhecido pelo público. A sexualidade está presente em diversos tipos de museus e sua apresentação pode ter finalidades distintas. No entanto, devido à heterogeneidade de formas de abordagem do tema nas diversas formas museológicas, é difícil fazer observações gerais sobre a apresentação da sexualidade nesses locais (Liddiard, 1996, 2004).

Segundo Tyburczy (2016, p. 1): "O sexo nunca esteve fora do campo representacional do museu, e o museu sempre participou do disciplinamento da sexualidade que ocorre em outros locais (exemplos: as prisões, as escolas e os asilos), embora de forma diferente". Por outro lado, **exposições sobre assuntos relacionados à sexualidade são escassas**, já que a temática é muitas vezes ignorada ou censurada pelos museus (Liddiard, 1996, 2004).

---

[11] EIS: Educação Integral em Sexualidade.

2.2 QUAIS SÃO OS FATORES QUE INFLUENCIAM NA INCLUSÃO OU EXCLUSÃO DE EXPOSIÇÕES SOBRE SEXUALIDADE NOS MUSEUS?

Os principais fatores que influenciam na inclusão ou exclusão de exposições sobre sexualidade nos museus serão apresentados a seguir.

2.2.1 ESCASSEZ DE RECURSOS HISTÓRICOS PARA FUNDAMENTAR E/OU COMPOR AS EXPOSIÇÕES

Alguns estudiosos afirmam que um dos motivos para o baixo número de exposições sobre sexualidade é a escassez de recursos históricos para fundamentar e/ou compor as exposições (Liddiard, 1996, 2004), visto que muitos foram destruídos e outros nem sequer foram coletados e conservados (Liddiard, 2004). Segundo o Instituto Brasileiro de Museus (Ibram), "[...] a exposição é apenas a ponta do *iceberg*. Ela traz consigo, também, a questão da guarda e da conservação desses mesmos objetos" (Instituto Brasileiro de Museus, 2017, p. 9). O Ibram também destaca que as "decisões entre expor e conservar sempre levantam dúvidas" (Instituto Brasileiro de Museus, 2017, p. 9). Apesar das dúvidas, é possível notar que a maioria dos museus por muito tempo optou por não preservar esses materiais, já que grande parte dos acervos com objetos históricos relacionados à sexualidade só existem porque fizeram parte de coleções particulares e mais tarde foram doados aos museus (Frost, 2008, 2017).

É possível adicionar mais dois itens à lista dos motivos que justificam a escassez de recursos históricos, sendo eles: a maneira pela qual o material coletado foi pesquisado e como a informação foi catalogada (The British Museum, 2023a). Um exemplo é um par de xícaras de porcelana do século XVIII do acervo do Museu Britânico. Elas poderiam ser apenas exemplos de cerâmicas produzidas e utilizadas naquele século, mas hoje elas ajudam a contar a história de amor entre duas mulheres, as Senhoras de Llangollen (*The Ladies of Llangollen*), ajudando a evidenciar que esse tipo de relacionamento não é uma novidade (The British Museum, 2023b). No entanto, muitas informações sobre os objetos coletados não são catalogadas de maneira adequada, o que contribui para que muitos museus não representem "todas as identidades, perspectivas e experiências de maneira igualitária" (The British Museum, 2023a, tradução nossa).

Mesmo diante dessas dificuldades, quando há interesse, itens presentes em acervos podem ser reinterpretados buscando promover a reflexão sobre assuntos relevantes. O Museu Britânico, por exemplo, em parceria com a BBC produziu a série *A History of the World*, na qual incluiu dois objetos do acervo para discutir sobre a diversidade sexual. Também desenvolveu uma trilha online com objetos relacionados à história Queer, que deu origem ao livro *A Little Gay History – Desire and Diversity Across the World*, com a apresentação de 40 objetos (Frost, 2015). Vale destacar que temas como esse podem estar presentes em todo o museu e não apenas em uma seção, de modo que até mesmo o público que visitou a instituição motivado por outro tema possa encontrar elementos que motivem a sua análise, como proposto pela curadoria da exposição *Queering the Museum* (Frost, 2015). Para Marandino (2008):

> Os objetos são fundamentais na história dos museus e, naturalmente, se constituem em elementos importantes nos processos educativos desenvolvidos nesses locais (Marandino, 2008, s/p).

Apesar disso, será que a escassez de materiais sobre sexualidade é realmente o motivo para os museus negligenciarem um tema tão importante como esse? Segundo o Ibram (2017) é possível construir exposições sem objetos materiais, usando apenas sons, imagens e luzes. de maneira semelhante, Liddiard (1996) afirma que é possível elaborar exposições sobre a temática usando reconstruções, vídeos, fotografias, livros, cartas de amor, obras de arte e até mesmo coletando informações por meio de entrevistas para resgatar fragmentos da história. Sendo assim, pode-se afirmar que a ausência de materiais não justifica a negligência do tema, pois afinal: "O que torna uma exposição fascinante, na maior parte das vezes, é a vitalidade das linguagens e não o acervo em si" (Instituto Brasileiro de Museus, 2017, p. 8).

Há outra forte evidência para a manutenção desse argumento. Muitos materiais relevantes sobre sexualidade, adquiridos de coleções particulares pelos museus, ficaram por muito tempo sem serem interpretados e exibidos publicamente devido à sua "natureza obscena", sendo considerados inadequados para o público. Entre esses museus destaca-se o antigo Museo Borbonico, agora conhecido como Museu Arqueológico Nacional de Nápoles (National Archaeological Museum of Naples) e o Museu Britânico (British Museum), que censuraram por décadas[12] os seus próprios acervos relacionados à sexualidade, mantendo-os nas seções do Gabinete de Objetos Obscenos e do Museu Secreto ou Secretum, respectivamente (Frost, 2008). Os acervos não eram amplamente divulgados e o acesso a essas seções era controlado (Frost, 2017). Somente era permitida a entrada de "cavalheiros respeitáveis", mediante a aprovação de uma solicitação formal para estudá-los (The British Museum, 2023c).

Após o fim do Museu Secreto, os objetos se dispersaram pelas demais seções do museu e alguns passaram a ser exibidos (Frost, 2017). Apesar disso, muitos objetos ainda não foram interpretados de maneira significativa (Frost, 2008), pois permaneceram por muito tempo armazenados, sem serem catalogados, registrados e investigados (Frost, 2015). Ainda há um longo percurso para superar essa lacuna construída pelo tabu. No entanto, já é possível observar alguns avanços. Os Shungas (arte japonesa que celebra o sexo), por exemplo, começaram a chegar ao museu em 1865, a partir da doação da coleção de Dr. George Witt (1804-1869) que deu origem ao Museu Secreto. Eles passaram a ser exibidos de maneira tímida na década de 1970, mas recentemente ganharam uma exposição exclusiva (Frost, 2017). A exposição temporária denominada *Shunga: sexo e prazer* (*Shunga: sex and pleasure*) do Museu Britânico impulsionou a interpretação da arte japonesa e possibilitou o acesso da audiência a materiais valiosos da história da sexualidade, afinal:

> Shunga cumpriu múltiplas funções e foi usado por homens e mulheres de todas as classes e usado para uma variedade de propósitos, incluindo entretenimento, educação sexual, sedução, excitação e masturbação (Frost, 2017, p. 86, tradução nossa).

Hoje também é possível acessar objetos do acervo do Museu Secreto em outros museus do mundo, como no Museu Histórico Nacional, localizado no Rio de Janeiro (Brasil) que em 2022 e 2023 expôs uma estatueta recebida em 1956 (Figura 2), com a coleção de Manoel Gomes Moreira (Museu Histórico Nacional, 2023).

---

[12] Essas seções foram criadas no início dos anos 1800. O Museu Secreto se expandiu significativamente a partir do século XIX, recebendo materiais de diversos continentes (Frost, 2015).

Figura 2 — *Estatueta de Gênero* presente na exposição temporária *10 objetos: outras histórias* do Museu Histórico Nacional

Fonte: a autora

Ao lado da *Estatueta de Gênero* há uma placa explicando:

> Em geral, objetos como este eram escondidos do público por conterem pornografia – termo, inclusive, que surgiu em um museu para controlar o acesso de mulheres a determinados objetos.
>
> Vemos um exemplo no Museu Secreto de Nápoles, onde achados arqueológicos de Pompeia foram expostos somente aos homens – uma forma de domesticar os corpos e o desejo feminino (Museu Histórico Nacional, 2023).

Outro fato que evidenciou que a ausência de materiais não é o fator determinante para a exclusão da sexualidade nos museus foi a criação do Museu do Sexo das Putas. Já que os materiais sobre a prostituição da região Guaicurus não haviam sido coletados e preservados pelos museus existentes, a Associação das Prostitutas de Minas Gerais (Aprosmig) se mobilizou para coletar e produzir os seus próprios elementos expositivos, além de criar o seu próprio museu. Guaicurus é uma zona boêmia do centro Belo Horizonte em Minas Gerais, que desde o início da cidade é conhecida por ser uma área de prostituição (Goés, 2021) e em 2009 mais de 3.000 profissionais do sexo trabalhavam na região (Vieira, 2019). O Museu do Sexo das Putas, cujo nome foi criticado inclusive por alguns profissionais do sexo de Guaicurus (Goés, 2021), também é chamado de Museu do

Sexo Hilda Furacão[13] e promoveu atividades em espaços diversos, pois não possuía um espaço próprio (Universidade Federal de Minas Gerais, 2016a, 2016b; Magalhães, 2016).

O propósito do Museu do Sexo das Putas é resgatar as memórias de luta e resistência, desmistificar a prostituição e contar a história da região da Guaicurus. Além disso, constitui um espaço de convívio, organização, descanso, cuidado, escuta e construção coletiva (Associação das Prostitutas de Minas Gerais, 2020). Segundo Cida Vieira, presidente da Associação das Prostitutas de Minas Gerais, conhecida como Aprosmig (Vieira, 2019): "A ideia é desmistificar a prostituta. Torná-la 'sujeita' da história e não o objeto dela" (Pimentel, 2016). A possibilidade de dissidentes atuarem como sujeitos ainda não é uma realidade em muitos museus. Para Brulon (2020),

> O modelo de museu que nos chega com a Modernidade ainda não foi tensionado a ponto de desafiar, nas políticas de Estado ou nas leis, o direito previsto à cultura ou a concepção de que as pessoas que produzem cultura são as responsáveis por ditar os seus próprios instrumentos de valoração cultural. **A distinção predatória entre sujeito e objeto ainda se perpetua nos regimes museais baseados na materialização do sujeito universal sem corpo que faz de outros corpos e outras materialidades o seu objeto** (Brulon, 2020, p. 25, grifo nosso).

O Museu do Sexo das Putas teve início como um projeto da Aprosmig realizado em 2016, com o apoio da Fundação Nacional de Cultura (Funarte), o qual possibilitou a residência artística de dez pessoas de diferentes partes do Brasil em um hotel da Guaicurus. Os artistas e pesquisadores puderam conviver com as prostitutas, ouvir suas histórias, e ressignificar o modo de vê-las (Medeiros, 2020). Eles produziram diferentes tipos de trabalhos, como fotografias, vídeos e radionovelas, que foram apresentados em vários locais da cidade por alguns dias (Goés, 2017, 2021; Medeiros, 2020; Museu do Sexo das Putas, 2016; Universidade Federal de Minas Gerais, 2016a, 2016b). Para Camila Melchior, produtora do projeto:

---

[13] Site do Museu do Sexo Hilda Furacão. Disponível em: https://museudosexohildafuracao.wordpress.com/page/2/. Acesso em: 1 jun. 2023.
Instagram do Museu do Sexo Hilda Furacão. Disponível em: https://www.instagram.com/museudosexohildafuracao/. Acesso em: 1 jun. 2023.
Facebook do Museu do Sexo Hilda Furacão. Disponível em: https://www.facebook.com/profile.php?id=100064660213441. Acesso em: 1 jun. 2023.

> O Museu do Sexo das Putas faz parte de um processo de reinvenção do próprio caráter do museu na sociedade contemporânea, invertendo os papéis que geralmente são designados nesses espaços a artistas, como sujeitos, e às prostitutas, reduzidas a tema, ou como objeto. Estamos vivendo um momento de descolonização do museu, das práticas artísticas hierarquizadas (Barbosa, 2016).

No primeiro dia do evento, o site do museu foi lançado e iniciou-se um abaixo-assinado visando o reconhecimento dos saberes e vivências da Guaicurus como um patrimônio imaterial. Para isso, contou com o trabalho desenvolvido por Beatriz Brusantin, doutora em história social que participou do projeto (Museu do Sexo das Putas, 2016). Apesar da dificuldade em encontrar materiais (Barbosa, 2016), ela reuniu mais de 200 registros da região a partir da análise de jornais publicados nos séculos XIX, XX e XXI (Pimentel, 2016). Segundo a pesquisadora:

> **Um Museu** precisa vir com um diálogo consciente do passado, do que foi, e do que não foi. [...] **Precisa falar de hipocrisia**, precisa falar sobre amor, precisar falar sobre cuidado, sobre passado, presente, futuro. **Precisa falar aquilo que ainda não foi falado, porque ainda não houve desconstrução daquilo que nos fizeram ser o que somos** (Brusantin, 2016, grifo nosso).

Cida Vieira, diretora do Museu do Sexo das Putas, ressalta que os patrimônios materiais e imateriais estão fortemente vinculados na Guaicurus, pois há poucos registros históricos da região; destaca também que:

> As profissionais do sexo constituem historicamente um corpo importante na vida cultural de todas as cidades. Vale ressaltar que o Estado, por meio de políticas públicas higienistas e baseadas em senso comum moralizante, contribuiu para o reforço e a sedimentação dos fortes estigmas sociais que recaem sobre profissionais do sexo. Tais estigmas impedem que a sociedade reconheça as expressões culturais e as tradições que existem nesse meio, mesmo diante do longo passado de exercício dessa profissão por gerações de mulheres cis, trans, e travestis, principalmente (Vieira, 2019, p. 18).

Por meio de uma ação continuada de investigação historiográfica, de pesquisa sensível que envolve práticas artísticas e trabalho clínico, o Museu do Sexo das Putas propõe a possibilidade radical de reflexão crítica sobre luta,

> arte, cultura, corpo, sexualidade, estigma, escuta e relação. Investigamos dispositivos capazes de fazer brotar contatos para experiências libertadoras de ação e pensamento, de memória e pertencimento (Vieira, 2019, p. 19).
>
> Recuperar e registrar a memória das pessoas que estão na região é essencial para que as intervenções propostas por governos ou interesses privados não venham a tentar apagar a importância histórica desse espaço (Vieira, 2019, p. 11, grifo nosso).

As palavras da diretora estão alinhadas com as definições de exposições propostas pelo Instituto Brasileiro de Museus (2017), das quais três serão destacadas a seguir:

> São parte de um sistema de comunicação, com lógica e sentido próprios. Pretendem **desempenhar um papel para representar e comunicar histórias**, tradições, novidades, conhecimentos, modos de fazer e viver (Instituto Brasileiro de Museus, 2017, p. 11, grifo nosso).
>
> Exposições devem ser instrumentos para a produção, reprodução e difusão de conhecimentos. **São espaços para a circulação de ideias, e, deste modo, profundamente ideológicas e essencialmente políticas.** Espaços para revelar e tornar público posicionamentos (Instituto Brasileiro de Museus, 2017, p. 11, grifo nosso).
>
> Expor é ou deveria ser, trabalhar contra a ignorância, especialmente contra a forma mais refratária de ignorância, a ideia pré-concebida, o preconceito, o estereótipo cultural. Expor é tomar e calcular o risco de desorientar-se no sentido etimológico (perder a orientação, perturbar a harmonia, o evidente e o consenso, constitutivo do lugar comum, do banal) (Moutinho, 1994 *apud* Instituto Brasileiro de Museus, 2017, p. 11, grifo nosso).

Nesse contexto, é possível sugerir que as exposições relacionadas à sexualidade podem contribuir para a ressignificação de percepções, reduzindo a ignorância e o preconceito. No entanto, os museus que estiverem dispostos a aceitar esse desafio precisam saber que provavelmente sofrerão resistência da comunidade. Para a construção da sede do Museu do Sexo das Putas, por exemplo, o uso de uma antiga residência tombada e abandonada há mais de 30 anos foi polêmico, principalmente após parlamentares gravarem um vídeo sugerindo que as obras estavam sendo custeadas com o dinheiro dos contribuintes do município de

Belo Horizonte, fato negado pela presidente da Aprosmig. Para custear as obras, ela criou uma campanha com o objetivo de arrecadar R$ 1,6 milhão (D'Oliveira, 2019; Itatiaia, 2019). A confusão ocorreu devido à presença de uma placa na frente da residência que autorizava a realização das obras previstas para 2018, pois nela havia o nome de diversos órgãos governamentais (D'Oliveira, 2019), já que a obra foi autorizada e incluída no projeto no Plano de Reabilitação do Hipercentro pela prefeitura da cidade (Cherem, 2019). Segundo a informação compartilhada pela Aprosmig, por meio de correio eletrônico, em janeiro de 2024, o projeto arquitetônico já estava pronto e aprovado; no entanto, a sede permanente do museu ainda não estava pronta e a associação seguia lutando para inaugurá-la.

A experiência do Museu do Sexo das Putas evidencia o poder das vozes de grupos sociais oprimidos ao contestar o direito de ter suas histórias preservadas e lutar por transformação social. No Brasil, outros museus com propósitos semelhantes foram criados e quatro deles serão destacados a seguir: Museu do Sexo da Bahia, Museu da Diversidade Sexual, Museu Bajubá e Museu Transgênero de História e Arte.

O Museu do Sexo da Bahia[14], também conhecido como Museu Erótico e Museu da Sexualidade, foi criado em 1996, sendo a primeira instituição sobre arte erótica no Brasil e a sexta no mundo. Está localizado na sede do Grupo Gay da Bahia, no Centro Histórico de Salvador, pois ainda não conseguiu um espaço maior. Possui mais de 500 peças em seu acervo e uma biblioteca com mais de 2000 volumes. Sua entrada é gratuita e, desde sua abertura, funcionou ininterruptamente. Possui uma mostra permanente e já realizou diversas exposições temporárias. Os principais temas abordados nas mostras foram: diversidade sexual; direitos humanos e infecções sexualmente transmissíveis, tendo como foco a infecção pelo vírus HIV, causador da Aids. Promove palestras, oficinas e cursos sobre história e antropologia da sexualidade e do erotismo, sexo seguro e educação sexual (Mott; Cerqueira, 2023).

Ao longo da sua trajetória, representantes do Museu do Sexo da Bahia participaram de diversos eventos na área de museologia, tais como o 16.º Congresso Nacional de Museus e o 4.º Fórum Nacional de Museus, colocando em pauta os museus eróticos, o direito à memória LGBTQIAP+

---

[14] Site contendo informações sobre o Museu do Sexo da Bahia. Disponível em: https://www.guiadasartes.com.br/bahia/salvador/museu-da-sexualidade-da-bahia. Acesso em: 1 jun. 2023.

na sociedade brasileira (Mott; Cerqueira, 2023), contribuindo para a construção do campo da museologia nacional e consequentemente, da nossa cultura:

> Apesar de reconhecermos a pequenez e limitações do Museu do Sexo da Bahia, não resta dúvida que, além do pioneirismo e resistência em manter até hoje em funcionamento nosso museu por 26 anos consecutivos, tendo realizado 29 exposições de temas variados, tivemos significativo papel inaugural no estímulo e na implementação de importantes iniciativas direcionadas a incluir a população e cultura LGBT entre as preocupações e pautas do movimento museológico brasileiro (Mott; Cerqueira, 2023, p. 70).

O Museu da Diversidade Sexual, localizado na cidade de São Paulo, foi fundado em 2012 e foi o primeiro da América Latina relacionado à diversidade sexual (Museu da Diversidade Sexual, 2023).

> [...] é uma instituição destinada à memória, arte, cultura, acolhimento, valorização da vida, agenciamento e desenvolvimento de pesquisas envolvendo a comunidade LGBTQIA+ – contemplando a diversidade de siglas que constroem hoje o MDS – e seu reconhecimento pela sociedade brasileira.
>
> Trata-se de um museu que nasce e vive a partir do diálogo com movimentos sociais LGBTQIA+, se propõe a discutir a diversidade sexual e tem, em sua trajetória, a luta pela dignidade humana e promoção por direitos, **atuando como um aparelho cultural para fins de transformação social** (Museu da Diversidade Sexual, 2023, grifo nosso).

É importante destacar que, assim como o Museu do Sexo das Putas, o Museu da Diversidade Sexual também constitui um importante espaço de acolhimento e lazer para _todes_, além de incluir as produções artísticas desses grupos sociais, recolocando-os na posição de protagonistas da construção da cultura. Segundo Foucault (1988), a sociedade legitimou apenas a sexualidade do casal heterossexual no matrimônio. Nesse contexto, essas instituições, ao questionarem o que não está nos museus normativos, convidam a sociedade a refletir sobre a necessidade de adotar a perspectiva decolonial[15], reduzindo os danos do silenciamento de diversos sujeitos dissidentes. Para isso, é preciso inseri-los nos espaços físicos

---

[15] Decolonial: "Postura e práticas de combate às opressões materiais, simbólicas, raciais e de gênero, que resultam da colonização e subalternização dos povos e de seus saberes" (International Council of Museums Brasil, 2022).

e simbólicos de cultura e poder, favorecendo a transição política desses objetos a sujeitos (Assis, 2020). No entanto, nota-se que:

> Apesar da multiplicação acelerada desses museus que fazem das margens um espaço de criação contínua de "novas museologias", não se pode ignorar que a transferência subliminar de responsabilidades inerentes à máquina de um Estado democrático isenta os museus centrais de terem que lidar com a produção sistêmica da desigualdade, e permite que a Museologia continue, no centro, sem pensar as suas implicações políticas no presente. Tudo se passa como se essas materialidades outras – negras, indígenas, feministas, LGBTI+, transviadas e dissidentes –, após propor questões estruturais para os museus e para os patrimônios legitimados, acabassem por produzir uma matéria que excede à matéria, sem de fato alterar o processo mesmo de materialização (Brulon, 2020, p. 24).

O Museu Bajubá (Museu Bajubá, 2023) também se dedica à "pesquisa, valorização, salvaguarda e divulgação do patrimônio histórico da população LGBTI+", cujos objetivos são:

> [...] conhecer, promover, apoiar, divulgar e defender a cidadania cultural da comunidade LGBTI+ brasileira, nos termos do artigo 5.º, LXXIII c/c os artigos 215 e 216 da Constituição da República;
>
> promover, apoiar, defender e exigir ações de pesquisa, resgate, preservação, conservação, restauro, registro, catalogação e salvaguarda do patrimônio cultural LGBTI+, compreendido nos termos do artigo 216 da Constituição da República (isto é, seus bens de natureza material e imaterial, tomados individualmente ou em conjunto, portadores de referência à sua identidade, ação e memória, formas de expressão, seus modos de criar, fazer e viver; as suas criações científicas, artísticas e tecnológicas; suas obras, objetos, documentos, edificações e demais espaços destinados a manifestações artístico-culturais; os conjuntos urbanos e sítios de valor histórico, paisagístico, artístico, arqueológico, paleontológico, ecológico e científico);
>
> contribuir para o desenvolvimento de estudos e pesquisas comprometidos com o enfrentamento da discriminação e com a defesa da dignidade das dissidências sexuais e de gênero, notadamente de sua memória e história;

> defender e promover os direitos fundamentais da população LGBTI+, a cultura de paz, a democracia, o respeito à diversidade, notadamente os direitos de expressão, criação, fruição, difusão, preservação de suas práticas culturais e de acesso à educação artística que respeite e valorize a diversidade, a laicidade e os princípios republicanos;
>
> estimular e fortalecer redes de produção cultural, pesquisa, museologia social e intercâmbios artísticos e políticos, com indivíduos e organizações sociais nacionais e internacionais (Museu Bajubá, 2023).

Trata-se de um museu virtual, mas com possibilidade de "instituir representações físicas nas cidades com territórios musealizados" (Museu Bajubá, 2023). Sua gestão é realizada com apoio da Universidade Federal de Minas Gerais (UFMG). Segundo o Dr. Jezulino Lúcio Braga, do curso de museologia da UFMG, que atua junto ao museu:

> A museologia hoje fala muito em pensamento decolonial, em decolonizar. Isso porque os grupos reivindicam suas narrativas e, ao reivindicar as suas narrativas, é necessário que a gente tenha acesso também a acervos para produzir essa narrativa. Seja acervo documental ou acervo de objetos. Enfim, o que ficou muito tempo nas reservas técnicas dos museus. A gente sabe que os museus, arquivos, enfim, eles são homo-lesbo-transfóbicos, então, a museologia hoje pode, com as ferramentas e os protocolos da museologia, discutir questões de gênero, buscar esses acervos e muito mais, comunicar esses acervos. Não adianta nada tratar esses acervos, conservá-los e preservá-los, sem promover o acesso a eles para pesquisadores, dar conhecimento às pessoas sobre a existência dessas narrativas, buscar a história dos nossos griôs e das nossas griôas, ou seja, das pessoas LGBTIA+ que fizeram e fazem história.
>
> [...] recuperar essas narrativas é recuperar a luta por direitos. Por direito de existir, que as pessoas possam viver e não serem mortas pelo simples fato de terem uma condição sexual diferente (Braga, 2021).

O Museu Transgênero de História e Arte (Mutha) possui um propósito semelhante. Ele foi idealizado por uma pessoa trans e recebe apoio financeiro do governo da Bahia, tendo como foco a população trans (Mutha, 2023). Outro exemplo de museu que valoriza a diversidade é o Museu da Pessoa, um museu virtual colaborativo, que registra, preserva e compartilha histórias de vida, transformando-as em patrimônio da humanidade. Nele, "toda pessoa pode se tornar acervo, curador e visitante", visto que todos podem contar a sua história, criar coleções temáticas e explorar o acervo (Museu da Pessoa, 2024). O museu também realiza parcerias com outras instituições, como o Museu da Diversidade Sexual, a fim de potencializar a construção e a divulgação do seu acervo. Além disso, desenvolve projetos temáticos. Um exemplo é o *Vira Vida: histórias de vidas transformadas*, que realizou 90 entrevistas para contar a história de vítimas de exploração sexual, violência física e/ou sexual, resultando na produção de um livro, uma exposição itinerante, cinco vídeos e um guia de acervo (Museu da Pessoa, 2013, 2024; Podcast Museu da Diversidade Sexual, 2023).

Os trabalhos desenvolvidos pelas instituições citadas nesta seção evidenciam que os museus podem produzir materiais para compor os seus próprios acervos ou ressignificar objetos musealizados para promover educação sexual.

2.2.2 PERCEPÇÃO DOS SEUS FUNCIONÁRIOS SOBRE O TEMA

Outro fator que pode influenciar a exclusão de assuntos relacionados à sexualidade nos museus é a percepção dos seus funcionários sobre o tema, que muitas vezes julgam a temática como imprópria para o contexto museal (Liddiard, 1996). São esses funcionários que definem os temas e os objetivos das exposições e então, as organizam de modo a despertar no público determinadas interpretações (Liddiard, 1996). É importante destacar que a decisão de um funcionário sobre incluir ou não um determinado tema depende, ao menos em parte: 1) da sua formação (inicial e continuada); 2) da ampla negociação com os demais colegas; e 3) da cultura da instituição (Liddiard, 1996).

> É importante notar que **nenhum curso de Museologia no Brasil possui em seu currículo formal qualquer disciplina que aborde as questões de sexualidade**, fenômeno que também se estende ao debate sobre gênero. Isso aponta para o fato de que os cursos de Museologia brasileiros tendem a produzir saberes e formar profissionais desvinculados de temáticas da sexualidade e de gênero. Nesse sentido, parecem produzir majoritariamente um panorama higienizado, tratando os museus como espaços onde vigora uma moralidade pueril onde o sexo e gênero não tem vez (Baptista, 2021, p. 2, grifo nosso).

No Brasil, o problema já foi reconhecido e tem sido discutido nos Encontros Nacionais de Estudantes de Museologia — Enemu. Além disso, há pelo menos dois cursos de museologia no país com disciplinas optativas sobre memória LGBTQIAP+ nos museus e na museologia, além de exposições curriculares e projetos de extensão (Baptista, 2021). Importantes articulações acadêmicas também têm sido realizadas, dando origem à Rede LGBT de Memória e Museologia Social e ao Grupo de Trabalho Corpo Gênero e Sexualidade, que juntos promovem o Seminário Brasileiro de Museologia LGBT+ (Baptista, 2021, Ibram, 2021).

É importante ressaltar a necessidade de investir na formação inicial e continuada dos mediadores que atuam nos museus interagindo diretamente com o público. Muitas pessoas quando chegam ao museu para iniciar o processo de formação para exercer esse papel, acreditam que possam ter alguma dificuldade em atuar nas atividades com assuntos relacionados à sexualidade e um dos motivos é a escassez de conhecimento acerca do tema, já que a educação sexual vivenciada no ensino formal muitas vezes é considerada insatisfatória (Oliveira; Vitiello; Coutinho-Silva, 2021). Ademais, elas frequentemente não recebem orientações adequadas para mediarem as exposições sobre sexualidade e não são ouvidos por outros profissionais dos museus (Honorato; Kunsch, 2018).

Não é possível prever com exatidão o futuro da sexualidade no contexto museal. Mas se um dos possíveis fatores responsáveis pela inclusão da temática é a cultura do museu, podemos ter esperanças, pois **a cultura é mutável** e já é possível ver grandes mudanças como, por exemplo, a exibição de exposições em que as mulheres são protagonistas (Liddiard, 1996) e a preocupação com as mulheres que trabalham nos museus. Nesse contexto, o Ibram criou um Grupo de Trabalho para elaborar a Política Nacional Museológica das Mulheres e Gênero, anunciado no dia 8 de março de 2023 — Dia Internacional das Mulheres. Nesse mesmo mês, publicaram diversas postagens (n=9) em seu Instagram[16] incentivando o combate ao machismo e às diversas formas de opressão nos museus, tais como: 1) *manterrupting* — comportamento machista no qual um ou mais homens interrompem uma mulher sem necessidade; 2) *mansplaning* — ato de explicar algo óbvio para uma mulher por supor que ela não é capaz de compreender; 3) *gaslighting* — manipulação visando confundir a mulher para que ela acredite que os fatos contados por ela não são

---

[16] Instagram do Ibram. Disponível em: https://www.instagram.com/museusbr/. Acesso em: 1 jun. 2023.

reais; 4) assédio moral — envolve a atribuição de tarefas não previstas no cargo exercido, controle do tempo de utilização do banheiro, invasão da vida privada, entre outras ações abusivas; 5) assédio e/ou importunação sexual — consistem em uma série de práticas, como a realização de ameaças para obtenção de vantagem sexual ou tocar o corpo de alguém sem permissão (Instituto Brasileiro de Museus, 2023).

Provavelmente, a transformação cultural que vem ocorrendo nos museus tem sido influenciada pela mobilização social. Nesse contexto, vale ressaltar a atuação de Guerrilla Girls, formada por ativistas anônimas feministas, que para manter o anonimato utilizam máscaras de gorilas. Criada em 1985, desenvolveram centenas de projetos ao redor do mundo, atraindo milhares de pessoas. Produziram inclusive intervenções e exposições em museus de arte, "criticando-os em suas próprias paredes por seu mau comportamento e práticas discriminatórias". Seu trabalho é reconhecido mundialmente e seu livro *Guerrilla Girls: The Art of Behaving Badly* foi considerado um dos melhores livros de arte pelo *The New York Times* e *Los Angeles Times* em 2020 (Guerrilla Girls, 2023).

Um dos trabalhos mais conhecidos de Guerrilla Girls questiona a maneira pela qual as mulheres são retratadas nas obras de arte e como seus trabalhos são ignorados pelos museus. A imagem foi criada em 1989 para o Museu Metropolitano de Arte (MET, Metropolitan Museum of Art) em Nova Iorque e dizia que menos de 5% dos artistas daquele museu eram mulheres, mas 85% dos nus eram femininos. A imagem foi amplamente divulgada pelo mundo e foi traduzida para diversos idiomas. Para chegar ao Brasil, ela foi adaptada, trazendo dados do Museu de Arte de São Paulo — Masp (Guerrilla Girls, 2023) –, considerado o museu de arte mais importante do hemisfério sul (Museu de Arte de São Paulo Assis Chateaubriand, 2023) e fez parte da mostra *Guerrilla Girls: gráfica, 1985-2017,* que contou com mais de cem pôsteres e ocorreu no período de 29 de setembro de 2017 a 14 de fevereiro de 2018 (Museu de Arte de São Paulo Assis Chateaubriand, 2017). Os cartazes disponíveis a seguir (Figuras 3 e 4), produzidos para a mostra brasileira, ainda estavam expostos no museu em 2022, em um grande salão na mostra *Acervo em Transformação* junto às obras de renomados artistas como Tarsila do Amaral, Anita Malfatti, Candido Portinari, Emiliano Di Cavalcanti, Vicenti van Gogh, Claude Monet e Pablo Picasso.

Figura 3 — Cartaz *As mulheres precisam estar nuas para entrar no Museu de Arte de São Paulo?* desenvolvido pelo coletivo Guerrilla Girls para o Museu de Arte de São Paulo

Fonte: Guerrilla Girls. Disponível em: https://www.guerrillagirls.com/projects. Acesso em: 1 jun. 2023

Figura 4 — Cartaz *As vantagens de ser uma artista mulher,* desenvolvido pelo coletivo Guerrilla Girls para o Museu de Arte de São Paulo

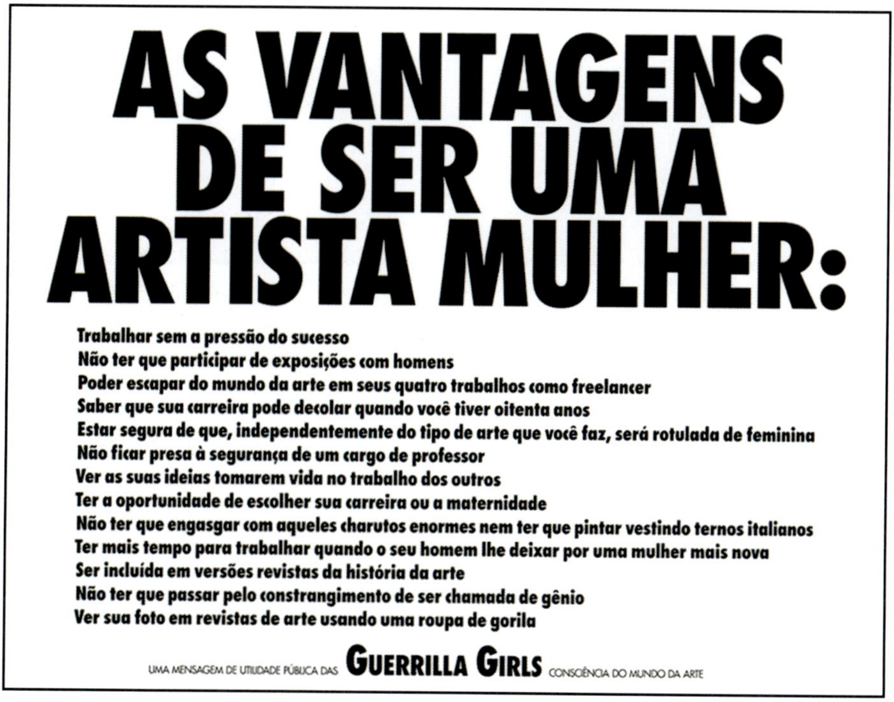

Fonte: Guerrilla Girls. Disponível em: https://www.guerrillagirls.com/projects. Acesso em: 1 jun. 2023

2.2.3 CURRÍCULO ESCOLAR

Apesar de não haver nenhuma legislação que determine, incentive ou proíba a abordagem de temas nos museus, pelo fato de muitos receberem grupos escolares, o currículo escolar também influencia na escolha dos temas explorados (Liddiard, 1996). Dessa forma, é possível observar uma atenção crescente para a construção de documentos oficiais que legitimam e/ou garantam a educação sexual nas escolas em diversos países (Neto, 2022). Portanto, é provável que os museus também ampliem a abordagem da temática em suas exposições e atividades.

O governo britânico, por exemplo, introduziu a educação sexual e de relacionamento (*Sex and Relationship Education* — SER) nas escolas secundárias em 2019. Nesse contexto, o Museu Britânico desenvolveu um programa gratuito para apoiar o trabalho dessas escolas, com adolescentes entre 14 e 16 anos utilizando objetos históricos como pontos de discussão para explorar assuntos relacionados à sexualidade, tais como a Taça Warren, Shunga e a estátua da deusa budista Tara (The British Museum, 2017). Isso porque para eles:

> Os museus são espaços sociais onde as pessoas podem fazer perguntas, criar diálogos e fazer conexões pessoais. Sair de uma sala de aula para o ambiente mais informal do museu pode ser uma maneira para os alunos explorarem tópicos por meio de discussão e investigação baseada em objetos. Os objetos são ferramentas poderosas para quebrar barreiras, explorar o significado e iniciar conversas em torno de tópicos sensíveis. Eles fornecem uma maneira de falar sobre tópicos em SER em um contexto histórico, isentando os alunos a necessidade de perguntarem aos professores diretamente sobre suas próprias experiências sexuais (The British Museum, 2017, tradução nossa).

De maneira semelhante, em Portugal, a lei n.º 3 de 1984 reconhece a educação sexual e o acesso ao planejamento familiar como um direito garantido pelo Estado e prevê a inclusão de temas científicos relacionados à sexualidade humana nos currículos escolares e na formação de profissionais de saúde (Portugal, 1984). Por lá, as instituições de educação não formal também têm se mobilizado para apoiar a escola na promoção da educação sexual (Santos, 2012).

> [...] Desde 2009 foram definidas por lei as respetivas orientações curriculares adequadas a cada nível de ensino, mas as estratégias de abordagem têm constituído desafios, nem sempre fáceis de ultrapassar. Será que todos os professores e professoras se sentem capazes de tratar este tema? Será que os que se sentem motivados nesta tarefa estão a fazê-lo da forma mais adequada? Será a educação formal a única forma eficaz de se educar em sexualidade?
>
> No sentido de superar este problema real de falta de atividades e materiais para se educar em sexualidade, surgiu a ideia de construir três módulos sobre esta matéria no Exploratório Infante D. Henrique, Centro Ciência Viva de Coimbra, com vista a integrarem a exposição permanente "Em boa forma... com a ciência". Pretendia-se que os módulos projetados juntamente com um já existente na exposição, facilitassem a preparação de atividades não formais, permitindo aos/às professores/as e alunos/as discutir conteúdos relacionadas com o tema.
>
> O principal propósito do projeto foi delinear uma atividade em contexto de aprendizagem não formal sobre a temática da sexualidade que pudesse ser uma oferta formativa para os/as professores/as que, nas escolas, têm a responsabilidade de a abordar. Após a construção dos três módulos e da preparação da atividade de exploração, concebemos um leque de materiais didáticos a serem trabalhados pelos alunos/as, em sessões pós-atividade na sala de aula, com a orientação dos/as professores/as (Santos, 2012, p. 2).

Outra evidência da influência do currículo nos museus pode ser observada no site da exposição canadense intitulada *Sex: A Tell-All Exhibition*. Uma das perguntas presentes na seção "Perguntas frequentes" é "Como a exposição se relaciona com o currículo escolar do meu filho?", cuja resposta apresentada é:

> No novo Programa de Educação de Quebec, a educação sexual não se enquadra na alçada de um único assunto, mas se torna responsabilidade de vários parceiros. Os conceitos relacionados à sexualidade tratados na exposição podem ser abordados em diversos cursos: Inglês, Ética e

Cultura Religiosa, Ciência e Tecnologia, etc. A exposição do Centro de Ciências de Montreal realmente facilita o trabalho dos professores, que podem cobrir o tema da sexualidade como parte de uma visita escolar (Montreal Science Centre, 2015).

No Brasil, os Parâmetros Curriculares Nacionais (PCN) trazem a orientação sexual como tema transversal e a Base Nacional Comum Curricular (BNCC) prevê o ensino de alguns temas relacionados à sexualidade (Brasil, 1997, 2018). Além do Ministério da Educação reconhecer a importância do tema, a educação sexual é considerada um direito sexual e reprodutivo pelo Ministério da Saúde (Brasil, 2013). O Programa Saúde na Escola (PSE), que envolve ambos os ministérios, também apresenta uma ação destinada exclusivamente à sexualidade: *Saúde sexual e reprodutiva e prevenção do HIV/IST* (Brasil, 2022).

2.2.4 INTERESSE DO PÚBLICO

Por fim, **outro aspecto que influencia na inclusão ou exclusão de um determinado tema em um museu é o interesse do público**, como afirma Liddiard (2004). Em seu trabalho, o autor aponta diversos fatores que nos permitem supor que o público tem interesse por questões relacionadas à sexualidade, como, por exemplo, o entusiasmo por programas de televisão que abordam aspectos históricos da sexualidade humana (Liddiard, 2004). Atualmente também é possível notar o grande interesse do público por séries sobre sexualidade disponíveis em plataformas de *streaming*, tais como *Sex Education*, série britânica lançada em 2019 que já possui três temporadas e *Sexify*, série polonesa que estreou em 2021 na mesma plataforma. Mas será que esse público se sentiria confortável para sair dos seus sofás, onde podem apreciar qualquer programação de forma anônima, para visitar um museu para conhecer uma atividade relacionada à sexualidade, já que para muitos o tema ainda é um tabu? Provavelmente sim, pois diversos museus têm desenvolvido exposições sobre o tema e atraído um grande público, sem contar os inúmeros museus do sexo presentes em diferentes países, inclusive no Brasil[17].

O Museu Britânico (British Museum), por exemplo, possui uma peça muito valiosa relacionada à sexualidade: a Taça Warren[18], adquirida em 1999 por £ 1,8 milhão — uma peça de prata romana com gravuras de homens fazendo sexo com outros homens (Liddiard, 2004), datada de 10-20 DC (Frost, 2015). O objeto tem sido exposto desde a sua aquisição, sem gerar polêmica (Frost, 2015). Além de atrair o público, a Taça Warren tem sido foco de inúmeros trabalhos acadêmicos por representar a longa trajetória de exclusão e omissão da história da comunidade LGBTQIAP+ nos museus (Frost, 2008). Vale ressaltar que a peça por muito tempo pertencia a uma coleção particular de Warren (Frost, 2008) e não podia ser exposta, pois a homossexualidade era considerada um crime na Inglaterra e no País de Gales (The British Museum, 2023d). Com a descriminalização, diversas atividades têm sido propostas pelo museu, como publicações e visita guiada a uma exposição intitulada *Desejo, amor, identidade: explorando histórias LGBTQ*[19], com diferentes objetos relacionados a narrativas não heteronormativas e não binárias, incluindo a Taça Warren (The British Museum, 2018).

Outro museu que atraiu muitos visitantes por abordar a temática foi o Instituto para o Estudo da Sexualidade (Institut für Sexualwissenschaft), criado na Alemanha no início do século XX. O instituto era um "misto de núcleo de pesquisa, espaço de fisio-psicoterapia, biblioteca e museu de sexologia" e recebia cerca de 20 mil visitantes por ano. No entanto, um grupo de nazistas invadiu a instituição e queimou o seu acervo em praça pública, reunindo mais de 40 mil manifestantes (Mott; Cerqueira, 2023, p. 50).

Apesar do possível interesse do público, **os museus têm sido cautelosos quando produzem exposições sobre sexualidade.** Ainda no

---

[17] No Brasil há pelo menos três museus do sexo: o Museu do Sexo das Putas, em Belo Horizonte, Minas Gerais (https://museudasputas.wixsite.com/museu); o *Sex Museum*, em Gramado, Rio Grande do Sul (https://sexmuseum.com.br) e o Museu do Sexo (virtual), desenvolvido pela Doutora Carmita Abdo, docente da Universidade de São Paulo (http://www.museudosexo.com.br). O museu virtual está cadastrado no Sistema Nacional de Bibliotecas Públicas.

[18] Para conhecer a Taça Warren acesse: THE BRITISH MUSEAM. drinking-cup. Disponível em: https://www.britishmuseum.org/collection/object/G_1999-0426-1. Acesso em: 11 jan. 2023.

[19] É possível realizar a visita virtual e guiada à exposição "Desejo, amor, identidade: explorando histórias LGBTQ". Para isso, acesse: https://www.britishmuseum.org/visit/object-trails/desire-love-identity-lgbtq-histories. Acesso em: 11 jan. 2023.

estágio inicial do desenvolvimento da exposição supracitada sobre Shunga no Museu Britânico (Frost, 2017), cinco grupos focais foram convidados a avaliá-la e destacar potenciais sensibilidades, uma vez que a cultura retratada é distinta e, por vezes, vai de encontro às normas sociais e à legislação do país onde a exposição iria ocorrer. Apesar da preocupação dos curadores, os grupos não comentaram sobre as imagens consideradas controversas e, de modo geral, a reação foi positiva. O gênero parecia ser novidade para quase todas as pessoas, que estavam prestes a reconsiderar seus preconceitos sobre arte sexualmente explícita ou pornografia, pois além do mérito artístico parecia ser menos misógina. Preocupados com o risco de os visitantes construírem uma imagem distorcida da realidade, os curadores incluíram algumas transcrições traduzidas das obras, o que aparentemente não foi considerado tão positivo. Os *feedbacks* dos grupos focais foram considerados pelos curadores para construírem a exposição (Frost, 2017).

O conteúdo da exposição foi mencionado com clareza na sua divulgação para que o público não tivesse nenhuma surpresa. Além disso, foi colocado um livreto com algumas imagens nas bilheterias para que os visitantes pudessem observá-las antes de comprar os ingressos. Por fim, para garantir que o público estivesse totalmente ciente do conteúdo que seria apresentado, foi colocado um aviso na entrada: "Esta exposição contém informações e imagens de natureza sexualmente explícita que podem ofender alguns visitantes. Recomenda-se orientação dos pais para visitantes menores de 16 anos". Tudo isso foi feito, com acompanhamento jurídico e consultas à polícia. Dessa forma, a instituição recebeu pouquíssimas reclamações, mas nenhuma delas estava relacionada a explicitação sexual de Shunga, mas sim sobre a aglomeração na primeira parte da exposição, que recebeu quase 90 mil visitantes e vendeu 8 mil cópias do catálogo. A exposição foi considerada positiva pela crítica nas mídias (Frost, 2017).

O museu realizou um estudo de observação dos visitantes durante a exposição e 220 entrevistas. A maioria dos visitantes permaneceu no local pelo menos uma hora e revelaram que ficaram satisfeitos ou muito satisfeitos e com as expectativas atendidas e até mesmo superadas. No entanto, alguns mencionaram que exposições como essas estavam atrasadas e que "era importante que museus reconhecerem a importância do sexo e da sexualidade para a experiência humana" (Frost, 2017, p. 94).

O temor à possível resistência de grupos conservadores também é um dos motivos para muitos museus não incluírem ou limitarem o acesso às atividades relacionadas à sexualidade. O Museu de Arte de São Paulo (Masp), por exemplo, ao inaugurar a exposição Histórias da Sexualidade em 2017, não permitiu a entrada de pessoas menores de 18 anos, mesmo na presença de seus responsáveis legais. A liberação da entrada para menores de 18 anos só ocorreu após o Ministério Público Federal ter se pronunciado por meio de uma nota técnica reconhecendo o direito à liberdade de expressão artística, ressaltando que:

> [...] a legislação brasileira NÃO PROÍBE o acesso de menores de dezoito anos a espetáculos ou diversões de nenhum tipo, mesmo aqueles com conteúdo erótico ou pornográfico. Compete exclusivamente aos pais ou responsáveis pela criança ou adolescente autorizar seu ingresso em espetáculos ou diversões públicas.
>
> Em contrapartida, os responsáveis pelos estabelecimentos onde ocorrem os espetáculos ou diversões devem atentar para fornecer ao público, previamente e também durante o evento, informações claras, afixadas em local visível, sobre a natureza do espetáculo e as faixas etárias a que não se recomende, de forma a permitir a escolha livre e consciente da programação por parte de pais e responsáveis por crianças ou adolescentes (Brasil, 2017, p. 39-40).

Então, a classificação deixou de ser restritiva e passou a ser indicativa. A decisão foi divulgada no Instagram da instituição e foi uma das publicações mais curtidas no ano de 2017 (Marques, 2019). É importante ressaltar que isso ocorreu quando o Brasil vivenciava um período de tensão que ameaçava o direito à liberdade de expressão artística. A restrição etária foi bastante criticada e comentada pela mídia. Segundo Camila Bechelany, uma das curadoras da exposição:

> [...] As reações foram, em efeito, bem distintas, assim também como é o público de um museu como o MASP, diversificado. O MASP tem uma linha de comunicação que é muito presente nas redes sociais e nesses espaços principalmente é que houveram reações inflamadas contra a exposição. Mas a grande parte das reações foi positiva. **A mostra também bateu recordes de visitação do museu, tendo recebido somente nos primeiros dois meses de exposição mais de 75 mil visitantes.**

Mas, sobretudo, acho importante pensarmos retrospectivamente aqui como a exposição pôde configurar e criar espaço para que um debate público que estava em curso sobre uma ideia de censura e liberdade artística se complexificasse. Como falamos acima, a abertura da exposição (19 de outubro de 2017) coincidiu com um momento em que estavam acontecendo polêmicas e disputas no campo cultural no Brasil. O debate público teve início no mês de setembro de 2017, quando aconteceu o fechamento, na cidade de Porto Alegre, da exposição Queermuseum – Cartografias da Diferença na Arte Brasileira por decisão da instituição que acolhia o projeto, o Santander Cultural. A exposição foi fechada, cerca de um mês após sua inauguração no dia 11 de setembro, por causa de acusações alegando a incitação à pedofilia e blasfêmia. Essas violentas acusações geraram uma reação da classe artística e uma mobilização em favor da liberdade artística e livre expressão. Seguiram-se ainda dois episódios de acusações e de perseguições a artistas em instituições artísticas num período de poucas semanas: na ocasião da performance La Bête do artista Wagner Schwartz no Museu de Arte Moderna de São Paulo e a exposição Faça você mesmo sua capela sistina – Pedro Moraleida no Palácio das Artes em Belo Horizonte. Em todos os casos, houve replicação de mensagens de ódio nas redes sociais e ataques diretos à artistas, curadores e outros profissionais da cultura por parte de grupos de ultraconservadores, como o MBL (Movimento Brasil Livre).

A polarização que víamos tomar corpo ali era o reflexo de uma polarização maior no contexto político brasileiro. E, sobretudo, a onda conservadora que se espalhava pelos setores culturais já havia tido início em 2016 com algumas incriminações ligadas à Lei Rouanet de incentivo à cultura, a diminuição do orçamento federal para o setor cultural e o fechamento do Ministério da Cultura pelo governo Temer. Na data de abertura de Histórias da sexualidade, houve uma grande mobilização da classe artística e uma manifestação a favor da liberdade e contra a censura que aconteceu durante a noite de abertura no vão do MASP. O Museu tinha uma posição clara de defesa da liberdade de expressão e a exposição tinha como texto de abertura uma reflexão sobre esse tema.

No entanto, a classe artística foi em parte crítica ao fato de o museu ter proibido a visitação da exposição aos menores de 18 anos. **A decisão do museu pela restrição etária foi baseada em aconselhamento jurídico e garantia efetivamente que a exposição permanecesse aberta ao público.** Mas alguns viram essa decisão como uma forma de concessão à pressão pública conservadora. E o que ocorreu em seguida, foi que alguns grupos da sociedade civil, sobretudo pais e mães, entraram com ações legais para que a exposição pudesse ser visitada por pessoas de qualquer faixa etária e para que pudessem levar seus filhos. Finalmente, após quase dois meses da inauguração, a exposição pôde, a partir de uma recomendação do Ministério Público Brasileiro, ser aberta à visitação de menores acompanhados de pais ou responsáveis.

Por todos esses fatos que envolveram a recepção da exposição, vemos que ela pôde funcionar como um espaço para o debate público. Acho que isso é uma grande contribuição desse projeto. Num país em que os níveis de homofobia e o preconceito contra mulheres são dos maiores do mundo, a exposição cumpria também um papel didático e por isso a recepção do público jovem foi extremamente importante pra nós (Seoane; Bechelany, 2018).

Apesar da polêmica, a mostra recebeu 122.002 visitantes. O MBL também mobilizou uma manifestação visando ao fechamento da exposição *Cu é lindo*, que ocorreu em 2018 no Goethe-Institut (Instituto Cultural Brasil Alemanha), localizado em Salvador, Bahia (Bnews, 2018; Ribeiro, 2018).

No Brasil, outras situações semelhantes já haviam ocorrido, como a censura à exposição *Erotica – os sentidos da arte*, de Tadeu Chiarelli. Inaugurada em São Paulo (2005), recebeu mais de 56 mil pessoas e posteriormente chegou ao Rio de Janeiro (2006). A sua segunda edição ocorreu no Centro Cultural do Banco do Brasil (CCBB) e causou muita controvérsia (Carvalho, 2006; Chiarelli, 2018; Odier, 2014). A obra *Desenhando com terços*, de Márcia X, consiste na representação de diversos pênis utilizando terços católicos e teve como objetivo questionar e expor "sutilmente múltiplas facetas da interface sexualidade e religião" (Lança, 2017, p. 79). Ela foi apresentada pela primeira vez em 2000, mas em 2006 a fotografia da performance, presente na exposição Erótica, foi julgada inapropriada e acusada de blasfêmia. Para censurá-la, uma organização religiosa incitou os seus membros a solicitarem a retirada da obra. Por isso, o CCBB recebeu mais de 800 e-mails e muitas pessoas ameaçaram cancelar as suas contas no Banco no Brasil, caso a solicitação não fosse acatada (Lança, 2017). Então, a Presidência do Banco do Brasil suspendeu a exposição da fotografia (Chiarelli, 2018; Odier, 2014). Essa atitude foi amplamente criticada. A artista Rosangela Rennó que também apresentava suas obras na exposição, as ocultou como forma de protesto e condicionou a manutenção delas ao retorno daquela que fora censurada. Até o Ministro da Cultura Gilberto Gil se pronunciou e emitiu uma nota dizendo que censurar a arte viola a Constituição Federal. Ocorreram diversos protestos. Na cidade do Rio de Janeiro era possível ver imagens de terços fálicos projetados nos prédios e cartazes com imagens da obra. O prefeito César Maia ordenou a remoção dos cartazes, o que aumentou a insatisfação e consequentemente o número de protestos (Canal Contemporâneo, 2006; Correio Braziliense, 2006; Lança, 2017). Algumas pessoas se mobilizaram e escreveram para a instituição exigindo o retorno da obra, como mostra o trecho desta carta:

> O Centro Cultural Banco do Brasil inacreditavelmente resolveu aderir ao autoritarismo, retirando a obra da exposição, alegando que não queria polêmica e que alguns manifestantes ameaçaram retirar suas contas do banco!!! será que agora a programação do CCBB será desenvolvida para agradar àqueles que possuem aplicações financeiras nesse banco?
>
> Um centro cultural é exatamente o lugar que possui a responsabilidade de velar pela arte, pela cultura e pela liberdade de expressão, reconhecendo que o aspecto crítico de qualquer obra de arte é parte da lógica básica da arte em si. Portanto, criar polêmica é a condição natural da arte e da cultura, e é através destes dois campos que poderemos debater e dar continuidade ao nosso processo histórico, enquanto povo e nação no mundo!
>
> **Com este tipo de atitude, e sendo o Banco do Brasil um órgão federal, presenciamos a possibilidade da implementação no país de uma arte oficial. A partir desta grave mácula na importante história do Centro Cultural Banco do Brasil, com que moral este vai abrir seus próximos editais para projetos culturais? Será que já existe uma censura prévia nos julgamentos do CCBB? Será que o CCBB já é um órgão de arte oficial?**
>
> Estamos diante do fato de que a artista Márcia X e a exposição "Erótica – os sentidos da arte", concebida pelo cura-

> dor Tadeu Chiarelli, estão sendo vítimas de uma atitude irresponsável, autoritária e moralista. O CCBB desta forma transforma as vítimas em réus, denegrindo suas imagens e o conteúdo de suas obras, que são importantes manifestações da arte e da cultura brasileira.
>
> Sendo assim exigimos o retorno imediato, em caráter de urgência, da obra de Márcia X à mostra "Erótica – os sentidos da arte" no CCBB do Rio de Janeiro, que termina em uma semana. O Centro Cultural não tem o direito de retirar este privilégio da população.
>
> A única possibilidade do CCBB se redimir deste lamentável incidente, que macula sua história, é retornar a obra às suas paredes antes do término da exposição e escrever uma carta à população do Rio de Janeiro, pedindo desculpas pela sua atitude. Censurar obras de arte de reconhecido valor na história da arte brasileira não ajuda a construir um país democrático.
>
> Ressaltamos a importância do Centro Cultural Banco do Brasil na difusão da cultura brasileira nos últimos anos e esperamos que assim continue, desde que sempre pautado pela liberdade de expressão artística e preocupado com o desenvolvimento da cultura e educação no país, atitude esta pela qual a Instituição sempre se destacou (Gentil Carioca *et al.*, 2006, grifo nosso).

Devido ao fato ocorrido, a exposição não chegou ao CCBB de Brasília, conforme previsto, evitando associar a sua marca a conteúdos polêmicos. No entanto, na estreia de uma outra exposição no local, universitários se manifestaram (Lança, 2017):

> Durante a abertura no mesmo local de uma exposição de Picasso, estudantes da UNB (Universidade de Brasília) protestaram com bananas e baguetes que se transformaram em elementos fálicos. Desenhos de pênis enfeitavam as vestes dos manifestantes que gritavam "Corpo da arte, amém!" enquanto distribuíam pão aos convidados, fazendo lembrar a comunhão da missa. Houve ainda uma coleção da grife "Daspu" trazendo a imagem dos terços de Mácia X (Lança, 2017, p. 111, *ipsis litteris*).

Meses após o ocorrido, o assunto permanecia sendo debatido, como mostra o poema divulgado dois meses após a censura ocorrida em Brasília:

> Saldo final:

Vitória do capital sobre a cultura.

Vitória dos obscurantistas.

Vitória dos jovens politiqueiros que fazem da religião, palanque eleitoreiro.

Vitória das manobras e do poder.

Vitória de um Brasil analfabeto, atrasado e hipócrita.

Viva o povo brasileiro!

Amém! (Observatório da Censura, 2006).

RESUMO:

Quais são os fatores que influenciam na inclusão ou exclusão de exposições sobre sexualidade nos museus?

- Há poucos recursos históricos para fundamentar e compor as exposições, pois muitos foram destruídos ou nem se quer foram coletados com as informações devidamente catalogadas; apesar de haver muitas evidências que indicam que esse motivo não é um fator determinante.

- A percepção dos funcionários é um dos fatores que mais influencia na produção de atividades e exposições sobre sexualidade nos museus.

- O currículo escolar sugestiona os temas explorados pelos museus que recebem a visita de grupos escolares.

- O interesse do público impacta na arrecadação de bilheteria, o que é essencial para manutenção dos museus, portanto, também é importante considerá-lo ao escolher os temas a serem abordados.

- A mobilização social, seja a favor ou contra a abordagem do tema.

2.3 OS MUSEUS DEVEM PROMOVER AÇÕES EDUCATIVAS?

A função educativa dos museus está prevista na própria definição da palavra museu:

> Definição do Conselho Internacional de Museus (*International Council of Museums* – ICOM): Um museu é uma instituição permanente, sem fins lucrativos, ao serviço da sociedade, que pesquisa, coleciona, conserva, interpreta e expõe o patrimônio material e imaterial. Os museus, abertos ao público, acessíveis e inclusivos, fomentam a

> diversidade e a sustentabilidade. Os museus funcionam e comunicam ética, profissionalmente e, com a participação das comunidades, proporcionam experiências diversas para educação, fruição, reflexão e partilha de conhecimento (Conselho Internacional de Museus, 2022).

Definição do Estatuto de Museus:

> Consideram-se museus, para os efeitos desta Lei, as instituições sem fins lucrativos que conservam, investigam, comunicam, interpretam e expõem, para fins de preservação, estudo, pesquisa, educação, contemplação e turismo, conjuntos e coleções de valor histórico, artístico, científico, técnico ou de qualquer outra natureza cultural, abertas ao público, a serviço da sociedade e de seu desenvolvimento (Brasil, 2009).

Portanto, a educação é inerente aos museus, mas tem se tornado mais evidente nas últimas décadas com a criação de setores educativos, com o desenvolvimento de pesquisas e de políticas públicas na área de educação museal (Costa; Castro; Soares, 2020). Mas o que diz a legislação brasileira em relação à educação museal? de acordo com o artigo 29 da lei n.º 11.904, de 14 de janeiro de 2009:

> **Os museus deverão promover ações educativas, fundamentadas no respeito à diversidade cultural e na participação comunitária, contribuindo para ampliar o acesso da sociedade às manifestações culturais e ao patrimônio material e imaterial da Nação** (Brasil, 2009, grifo nosso).

Já o decreto n.º 8.124 de 17 de outubro de 2013, que regulamenta o Estatuto dos Museus, exige a elaboração e a implementação do **Plano Museológico, contendo programas relacionados a ações educativas**, tais como o programa de exposições, que "abrange a organização e utilização de todos os espaços e processos de exposição do museu, intra ou extramuros, de longa ou curta duração", e o programa educativo e cultural, que "abrange os projetos e atividades educativo-culturais desenvolvidos pelo museu, destinados a diferentes públicos e articulados com diferentes instituições" (Brasil, 2013).

Como qualquer outro processo educativo, a educação museal "traz em si o propósito de possibilitar aprendizagem, construir conhecimentos, promover o desenvolvimento dos indivíduos e instrumentalizá-los para a vida em sociedade, para a evolução de princípios éticos", exigindo diálogo, empatia, troca, receptividade e escuta (Costa, 2020). A Portaria do Ibram n.º 605, de 10 de agosto de 2021, que dispõe sobre Política Nacional de Educação Museal (PNEM)[20], a define como "um processo de múltiplas dimensões de ordem teórica, prática e de planejamento, em permanente diálogo com o museu e a sociedade" (Brasil, 2021), cujos princípios são apresentados no artigo 5:

> I – **a educação museal compreendida como função dos museus**, reconhecida nas leis e explicitada nos documentos norteadores, juntamente com a preservação, comunicação e pesquisa;
>
> II – a educação museal compreendida como um processo de múltiplas dimensões de ordem teórica, prática e de planejamento, em permanente diálogo com o museu e a sociedade;
>
> III – a garantia de que cada instituição possua setor de educação museal, composto por uma equipe qualificada e multidisciplinar, com a mesma equivalência apontada no organograma para os demais setores técnicos do museu, prevendo dotação orçamentária e participação nas esferas decisórias do museu;
>
> IV – a construção e atualização sistemática, por cada museu, de Programa Educativo e Cultural, entendido como uma Política Educacional, em consonância ao Plano Museológico, levando em consideração as características institucionais e dos seus diferentes públicos, explicitando os conceitos e referenciais teóricos e metodológicos que embasam o desenvolvimento das ações educativas; e
>
> V – **a garantia, a partir do conceito de patrimônio integral, que os museus sejam espaços de educação**, de promoção da cidadania, e colaborem para o desenvolvimento regional e local, de forma integrada com seus diversos setores (Brasil, 2021, grifo nosso).

Segundo o *Guia para pensar junto: Como acolher estudantes LGBTQIA+* do Museu da Diversidade Sexual (2022):

> Por muito tempo, os museus foram vistos apenas como espaços de apoio educacional, sendo procurados somente para auxiliar discussões que ocorriam nas salas de aula.

---

[20] "A PNEM é um conjunto de princípios e diretrizes que tem o objetivo de nortear a realização das práticas educacionais em instituições museológicas, fortalecer a dimensão educativa em todos os setores do museu e subsidiar a atuação dos educadores" (Brasil, 2021).

> Hoje, educadores museais e arte-educadores chamam atenção para que **os museus deixem de ser uma ferramenta secundária e se consolidem como importantes espaços de aprendizado, potencializando, inclusive, outros modelos de educação.**
>
> Os museus são importantes agentes sociais e podem fazer uso de suas estruturas para promover integração, oferta de atividades culturais, além de corroborar com a promoção de bem-estar da comunidade a qual integra (Chagas, 2022, p. 17, grifo nosso).

Isso posto, pode-se afirmar que **os museus <u>devem</u> promover ações educativas**. Vale salientar que essas ações diferem das escolares, pois os museus são espaços de educação não formal, que apesar de terem objetivos de aprendizagem delimitados para o público (Marandino, 2018) possuem algumas particularidades, como o caráter episódico, frequentemente limitado a uma ocasião; a existência do patrimônio musealizado como recurso (exemplos: o acervo e a edificação); e a heterogeneidade do público (Costa, 2020). Portanto, ao elaborar estratégias educativas para serem realizadas nos museus é preciso considerar essas particularidades[21]. A definição do conceito educação museal também evidencia essas singularidades:

> A Educação Museal envolve uma série de aspectos singulares que incluem: os conteúdos e as metodologias próprias; a aprendizagem; a experimentação; a promoção de estímulos e da motivação intrínseca a partir do contato direto com o patrimônio musealizado, o reconhecimento e o acolhimento dos diferentes sentidos produzidos pelos variados públicos visitantes e das maneiras de ser e estar no museu; a produção, a difusão e o compartilhamento de conhecimentos específicos relacionados aos diferentes acervos e processos museais; a educação pelos objetos musealizados; o estímulo à apropriação da cultura produzida historicamente, ao sentimento de pertencimento e ao senso de preservação e criação da memória individual e coletiva (Costa *et al.*, 2018, p. 73-74).

A educação museal busca contribuir para a formação crítica e integral dos visitantes, de modo a emancipá-los para atuarem de maneira cons-

---

[21] Exemplo: Oliveira e Coutinho-Silva (2020) analisaram os princípios da Teoria da Aprendizagem Significativa, desenvolvida para a educação formal, e propuseram a aplicação dos seus princípios no desenvolvimento das atividades educativas realizadas no contexto de educação não formal considerando as suas particularidades. Para saber mais leia: OLIVEIRA, S.; COUTINHO-SILVA, R. Aprendizagem significativa no contexto do ensino não formal. *Aprendizagem Significativa em Revista*, v. 10, n. 1, p. 46-67, 2020.

ciente na sociedade visando a sua transformação (Costa *et al.*, 2018). Se a sexualidade é uma dimensão central do ser humano, conforme descrito na matriz conceitual estabelecida pela Unesco (Unesco, 2019), pode-se afirmar que uma das maneiras de alcançar esse propósito é por meio da Educação Sexual Integral[22] — um processo educativo intencional cujo objetivo é contribuir para a formação integral do ser humano (Cahn *et al.*, 2022). Para promovê-la, é preciso articular aspectos biológicos, psicológicos, sociais, afetivos e éticos, de modo a proporcionar o reconhecimento da perspectiva de gênero, o respeito à diversidade, a valorização da afetividade, o exercício dos direitos sexuais e reprodutivos e o cuidado do corpo e da saúde (Cahn *et al.*, 2022).

2.4 OS MUSEUS TÊM PROMOVIDO EDUCAÇÃO SEXUAL?

De acordo com Cahn *et al.* (2022): "Não existe a possibilidade de não educar sexualmente, porque educamos com o que fazemos, com o que dizemos e também com o que calamos" (p. 11, tradução nossa, grifo nosso). Sendo assim, pode-se assegurar que **a educação sexual sempre está presente nos museus, mesmo que seja de maneira não intencional** (Figura 5).

Figura 5 — Tipos de educação sexual

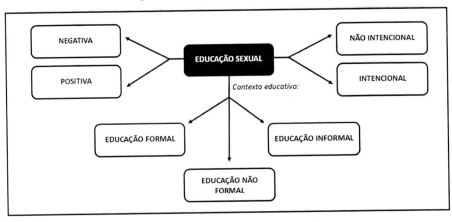

Fonte: a autora. Classificação proposta pela autora

---

[22] A educação sexual integral mencionada por Cahn *et al.* (2022) destina-se ao contexto escolar e familiar, mas seus princípios podem ser transpostos para o contexto museal, realizando as adaptações necessárias.

Mas como a educação sexual não intencional está presente nos museus? Para responder a essa pergunta vamos imaginar uma visita de um grupo de meninas adolescentes em um museu semelhante ao Masp, cuja maioria das obras foram produzidas por artistas do sexo masculino e maior parte dos nus são femininos (Guerrilla Girls, 2023). Como esse museu pode influenciar na percepção dessas meninas sobre o papel da mulher na história da arte? Após a visita, as mulheres seriam vistas como sujeitos ou objetos nessa história? Vale ressaltar que a percepção do público sobre o papel da mulher na história da arte pode ser construída independente do reconhecimento da equipe do museu sobre o seu papel na educação sexual. A percepção construída com a vivência no museu pode desencorajá-las a seguir uma carreira artística ou pode impulsioná-las a transformar essa realidade. Agora imagine essa mesma exposição em um museu cuja equipe reconhece o seu papel na educação sexual e decide atuar de maneira intencional para promover uma educação sexual emancipatória. Então, elabora um cartaz, por exemplo, ou investe na formação de um educador museal que seja capaz de problematizar a composição do acervo, ajudando o público a desenvolver o pensamento crítico e a reconhecer que o que limita as meninas e mulheres a atuarem como artistas são os papeis de gênero e não as suas capacidades cognitivas, contribuindo para emancipá-las. Note que em ambas as situações o museu estaria promovendo educação sexual sobre gênero, mesmo que seja de maneira não intencional.

A educação sexual não intencional pode ocorrer na interação do público com o patrimônio musealizado e/ou com o educador museal. O educador pode educar sexualmente com suas palavras, atitudes e até mesmo com suas expressões corporais. Para evidenciar esse fato, imagine um grupo escolar em um museu de ciências no qual o mediador apresenta os órgãos genitais apenas com a função reprodutiva e em seguida comenta sobre os principais métodos contraceptivos. Ao ser questionado por uma visitante sobre métodos contraceptivos que possam ser usados por pessoas do mesmo sexo, expressa em seu rosto um certo desprezo e responde "Ah, aí não engravida, né!?" e logo em seguida muda de assunto. O educador nessa situação poderia aproveitar a oportunidade para ressaltar que há outras formas de vivenciar a sexualidade e que no ato sexual entre duas pessoas do mesmo sexo não há como engravidar, mas há risco de transmissão de infecções sexualmente transmissíveis e em seguida, apresentar maneiras de realizar o sexo seguro. No entanto, com a primeira atitude, ele reforça a ideia de que apenas o sexo entre pessoas heterossexuais é legítimo. Portanto, é preciso manter-se vigilante para não reiterar identidades e práticas hegemônicas e, consequentemente, invalidar as demais. Afinal, o biopoder emprega diversas técnicas de sujeição de corpos e controle de populações para produção de uma sociedade normalizadora (Foucault, 2020). Ao internalizamos, de maneira inconsciente, valores e normas dessa sociedade, somos influenciados pelo *habitus*[23] que impõe limites por meio de autodisciplina e autocensura (Bordieu; Passeron, 1975). Portanto, o educador museal precisa ter consciência do seu papel como educador sexual e permanecer vigilante para não reproduzir a cultura dominante e reforçar o seu poder simbólico, já que a reprodução da cultura normalizadora muitas vezes ocorre de maneira inconsciente, pois a cultura na qual estamos inseridos não é perceptível (Roy, 1975).

Sem dúvidas, os museus já melhoraram a sua forma de abordar os temas relacionados à sexualidade, que outrora era totalmente censurado, vide o Museu Secreto. Atualmente, são praticamente intimados pelos movimentos sociais a reagirem às transformações ocorridas em um determinado contexto sociocultural, refletindo a cultura existente. No entanto, os museus devem deixar de ser reativos para serem proativos (Liddiard, 2004), possibilitando interpretações alternativas e inovadoras do passado e do presente, contribuindo para a construção da cultura. No contexto da educação sexual, espera-se que os museus contribuam para a criação de uma sociedade igualitária, com pessoas capazes de analisar o mundo ao seu redor de forma crítica e reflexiva e que também possam vivenciar a sua sexualidade de maneira positiva e com respeito aos demais indivíduos. Para isso, é necessário que os museus reconheçam a sua responsabilidade na educação sexual e atuem de maneira intencional.

---

[23] Habitus: "[...] produto da interiorização dos princípios de um arbitrário cultural [...]" (Bordieu; Passeron, 1975, p. 44).

3
EDUCAÇÃO SEXUAL INTENCIONAL NOS MUSEUS

A Organização Mundial da Saúde reconhece que há outros meios relevantes de promover a educação sexual além da educação formal, já que as crianças e adolescentes constroem seus conhecimentos, valores, habilidades e atitudes relacionados à sexualidade de maneira gradual e para isso utilizam diferentes fontes de aprendizagem (World Health Organization, 2010). Os museus podem constituir uma dessas fontes. Nesta seção serão apresentadas algumas estratégias de educação sexual intencional presentes nos museus de diversas partes do mundo. O principal tipo de estratégia apresentada é a exposição.

> O que é uma exposição? É o principal caminho pelo qual os museus interagem com a sociedade, e atividade que o caracteriza e o legitima como museu. Sem as exposições, os museus poderiam ser coleções de estudo, centros de documentação, arquivos; eles poderiam ser também eficientes reservas técnicas, centros de pesquisa ou laboratórios de conservação; eles poderiam até ser centros educativos com muitos recursos – mas não museus (Scheiner, 1991, p. 109).

> [...] a exposição é o meio privilegiado pelo qual se dá a função comunicacional dos museus. A exposição realiza a mediação entre o público e a cultura, seja ela material ou imaterial, e é um meio pelo qual se constrói e se veiculam discursos sobre a sociedade e a cultura em questão, distribuindo sentidos sobre a memória, definindo identidades sociais e a ligação entre o passado e o presente (Palharini, 2015, p. 126-127).

> O museu – e sua equipe de profissionais – é uma instituição produtora de exposições. Em síntese, parte do conhecimento existente sobre o acervo, desenvolve uma lógica conceitual, organiza os objetos museológicos associados a elementos contextualizadores, tendo um espaço físico como balizador dessa ordem. Cria seus modelos de representação para comunicar conhecimento. O consumo de exposição é a possibilidade de o público de se apropriar do modelo proposto pelo museu, reelaborá-lo e recriá-lo na forma de um novo discurso (Cury, 2005, p. 367).

Vale ressaltar que ao analisar as situações apresentadas a seguir, as percepções do público, dos autores consultados, assim como as minhas, foram influenciadas por nossos próprios contextos sociais, culturais e políticos, conforme exposto por Cassidy, Lock e Voss (2016).

3.1 SEXO: UMA EXPOSIÇÃO REVELADORA (*SEX: A TELL-ALL EXHIBITION*), CANADÁ, 2010 A 2012

Sexo: Uma exposição reveladora (Sex: A Tell-All Exhibition) apresentou cinco zonas desenvolvidas para responder mais de cem perguntas sobre a temática, de maneira positiva, franca e respeitosa (Quadro 3). Foi desenvolvida pelo Centro de Ciências de Montreal (Montreal Science Centre), com a ajuda de um comitê científico multidisciplinar composto por pedagogos, especialistas na área de educação científica, sexólogos, médicos, cientistas e especialistas em saúde pública. Além disso, jovens participaram de um grupo focal para avaliá-la e os pais também foram consultados para que fosse possível identificar suas principais necessidades e preocupações (Montreal Science Centre, 2015).

Quadro 3 — Organização da exposição *Sexo: Uma exposição reveladora*

Nome da zona	Conteúdo abordado
Minhas origens	Fecundação, determinação do sexo de nascimento e órgãos genitais.
Eu	Mudanças corporais ocorridas ao longo da vida, autoimagem e orientação sexual.
Eu e Você	Desejo, sexo e prazer sexual.
Eu e os Outros	A influência do contexto social na identidade e no exercício da sexualidade. Como evitar a transmissão de infecções sexualmente transmissíveis e gravidez.
Meu ponto de vista	Convida o público a refletir sobre sua própria percepção da sexualidade.

Fonte: a autora

Foi aberta uma chamada pública e pessoas se voluntariaram para gravar vídeos falando sobre aspectos das suas vidas sexuais (White, 2013).

A qualidade da exposição foi reconhecida pela Associação Canadense de Centros de Ciências (Canadian Association of Science Centres) que a premiou como a melhor exposição de uma grande instituição em 2011 (White, 2013). Em seu site, o Centro de Ciências de Montreal apresenta uma seção com perguntas frequentes sobre a exposição e as responde; duas delas serão destacadas a seguir:

> Sexo: Uma Exposição Reveladora não incentivará os jovens a fazer sexo?
>
> Não. A exposição informa os visitantes e os ajuda a entender as questões que envolvem a sexualidade para que possam tomar decisões esclarecidas e responsáveis. A exposição é projetada para apresentar informações de maneira científica, divertida e interativa, uma abordagem que o Centro de Ciências de Montreal preza.
>
> A sexualidade já está tão difundida na vida dos jovens de hoje. Por que o Centro de Ciência de Montreal também deve falar sobre isso?
>
> É precisamente porque é falado com tanta frequência que também deve ser discutido em um lugar como o Centro de Ciência de Montreal, porque:
>
> - a informação que os jovens obtêm nem sempre é precisa,
> - a prevalência da sexualidade coloca muita pressão sobre os jovens,
> - fontes confiáveis e abrangentes de informação são raras ou pouco conhecidas (Montreal Science Centre, 2015, tradução nossa).

A consulta aos pais e a inclusão dessas perguntas ressaltam o cuidado da instituição ao abordar o tema. Inicialmente, a exposição tinha como público-alvo adolescentes de 12 anos ou mais, além de pais, professores, profissionais de saúde e demais pessoas que desejassem aprender. O museu desenvolveu, inclusive, um guia para professores contendo atividades para serem realizadas com os estudantes antes e após a visita. As crianças menores de 12 anos também podiam visitá-la acompanhadas de um adulto (Montreal Science Centre, 2015).

A exposição esteve presente no Centro de Ciências de Montreal (Montreal Science Centre) em 2010, onde recebeu poucas reclamações e seguiu para o Centro de Ciências de Saskatchewan (Saskatchewan Science Centre) em Regina em 2011. Em 2012 chegou ao Museu de Ciência e Tecnologia do

Canadá (Canada's Science and Technology Museum) que manteve o seu público-alvo (adolescentes acima de 12 anos), de modo a complementar o currículo de saúde sexual. No entanto, antes mesmo da sua abertura ao público, recebeu dezenas de críticas (Raj, 2012) por telefone e e-mail, inclusive muitos e-mails possuíam o mesmo texto (National Post, 2012a).

Don Hutchinson, vice-presidente e conselheiro jurídico geral da Irmandade Evangélica do Canadá, escreveu uma carta ao Ministro do Patrimônio Canadense e Línguas Oficiais criticando a exposição, sem ao menos tê-la visitado:

> Estou chocado ao ouvir sobre o conteúdo sexual explícito da exposição "Sex: A Tell All Exhibition" que está programada para abrir em 17 de maio no ambiente familiar financiado pelo governo federal do Museu de Ciência e Tecnologia do Canadá.
>
> Embora não tenha visto a exposição pessoalmente, os comentários recebidos em meu escritório indicam que há imagens pornográficas; alguns supostamente envolvendo ou retratando crianças (menores de 18 anos), potencialmente em violação do Código Penal (The Evangelical Fellowship of Canada, 2012, tradução nossa).

O ministro do Patrimônio expressou publicamente a sua opinião dizendo que considerava inadequada a visita de pessoas menores de idade, sem o consentimento de seus pais (CBC News, 2012). Além disso, o representante do gabinete ligou para a presidente do museu e disse que a exposição não contribuía para o cumprimento do objetivo da instituição que é "promover a alfabetização científica e tecnológica em todo o Canadá e considerou o conteúdo insultante para os contribuintes, já que o museu recebe financiamento do governo" (Raj, 2012). Por conseguinte, o museu aumentou o limite de idade de 12 para 16 anos, caso a pessoa estivesse desacompanhada de um adulto, perdendo grande parte do seu público-alvo (National Post, 2012a). Além disso, removeu uma animação sobre masturbação (Raj, 2012). O museu se pronunciou dizendo:

> Levamos a sério o *feedback* de nossa comunidade e, por isso, consideramos cuidadosamente suas sugestões e tomamos as medidas apropriadas que acreditamos que atenderão melhor a nossa audiência (CBC News, 2012, tradução nossa).

Dave Quist, o diretor-executivo do Instituto para Casamento e Família do Canadá (Institute for Marriage and Family Canada), enviou uma carta aberta ao ministro do Patrimônio Canadense e Línguas Oficiais pedindo o cancelamento da exposição mesmo após as mudanças realizadas pelo museu. Na carta, ele disse que a exposição se tratava de uma pornografia suave e que ela aprovava e promovia o sexo anal, o sexo com múltiplos parceiros e sexo sem compromisso emocional/conjugal. Ademais, ressaltou que, para muitas famílias, a educação sexual deveria ocorrer apenas no contexto familiar (Quist, 2012).

Diante de tantas críticas, os responsáveis legais ficaram divididos. Uma mãe pediu para a escola de seus filhos proibirem passeios e até ameaçou cancelar sua associação ao museu. Outra, que inclusive defende a abstinência sexual de seus filhos, disse ter mudado de opinião depois de visitar a exposição e destacou que a inclusão do debate sobre a pressão vivenciada pelos adolescentes por parte dos colegas para iniciar a vida sexual era positiva. No entanto, acreditava que as crianças deveriam estar acompanhadas dos pais durante a visita (CBC News, 2012). Mas também houve uma mãe que levou sua filha de três anos de idade (CTV News, 2012).

O caso ocorrido em Ottawa, no Museu de Ciência e Tecnologia do Canadá, ganhou espaço na mídia e a permanência da exposição se tornou um símbolo de luta pela liberdade de expressão no país, assim como o caso da exposição *Queermuseum* no Brasil. Segundo Sarah Elton:

> **Quando um museu financiado publicamente censura uma exposição depois que o ministro que financia museus no Canadá questiona seu conteúdo, é um ataque à nossa democracia. O que falamos em nossos museus – as histórias que contamos uns aos outros nesses fóruns públicos – ajuda a determinar quem somos como país.**
>
> O Museu de Ciência e Tecnologia do Canadá recebe a maior parte de seu financiamento do governo, assim como a maioria dos outros museus no Canadá. Não é exagero acreditar que isso poderia ser o relaxamento de um conteúdo, pois **os curadores nos próximos meses irão questionar suas decisões sobre quais exposições montarão e o que colocarão nelas.** Esses tipos de instituições culturais já têm o suficiente para se preocupar quando se trata de financiamento público. Considerando que outros grupos de financiamento público perderam sua principal fonte de renda por cair do lado errado do que o governo considera decente, **não seria paranoico temer os cortes no orçamento** depois que uma exposição desagrada aos financiadores — especialmente os grandes em Ottawa.

> Quando o ministro denunciou abertamente a exposição e <u>o museu censurou seu conteúdo</u>, perdemos muito mais do que um pequeno vídeo sobre o prazer próprio. Perdemos um pouco do prazer — e liberdade — que vêm morando em um país como o Canadá, onde a liberdade de expressão deve ser para que todos possam desfrutar (National Post, 2012b, tradução nossa, grifo nosso).

O ato de censurar o seu próprio conteúdo pode ser definido como autocensura, conforme a definição proposta por Seally (2016).

> A autocensura é, como a palavra sugere, o ato de museus censurarem seletivamente suas próprias coleções, exibições ou outro conteúdo. Isso inclui omitir um objeto ou narrativa de uma exposição devido à sua natureza controversa, ou remover o objeto ou narrativa após a abertura da exposição (Seally, 2016, p. 1, tradução nossa).

A censura e a autocensura são práticas frequentes quando se trata de conteúdos sensíveis ou controversos, como aqueles considerados obscenos (Seally, 2016). Vale ressaltar que é **a sociedade que determina o que é obsceno ou controverso e não a natureza de um objeto ou exposição**. Nesse contexto, Howells (2012, p. 32) questiona: "Quantas controvérsias nas artes são genuinamente sobre as artes?" Então, propõe o seguinte experimento: disponibilizar a mesma exposição com o mesmo conteúdo e título em diferentes cidades. Se a polêmica estiver relacionada à exposição, ambas as cidades deverão reagir da mesma maneira. Caso contrário, trata-se de um fenômeno social (Howells, 2012).

De maneira não intencional, os responsáveis por *Sexo: Uma exposição reveladora* realizaram esse experimento, quando a ofertaram para museus de diferentes cidades. Ao analisar as reações distintas, considerando as premissas de Howells (2012), **pode-se sugerir que a controvérsia relacionada às atividades de educação sexual nos museus para adolescentes é um fenômeno social. Portanto, depende do contexto sociocultural.** Dessa forma, pode ser necessário realizar adaptações em uma determinada exposição ao transferi-la de cidade para que se tenha maior aceitação. Não se trata de censurar, mas de adaptar. Por exemplo, quando a exposição saiu de Ottawa e seguiu para Vancouver e depois para O Museu (The Museum) em Kitchener em 2013, foi renomeada de *A Ciência da Sexualidade* (The Science of Sexuality) (White, 2013).

Em Vancouver, algumas pessoas também criticaram a exposição, mas não a consideraram inadequada para os adolescentes. As críticas ocorreram devido a abordagem heterocêntrica e não representativa dos transgêneros e pelos anúncios considerados picantes para serem utilizados nos pontos de ônibus. Apesar disso, os anúncios foram mantidos e utilizados nas redes sociais e televisão (White, 2013).

Em Kitchener, a visita era indicada para pessoas acima de 13 anos de idade (The Museam, 2023) e o museu planejava inclusive atividades para atrair idosos para a exposição. O porta-voz do museu ao ser questionado sobre como a comunidade reagiria respondeu:

> Tenho certeza de que, desde que tratemos isso com respeito, as pessoas aqui responderão de maneira positiva, acrescenta. Esta comunidade é muito baseada em ciência e tecnologia (White, 2013, tradução nossa).

A abordagem do tema explicitamente respaldada na ciência parece suavizar a polêmica em relação à temática. Não há consenso sobre como os museus devem se posicionar diante de temas controversos. Segundo Bunch (2015, p. 63, tradução nossa): "Alguns acreditam que os museus devem fornecer coesão e consenso em tempos difíceis. Outros querem que os museus se tornem agentes ousados de mudança e empoderamento. Outros ainda acreditam que as instituições culturais devem permanecer acima da briga". Independente do ponto de vista, o fato é que muitos museus dependem de financiamento e/ou da bilheteria para serem mantidos. Portanto, é preciso coragem e ousadia para abraçar a controvérsia, mesmo que isso os coloque em situações desconfortáveis, como a que ocorreu no Museu de Ciência e Tecnologia do Canadá. **Além disso, é preciso sabedoria para adaptar as exposições, considerando o contexto sociocultural.**

3.2 *NATUREZA SEXUAL (SEXUAL NATURE)*, INGLATERRA, 2011

O Museu de História Natural de Londres (London Natural History Museum – NHM), em fevereiro de 2011, inaugurou a exposição temporária *Natureza Sexual (Sexual Nature)*, que seguiu para Paris (França) e depois para Cleveland, Ohio (EUA), sendo descrita por Cassidy, Lock e Voss (2016). A exposição foi adaptada já que nem todos os itens puderam ser exportados e para atender ao público norte-americano, foi renomeada para *Jogos de acasalamento da natureza: além de pássaros e abelhas* (Nature's Mating Games: Beyond the Birds and the Bees) (Ewinger, 2013). A exposição foi criada para atrair o público adulto jovem, que não costuma visitar esse tipo de espaço cultural. Então, os organizadores fizeram grupos focais para entender o que público desejava, que por sua vez revelou querer algo elegante e não grosseiro. Houve muita publicidade, o que possibilitou atrair novos frequentadores ao museu. Foi lançada no Dia dos Namorados e atraiu quase cinco milhões de pessoas e o sucesso foi reconhecido, resultando no recebimento do prêmio de melhor exposição temporária no Museums + Heritage em 2012 (Cassidy; Lock; Voss, 2016).

A exposição teve como objetivo apresentar aspectos associados ao sexo na natureza, fornecendo informações sobre o comportamento sexual humano e de outros animais, sendo acompanhada por conferências noturnas. Os curadores desejavam que a audiência ampliasse a sua percepção sobre o comportamento sexual, incluindo aspectos genéticos e evolutivos, já que muitas vezes essa percepção é restrita ao conhecimento de experiências sexuais humanas (Cassidy; Lock; Voss, 2016). Ela foi projetada em uma área reservada do museu, de modo que o visitante pudesse ter ciência do conteúdo a ser apresentado antes mesmo de iniciar o seu percurso (Cassidy; Lock; Voss, 2016). Para isso, foi projetado um letreiro luminoso escrito SEXO e logo na primeira sala o público recebia o convite para "deixar a sua bagagem na porta":

> Deixe sua bagagem na porta
> Algumas das atividades sexuais de outros animais podem ser chocantes para nós, incluindo algumas legalmente proibidas na sociedade humana, como sexo forçado... Mas não podemos julgar outros animais por nossos próprios códigos morais, assim como não baseamos nossas regras sob suas crenças. Deixe de lado seus preconceitos e aprenda uma coisa ou duas sobre como é para eles (Cassidy; Lock; Voss, 2016, p. 7, tradução nossa).

Estratégia semelhante também foi utilizada na exposição *Shunga: sexo e prazer* (*Shunga: sex and pleasure*) do Museu Britânico, que disponibilizou livretos nas bilheterias para que os visitantes pudessem observar algumas imagens da exposição antes de comprarem os ingressos, além de colocarem um aviso na entrada informando que ali havia informações e imagens de natureza sexualmente explícitas (Frost, 2017).

Na exposição *Natureza Sexual* era possível observar animais taxidermizados (incluindo um espécime que estava há mais de cem anos sem ser exposto), registros fotográficos e vídeos[24] dos momentos de disputas por parceiras sexuais e até mesmo a cópula, além de diferentes tipos de órgãos genitais. O público também podia sentir feromônios, ouvir chamadas de acasalamento, analisar modos de relacionamento e estruturas familiares. Temas controversos, como relacionamentos não monogâmicos, dominância feminina, transição de gênero e homossexualidade também foram apresentados, além de questões relacionadas ao sexo e erotismo humano (Cassidy; Lock; Voss, 2016).

> Ficou claro que isso foi motivado não apenas por um desejo de comunicar ciência, mas também para combater mensagens politicamente conservadoras sobre a naturalidade da heterossexualidade dominante e da família nuclear (Cassidy; Lock; Voss, 2016, p. 15, tradução nossa).

O museu alternou o uso de linguagem cotidiana com a linguagem científica, o que permitiu conectar-se com o público, sem perder o senso de autoridade científica. Em certos momentos, adotou inclusive uma linguagem presente nas mídias e na cultura pop. Os curadores se preocuparam em preparar uma exposição sofisticada e não apenas didática, no entanto encontraram muitos desafios (Cassidy; Lock; Voss, 2016).

Um deles foi entender as bases científicas da sexualidade animal. Ademais, muitas delas são complexas, contestáveis e incertas. O desafio foi ainda maior ao abordar comportamentos sexuais humanos, já que não há consenso sobre muitos deles. Por isso, os curadores optaram por focar no desejo e não no sexo. Apesar de se autointitularem como uma voz de autoridade no mundo natural, a habitual experiência dos curadores na área de ciências naturais não foi o bastante, já que devido à complexidade do tema foi preciso também percorrer pelo território das ciências humanas. Assim, foi necessário recrutar consultores externos da área de psicologia evolutiva que recorreram a uma abordagem mais pessoal, convidando o público a refletir sobre seus sentimentos e experiências com base na vivência ocorrida no museu. Perguntas como "O que é sexo?", "O que o sexo significa para você?" "Os humanos devem ser monogâmicos?" e "Para que serve o sexo?" convidavam a audiência à reflexão (Cassidy; Lock; Voss, 2016).

---

[24] A exposição exibiu vídeos produzidos pela Isabella Rossellin, cujas produções já estiveram presentes inclusive na Discovery Channel (Hoffman, 2011).

> [...] Natureza Sexual **desafiou os visitantes a reexaminar sua compreensão** do que é natural na atividade e atração sexual, e a relação entre humanos e outros animais com referência ao comportamento sexual, **bem como suas próprias experiências de sexualidade**. Um tema recorrente foi o desafio das ideias convencionais sobre as bases biológicas da dominação masculina e monogamia, com exposições enfatizando que essas não eram as normas no Reino animal (Cassidy; Lock; Voss, 2016, p. 10, tradução nossa, grifo nosso).

Para produzir a exposição, uma organização sobre direitos LGBT-QIAP+ também foi consultada, trazendo contribuições importantes, como a necessidade de adequação da linguagem — exemplo: uso da expressão orientação sexual no lugar de preferência (Cassidy; Lock; Voss, 2016).

Expressões relacionadas ao comportamento sexual humano foram utilizadas para descrever o comportamento sexual de outros animais. No entanto, ao se tratar de comportamentos não aprovados pela sociedade humana, essas analogias não eram utilizadas, ao invés disso, as descrições eram "mais científicas e moralmente neutras", negociando limites morais de aceitação do comportamento sexual descrito, como se a ciência fosse moralmente neutra e incontestável. Apesar disso, o público transpôs algumas explicações sobre os comportamentos sexuais dos outros animais para tentar compreender o comportamento humano. A exposição mencionou que animais se relacionam sexualmente com indivíduos do mesmo sexo e diferenciou a homossexualidade em duas categorias: inata — com base genética e hormonal –; e circunstancial — sem base definida –; e exemplificou cada uma delas. No entanto, isso favoreceu o surgimento da associação entre a homossexualidade circunstancial e promiscuidade (Cassidy; Lock; Voss, 2016). Conforme argumentado por Cassidy, Lock e Voss (2016), os museus de história natural têm a pesquisa como função primária e, por isso, são importantes locais de construção de conhecimento científico sobre o mundo natural e são reconhecidos pelo público como autoridades sobre o tema. Explicações científicas sobre o comportamento animal podem influenciar a compreensão do público sobre a sexualidade humana, incluindo questões morais e políticas, além de desafiar teorias científicas existentes.

As questões relacionadas ao comportamento sexual humano foram apresentadas em uma sala exclusiva, no final da exposição. No entanto, diferente do que foi observado na seção sobre comportamento sexual de outros animais, o sexo foi apresentado com retratos não sexuais e contornos abstratos de corpos humanos. Também não foi feita nenhuma relação entre o comportamento sexual de humanos e outros animais. O foco estava nas emoções relacionadas ao desejo, questões morais e culturais, tendo como base a heteronormatividade. A homossexualidade foi descrita como flexível: "os ideais mudam dependendo orientação sexual, idade, cultura e exposição na mídia". Já a não monogamia "[...] foi apresentada ao público como uma escolha moral novamente em contraste com o enquadramento natural para os mesmos comportamentos na seção de animais" (Cassidy; Lock; Voss, 2016, p. 14, tradução nossa).

O contexto sociocultural, como as leis, normas e valores vigentes, além do conhecimento científico que já se tem disponível, influencia o modo como um cientista formula as suas perguntas e como realiza os seus estudos para respondê-las. Portanto, a ciência não é e nunca foi moralmente neutra. Nesse contexto, Brooks (2021) analisou as obras do naturalista e evolucionista Charles Darwin, nas quais mencionam diversos aspectos da diversidade sexual. No entanto, provavelmente devido ao contexto sociocultural em que Darwin viveu, segundo Brooks, há evidências de uma certa censura na construção do evolucionismo, levando ao uso de termos pejorativos ao se referir a comportamentos sexuais não heteronormativos. A evolução é uma das bases das ciências biológicas. Sendo assim, a maneira pela qual a evolução foi concebida reflete até hoje na percepção do que é natural e consequentemente, no que pode ser tolerado ou legitimado. **Logo, é preciso ter cuidado com o mito da neutralidade da ciência.** Ademais, é impossível comunicar algo em uma exposição de maneira neutra: "toda comunicação é comunicação de algo, feita de certa maneira em favor ou na defesa, sutil ou explícita, de algum ideal contra algo e contra alguém, nem sempre claramente referido" (Freire, 2016, p. 136).

3.3 SH[OUT], ESCÓCIA, 2009

Um dos objetivos da Galeria de Arte Moderna (Gallery of Modern Art – GoMA) é promover os direitos humanos, envolvendo o público na discussão sobre o tema. Para isso, desenvolveu um programa de justiça social a fim de assegurar a acessibilidade e o engajamento comunitário (Sandell; Dodd; Jones, 2010). O programa *Artes contemporâneas e direitos humanos* ocorreu entre 2001 e 2010. Nesse período, aumentou a aclamação da crítica e o número de visitantes. A instituição conseguiu financiamento para adquirir obras de todo o mundo e recebeu diversos prêmios. Os temas explorados foram: requerentes de asilo e refugiados (2003), violência contra as mulheres (2005), sectarismo em Glasgow e na Escócia (2007) e direitos humanos, arte e cultura de lésbicas, gays, bissexuais, transgêneros e intersexuais (2009) (Bruce, 2024a).

A instituição esperava desafiar as pessoas a sentirem e pensarem de maneira diferente por meio do contato com a arte. Para isso, o museu deu voz aos membros da comunidade Queer. Eles fizeram parte do programa de extensão e produziram obras para a exibição. Segundo os relatos dos participantes, eles desenvolveram novas habilidades e receberam o reconhecimento de pessoas consideradas relevantes por eles, incluindo professores e familiares. Alguns viram o programa como uma oportunidade para se expressar e mostrar como é viver como uma pessoa trans, além de combater a transfobia e ressaltar a necessidade de garantir os seus direitos, visto que a expectativa de vida dessas pessoas na Escócia é de 24 anos, devido a assassinato ou suicídio, segundo uma das participantes do programa. Por outro lado, a participação na construção da exposição gerou certa ansiedade. Por isso, uma das pessoas adotou uma postura conservadora, já que seus pais veriam o seu trabalho. Inclusive, ela acabou optando por expor de maneira anônima. O temor em não agradar à elite, que costuma consumir a arte daquele museu também estava presente (Sandell; Dodd; Jones, 2010).

O Centro de Investigação de Museus e Galerias (Research Centre for Museums and Galleries — RCMG) da Escola de Estudos Museológicos de Leicester da Universidade de Leicester (University of Leicester's School of Museum Studies) avaliou o programa, tendo como foco a exposição *sh[OUT]: lésbicas, gays, bissexuais, arte e cultura transgênero e intersexo*. Pessoas de diversas idades, origens e identidade sexual visitaram a exposição. Para conhecer as percepções do público, o museu solicitou que eles preenchessem cartões de comentários e deixassem relatos pessoais no livro intitulado *Suas Histórias*. Foram analisados 1362 cartões e 63 comentários do livro. Ademais, 20 visitantes foram entrevistados (Sandell; Dodd; Jones, 2010). Os resultados da análise foram divulgados em um relatório de avaliação (Sandell; Dodd; Jones, 2010) e parte deles será aqui compartilhada.

O programa de justiça social foi construído em um contexto político oportuno do município de Glasgow, Escócia. Documentos desenvolvidos pelo Conselho Municipal de Glasgow em 2001 já previam o envolvimento da instituição nas questões de inclusão e justiça social, cujos objetivos eram sensibilizar o público para essas questões, dar voz e oportunidade de expressão criativa aos grupos excluídos (Bruce, 2012). No entanto, ao promover a exposição *sh[OUT]*, o museu se deparou com alguns desafios devido ao tema abordado, o que parece não ter ocorrido ao abordar outros temas (exemplo: violência contra mulheres). No programa, instituições parceiras atuam como grupos consultivos, analisando as atividades propostas e aconselhando o museu. No entanto, segundo o grupo consultivo, não há consenso dentro da comunidade Queer. Há quem defenda a necessidade de enfatizar a diferença entre cada tipo de identidade sexual (exemplo: diferenças entre as vivências dos gays, lésbicas, transsexuais e pessoas intersexo) e quem acredite ser necessário integrá-las. Já entre os visitantes que são membros da comunidade Queer há quem pense ser importante exibir as múltiplas práticas sexuais da comunidade de maneira explícita para representá-la de modo real e abrangente e quem acredite que isso possa chocar o público, reforçar estereótipos equivocados e aumentar o preconceito. Por fim, como esperado, os valores pessoais da audiência influenciaram as percepções sobre a exibição. Glasgow é uma cidade com uma população conservadora e majoritariamente católica e muitos julgaram as instalações a partir dos seus valores e crenças religiosas, que por sua vez condenam a homossexualidade. Logo, apesar de muitos se mostrarem favoráveis aos direitos humanos de maneira abstrata, foram cautelosos e até relutantes em apoiar o tema explorado especificamente nessa exibição (Sandell; Dodd; Jones, 2010).

Alguns visitantes, independente da identidade sexual, expressaram certo desconforto diante da explicitação sexual nas obras de arte. O trabalho mais polêmico foi a exposição *Feito à Imagem de Deus* (*Made in God's Image*), uma das atividades que integravam a exposição principal. O assunto foi explorado porque o grupo consultivo considerou importante abordar a questão da fé religiosa. Anthony Schrag, o artista responsável, fez conexões importantes com grupos religiosos LGBTI da cidade, envolvendo cristãos e muçulmanos. O trabalho produzido pela ministra Jane Clarke, de uma igreja que atende crentes gays, consistia em uma Bíblia aberta com um convite para os visitantes "se inscreverem", já que muitos se sentem excluídos dela. Diversos tipos de comentários foram registrados, incluindo insultos.

Então, a ministra pediu que colocassem a Bíblia em uma caixa e disponibilizassem cartões para que o público pudesse deixar suas contribuições. Por conseguinte, um jornal publicou sobre o ocorrido alegando que a exposição consistia em um ataque ao Cristianismo e que Cultura e Esporte Glasgow — responsável pela galeria — fez um convite para as pessoas desfigurarem a Bíblia, recebendo o apoio de líderes religiosos. Algumas pessoas solicitaram vários cartões de avaliação em branco para expressar o descontentamento, mesmo sem visitá-la. Ativistas se manifestaram e a polícia precisou ser acionada algumas vezes. A instituição recebeu mais de 1000 cartas e e-mails, gerando descontentamento nos membros do conselho da Cultura e Esporte Glasgow e vereadores (O'Neil, [s.d.]; Sandell; Dodd; Jones, 2010).

A inclusão das fotografias de Robert Mapplethorpe também foi polêmica e virou manchete de jornal. Um deles dizia: *Hard core gay porn in public art gallery (And the organisers want children to go along and see it)*. Exigiam a remoção das obras de arte e a demissão do presidente executivo. O museu já sabia que programa seria controverso, mas não estava preparado para lidar com tudo isso (O'Neil, [s.d.]), no entanto, é difícil determinar onde "a gestão prudente do risco termina e começa a autocensura" (Sandell; Dodd; Jones, 2010, p. 3).

O alvoroço provocado pela mídia foi criticado por alguns visitantes e a maioria (71%) realizou comentários favoráveis à exposição e ao objetivo do programa (Bruce, 2012; O'Neil, [s.d.]; Sandell; Dodd; Jones, 2010). Apesar disso, o museu parece ter cedido às críticas e se autocensurado. No relatório, há o registro do comentário de um visitante sobre essa situação: "A remoção do trabalho de Dani Martin [sic] em resposta aos apelos da direita demonstra uma total falta de respeito para com os cidadãos LGBT contribuintes desta cidade" (Sandell; Dodd; Jones, 2010, p. 23, tradução nossa). O Departamento de Educação, de certa forma, também censurou a exibição, visto que não autorizou a ida de grupos escolares. Eles constituíam um dos públicos-alvo da pesquisa. Para isso, os estudantes das escolas secundárias seriam convidados a fazer parte de um programa educacional, uma das atividades oferecidas para potencializar o impacto da exibição. Alguns visitantes também acharam a exibição inapropriada para crianças e adolescentes e sugeriram a proibição da visitação de menores, sem a presença dos responsáveis (Sandell; Dodd; Jones, 2010). No entanto, alguns responsáveis aproveitaram a oportunidade concedida por esse espaço de educação não formal:

> Um visitante usou a exposição para "provocar uma discussão" com o seu filho de 11 anos "que entrou envergonhado e saiu esclarecido. Obrigado". Com espírito semelhante, este visitante considerou que a exposição ajudaria a esclarecer a próxima geração de jovens pessoas; "Muito educativo. Muitas crianças em idade escolar poderiam beneficiar deste tipo de educação, talvez assim as pessoas não fossem tão homofóbicas" (Sandell; Dodd; Jones, 2010, p. 28-29, tradução nossa).

A mídia também criticou a censura. Na matéria intitulada *Não há justiça social para a arte de Glasgow?*, Kholeif (2009) diz que: "Ao permitir a censura da celebração da arte gay, lésbica e transgênero na cidade, Glasgow está traindo as próprias minorias que afirma representar", e afirma:

> [...] Ao ocultar aspectos da coleção para evitar a imprensa opositora, os organizadores estão agindo de forma despótica. É arrogante e condescendente sugerir que o público precisa ser protegido ou que as pessoas não podem tomar decisões sobre se apreciam ou compreendem uma obra de arte.
>
> [...] Isto [...] apresenta implicações assustadoras para os cidadãos que desejam falar, pensar e agir livremente, e para os artistas minoritários envolvidos, que anseiam por representação.
>
> Como argumenta Dani Marti, "a arte deve ser um fórum protegido. Se não a protegermos como uma plataforma independente, onde a transgressão e o questionamento da ética, da moral, da política e da sexualidade são permitidos, então a sociedade não terá a permissão crescer". Os críticos que discordam da utilização de fundos públicos para tal exposição estão a perder um ponto vital. A arte (ao contrário de um meio de massa financiado publicamente, como a televisão) é mais frequentemente mantida numa cápsula física (o local) e, subsequentemente, é um dos poucos fóruns que permite às minorias exibir os aspectos divergentes da sua existência sem censura (Kholeif, 2009).

Muitos reconheceram a importância de abordar questões sociais e temas controversos como esse em uma instituição pública, símbolo de confiabilidade e autoridade, como o museu. Elogiaram a organização pela sutiliza na apresentação do tema. A existência de placas informativas explicando as obras — principalmente por aqueles que não possuem o hábito de visitar galerias de arte — e a ausência de uma pessoa mediadora também foram vistas de maneira positiva, pois permitiu que o museu realizasse um convite a reflexão sem necessariamente impor seu posicionamento. Por outro lado, o museu também recebeu comentários negativos. Alguns visitantes o criticaram simplesmente por promover exposições sobre questões sociais, além de questionar o fato de a instituição reivindicar sobre direitos e liberdade de expressão, mas "pregar às pessoas o que elas deveriam pensar" (p. 29, tradução nossa). Eles ressaltaram que as pessoas devem ter permissão de pensar ou sentir o que desejarem e não serem informadas sobre o que pensar (Sandell; Dodd; Jones, 2010).

Ouvir o público é importante, mas pode constituir uma dolorosa tarefa. É preciso estar preparado para ouvir opiniões contrárias e muitas vezes demasiadamente frustrantes. Além disso, gerenciá-las nem sempre é fácil. A Galeria de Arte Moderna, ao deixar os comentários expostos, permitiu que o público os visualizasse e muitos optaram por responder aos comentários ali existentes, gerando uma espécie de debate manuscrito. Por exemplo, alguns consideraram a exibição "desperdício de dinheiro dos contribuintes". Em resposta, um visitante respondeu: "Eu pago os mesmos impostos, então por que eu tive que lutar para ser igual?" (Sandell; Dodd; Jones, 2010, p. 30, tradução nossa).

Os comentários negativos registrados pelos visitantes foram agrupados em três categorias. Eles estão relacionados a: 1) incompreensão da necessidade de focar na comunidade LGBTI; 2) preocupação associada ao uso imagens com conteúdo sexual; 3) respostas homofóbicas, muitas vezes pautadas na religião. Apesar disso, muitos apoiaram a atitude do museu e se mostraram credores da possibilidade do uso da arte para comunicar temas complexos e desafiadores à audiência (Sandell; Dodd; Jones, 2010).

Os comentários positivos estão relacionados a: linguagem dos direitos e da igualdade; experiências compartilhadas/universais e à visibilidade. A exibição gerou um grande impacto emocional. Muitas pessoas da comunidade Queer se sentiram acolhidas e representadas e elas deixaram suas mensagens de gratidão, descrevendo as suas sensações de pertencimento, compartilhando suas histórias e conselhos:

> Obrigado por organizar uma série de exposições tão incríveis! Esta é a primeira vez que vi uma galeria pública se dedicar às questões LGBT em toda a sua diversidade. **Eu me sinto orgulhoso, humilde, iluminado e, o mais impor-**

> **tante, visível!** (Sandell; Dodd; Jones, 2010, p. 32, tradução nossa, grifo nosso).
>
> Tantas pessoas que pensei que reagiriam mal me surpreenderam, incluindo meus pais. Acho que o que estou tentando dizer é que talvez seja melhor arriscar do que viver uma mentira, ser um traidor em sua própria pele, ser fiel a você mesmo (Sandell; Dodd; Jones, 2010, p. 25, tradução nossa).
>
> Quando eu era mais jovem, eu teria dado qualquer coisa para não ser gay. Eu costumava pensar "Por que eu, Deus? Por que não posso ser normal?" **Graças a Deus pela exposição LGBT através de museus e arte para me ajudar a perceber que sou normal**, sou abençoado e ser gay é uma coisa tão linda. Esta exposição me inspirou a ajudar outros por meio da arte (Sandell; Dodd; Jones, 2010, p. 26, tradução nossa, grifo nosso).

Devido ao fato de os comentários deixados permanecerem visíveis ao público, pode se dizer que, de certa forma, os visitantes também construíram parte da exposição. E talvez a leitura desses comentários tenha contribuído para a mudança de percepção de muitas pessoas. Muitos atribuíam ao museu "a capacidade de alterar mentes, transformar atitudes e aumentar a consciência e a tolerância em relação à comunidade LGBTI" (p. 26):

> Exposição incrível, realmente inspiradora [...] me fez olhar para os gays sob uma luz totalmente diferente (Sandell; Dodd; Jones, 2010, p. 22, tradução nossa).
>
> Eu não sabia que a homofobia e o preconceito transgênero eram tão prevalentes em nossa cidade. Obrigado por me avisar e obrigado pela coragem para desafiar este tipo de crime de ódio (Sandell; Dodd; Jones, 2010, p. 27, tradução nossa).
>
> Não percebi que isso é uma situação tão difícil/confusa. Boa sorte a todos que passam por isso, muito respeito por quem passou (Sandell; Dodd; Jones, 2010, p. 29, tradução nossa).
>
> Minha família mora em Glasgow e todos são católicos praticantes. [...] O que anseio é que eles, e as pessoas como eles abram os olhos e vejam que o amor transcende raça, religião, idade, etnia e gênero (Sandell; Dodd; Jones, 2010, p. 25, tradução nossa).
>
> Arte que diz algo tanto pessoal como socialmente. Muito mais vital do que o material acadêmico indulgente em outros lugares. Se as pessoas não comunicarem sobre sua

> sexualidade, como aprenderemos um sobre o outro e um do outro – estou feliz por ter vindo aqui (Sandell; Dodd; Jones, 2010, p. 22, tradução nossa).

> Acho que é muito encorajador e perspicaz apresentar tais imagens porque dá voz através da arte a um assunto que é amplamente tabu, ainda hoje na sociedade moderna. Sim, é explícito, mas ninguém levantaria uma sobrancelha se fosse erotismo heterossexual (Sandell; Dodd; Jones, 2010, p. 22, tradução nossa).

Também houve comentários que foram classificados na categoria "respostas negociadas", compostas por registros que apesar de sugerirem o apoio aos direitos humanos em abstrato, relutam para apoiar a comunidade em questão, restringindo tais direitos a certos grupos ou condicionando o seu apoio a vivências que estão de acordo com os padrões esperados por eles. Outra categoria de respostas foi a "tensões e pontos de debate", que abrigava as respostas sobre temas complexos que não estão necessariamente relacionadas ao tema da exposição, como a questão da diferença, pois alguns consideraram desnecessário dividir a humanidade em categorias conforme suas vivências sexuais; do sexo como parte da experiência e identidade LGBTI; visto que o museu apresentou diversas experiências.

Segundo Bruce, curadora da exposição sh[OUT],

> [...] **o museu tem a responsabilidade de transformar, perturbar e subverter as condições atuais de maneira crítica, olhando para si e se preparando para ser transformado, perturbado e subvertido por outros, colocando-se em uma "zona de desconforto para aprender a crescer" e abrir mão do controle** (Bruce, 2012, p. 12, grifo nosso).

Esse fato foi vivenciado pela Galeria de Arte Moderna ao desenvolver o programa "Artes contemporâneas e direitos humanos" e gerenciar as situações ocorridas. Embora o programa tenha terminado devido à indisponibilidade de recursos financeiros, os seus princípios e abordagens ainda são incorporados nas atividades do museu (Bruce, 2024a; 2024b), pois eles "ajudaram a moldar a identidade atual e os programas públicos do GoMA" (Bruce, 2012, p. 1-2, tradução nossa).

Para Sandell, Dodd e Jones (2010, p. 51), "é importante reconhecer que um programa que aborde e presta apoio a questões de direitos em torno das quais existe uma contestação considerável, inevitavelmente gerará conflitos". Já O'Neil ([s.d.], p. 58), acredita que se

> [...] essas questões forem inevitavelmente controversas e a controvérsia for considerada indesejável, há um risco claro de que a consequência dos eventos sh[OUT] seja evitar um programa semelhante no futuro – uma decisão que pode ser tomada inconscientemente.

Felizmente, para Galeria de Arte Moderna, *sh[OUT]* representou uma situação de aprendizagem e não de recuo, pois ela continuou resistindo, sem evitar temas controversos como a diversidade sexual[25].

3.4 *UMA QUESTÃO DE SEXO(S)*, PORTUGAL, 2006 A 2007

Portugal foi o quarto país a receber a exposição temporária *Uma questão de sexo(s)*, produzida pelo centro de ciência belga Technopolis (Coelho, 2008). A exposição ocorreu no Pavilhão do Conhecimento da rede Ciência Viva (12/09/2006 a 05/08/2007) e convidou o público a participar de diversas atividades (Quadro 4) para pôr à prova ideias que circulam em nossa sociedade acerca dos papéis de gênero, como mostra o trecho destacado a seguir:

> O gosto artístico, a visualização em três dimensões, a facilidade de entender o discurso escrito ou a aptidão para a matemática são algumas áreas que se considera serem específicas de cada um dos gêneros. Ponha estas ideias à prova nesta exposição (Pavilhão do Conhecimento, 2006a).

Quadro 4 — Módulos da *Uma questão de sexo(s)*

Nome do módulo	Conteúdo abordado e/ou proposta do módulo
A lotaria familiar	Fecundação e determinação do sexo de nascimento.
A nossa bateria interna	Corrente elétrica gerada pelo corpo de pessoas.
A origem dos Continentes	Movimentação das placas tectônicas e formação dos continentes atuais.

---

[25] Em 2021, por exemplo, a galeria ofereceu ao público a oportunidade de apreciar a exposição "Retratos de uma geração LGBTI+" (Portraits of an LGBTI+ Generation). Disponível em: https://galleryofmodernart.blog/portfolio/portraits-of-an-lgbti-generation/. Acesso em: 19 jan. 2024.

Cada qual com o seu olfato	Aromas e sua classificação em feminino ou masculino, de acordo com a percepção dos visitantes.
Calculadora	Conversão de multiplicações em adições simples por meio dos "Ossos (Bastões) de Napier".
A Pirâmide de idades	Distribuição demográfica de diversos países.
Construa uma torre	Construção de uma torre utilizando blocos.
De quem é o braço e de quem é a perna?	Análise de fotografias para identificar se a parte mostrada pertence ao corpo de uma pessoa do sexo masculino ou feminino.
Construir uma casa?	Atividade de percepção visual.
Energia a mais?	Conversão de energia.
Encontre o seu emprego de sonho	Problematiza a oferta de vagas com descrição de atributos majoritariamente masculinos.
Guindaste louco	Atividade que exige percepção visual e coordenação motora.
Hex	Jogo de tabuleiro.
Identifique os instrumentos	Desafio de percepção sonora.
Instalação elétrica	Fontes de energia.
Mostradores divertidos	Atividade que exige habilidade de realizar multitarefas simultâneas.
O interior de um homem	Cortes transversais de um corpo do sexo masculino e descrição do "homem português comum".
O interior de uma mulher	Cortes transversais de um corpo do sexo feminino e descrição da "mulher portuguesa comum".
Mulheres na Ciência, quem são, o que descobriram...	Desafio de associação entre cientistas e suas possíveis contribuições para a ciência.
Onde fica o norte?	Orientação espacial com auxílio da bússola.
O que diz o seu diário sobre si?	Atividade que desafia o computador a identificar o sexo do visitante a partir das respostas dadas sobre o seu modo de viver.
Procura-se: Eletricista (H/M)	Construção de circuitos elétricos.

Qual a profissão de...	Análise de imagens e desafio de identificação das profissões das pessoas representadas.
Qual a altura que vai ter?	Estima a idade do participante aos 18 anos.
Qual o quadro que mais gosta?	Questiona se a preferência por objetos artísticos é uma característica inata ou socialmente aprendida pessoas de diferentes sexos.
Quem é quem?	Atividade de percepção visual para identificar faces de pessoas após apresentação de imagens distorcidas.
Qual o seu IMC?	Permite calcular o IMC e apresenta o IMC médio de portugueses do sexo masculino e feminino.
Rapazes e raparigas no reino animal	Dinâmica de associação de animais machos e fêmeas da mesma espécie.
Rapaz ou rapariga	Identificação de tarefas femininas e masculinas.
Sanita	Apresenta dados estatísticos sobre o uso de banheiros.
Rostos misturados	Desafia o participante a montar um rosto a partir de imagens fragmentadas.
Reflexo ou não?	Atividade de percepção visual.
Senhor ou Senhora Ossículos?	Análise de esqueletos humanos e desafio para identificar os seus sexos.
Siga a sua intuição	Propõe a identificação do título de uma matéria jornalística a partir da instituição.
Tem o ouvido apurado?	Propõe a identificação da origem de sons.
Teste o seu sentido de ritmo	Desafia o público a dançar em um ritmo definido pelas luzes do módulo.
Tensegridade	Construção de uma estrutura usando a tensegridade.
Tem queda para a matemática?	Desafio com questões matemáticas.
Vamos girar	Incita os participantes a competirem para saberem quem consegue terminar a tarefa mais rápido.
Um aperto de mão firme	Mede a força do aperto de mão.

Fonte: a autora

Para testar o desempenho de pessoas de diferentes sexos nas atividades propostas, o visitante recebia uma pulseira com um código de barras indicando se ele era do sexo masculino ou feminino e, ao se aproximar dos módulos, a apresentação do conteúdo se dava de maneira personalizada, de acordo com o sexo (Pavilhão Do Conhecimento, 2006b). Após a conclusão de cada atividade, o visitante podia verificar o seu resultado e comparar com a média dos demais participantes de cada sexo. Assim, esperava-se que o visitante pudesse refletir sobre os resultados apresentados e as supostas diferenças entre os sexos. Ao final da visita, cada pessoa podia imprimir um relatório do seu desempenho da exposição e as médias dos resultados das pessoas do sexo feminino e masculino. A impressão do relatório foi apreciada pelas pessoas que estiveram ali, pois permitiu a comparação de resultados inclusive entre as pessoas que visitaram o museu em momentos distintos (Coelho, 2008). Vale ressaltar que as possíveis diferenças observadas no desempenho dos participantes em diversas atividades estavam relacionadas ao gênero e não ao sexo de nascimento e **muitos indivíduos não se identificam com o gênero socialmente esperado para pessoas daquele sexo. Logo, não é recomendável presumir o gênero dos visitantes a partir do sexo de nascimento.**

Nos módulos, além das instruções para a realização da atividade, havia comentários relacionados às ideias que seriam testadas. Em alguns deles também havia dados estatísticos sobre homens e mulheres de Portugal (Pavilhão do Conhecimento, 2006a). Observe a proposta de alguns módulos:

> Tem o ouvido apurado?
>
> Ative o módulo e ouça dez diferentes sons: um bebé a chorar, um carro a trabalhar, passos... Consegue identificá-los corretamente?
>
> Segundo a tradição, as mulheres prestam mais atenção aos pormenores. Assim, conseguem identificar mais facilmente os sons. **Neste jogo poderá verificar se isto é verdade.** Após o jogo, poderá consultar os resultados do homem e mulher comuns. Qual o seu sexo?
>
> Siga a sua intuição
>
> Passe o código de barras no leitor e observe a figura do jornal. Carregue no botão do título que, na sua opinião, estaria por cima do artigo original. Após isto, ser-lhe-á mostrada a página de jornal completa.

De acordo com as mulheres, os homens não têm qualquer intuição, ou têm uma intuição muito inferior que as mulheres. **Se isto for verdade, as mulheres obterão uma melhor pontuação, em média, do que os homens.** Será verdade?

Construir uma casa?

Como é a sua percepção de espaço?

Siga as instruções do ecrã deste módulo e escolha a casa que corresponde à planta, e o corte que corresponde à casa.

Diz-se que os homens têm uma percepção de espaço mais apurada e conseguem imaginar mais facilmente imagens tridimensionais. **Mas será que isto é verdade?** E será que é verdade tanto na conversão de 3D para 2D como na 2D para 3D? **Faça o teste!** No final, poderá visualizar no ecrã os resultados de mulheres e de homens.

Guindaste louco

Consegue mover a carga do cais para o navio ou vice-versa?

Com uma bola vermelha em cada mão, deverá tentar mover o guindaste através das cordas ligadas às bolas vermelhas. Isto é bem mais difícil do que parece, porque as cordas estão combinadas aos pares, de um modo "irracional". **Qual dos dois sexos é o mais hábil: a perspicácia técnica abstrata masculina, ou a destreza feminina?**

Mostradores divertidos

Esta tarefa não é fácil: tente manter os quatro mostradores e indicadores afastados da zona vermelha, através dos botões e do manípulo. Durante quanto tempo é que consegue ter êxito?

Diz-se, frequentemente, que as mulheres podem executar diferentes tarefas em simultâneo. Os homens têm mais dificuldade em dividir a sua atenção. **Se isto é verdade, as mulheres obterão melhor pontuação neste teste.** A sua pontuação corresponde ao seu sexo?

Qual o quadro que mais gosta?

Este módulo avalia as diferenças de gosto entre homens e mulheres. O visitante deverá observar vários quadros e optar pelo seu favorito.

O gosto é parcialmente adquirido, tal como os comportamentos "masculino" e "feminino". No entanto, o comportamento dos sexos também é parcialmente inato. Como funcionam os gostos? **Se homens e mulheres possuem gostos inatos, então cada quadro será apenas apreciado por um dos sexos. Mas se o nosso gosto é essencialmente definido pela envolvente social e cultural, então**

> os quadros serão apreciados tanto por homens como por mulheres. **Qual é o resultado?** (Pavilhão do Conhecimento, 2006a, tradução nossa, grifo nosso).

Aparentemente, o museu esperava desmistificar os papéis de gênero, já que para muitas pessoas eles estão associados ao sexo de nascimento e não ao contexto sociocultural. Questões como papéis de gênero são relevantes e precisam ser discutidas, no entanto, será que somente com esses resultados é possível afirmar que os tópicos abordados se tratam ou não de uma questão de sexo(s)? Afinal, os dados foram coletados de uma visita ao museu e não de um estudo controlado. Segundo Coelho (2008), nem todos os visitantes realizaram todas as atividades e quando o fizeram, muitos estavam acompanhados e receberam ajuda. A idade entre eles era variável e o conhecimento prévio e as habilidades já desenvolvidas também. O tamanho das amostras de pessoas de cada sexo variou entre os módulos. O público relatou certa insatisfação em razão do grande número de pessoas no local, desconcentrando quem estava realizando as atividades propostas devido ao excesso de ruído, além de acarretar a necessidade de espera, levando à desistência em alguns casos. Também houve reclamações relacionadas à falta de clareza sobre o que era preciso fazer em cada módulo e a problemas técnicos nos equipamentos. Tudo isso compromete a qualidade dos resultados apresentados aos visitantes. Algumas pessoas perceberam algumas das limitações supracitadas (Coelho, 2008), mas é provável que muitas não tenham percebido.

Segundo Coelho (2008, p. 124), devido à diversidade de temas abordados no módulo e possibilidade de comparar os resultados obtidos, a vivência na exposição foi percebida como um jogo: "é menos compreensão/aprendizagem e mais competição/participação/diversão", sendo apelidada inclusive como "Guerra dos Sexos". Além disso, será que ficou claro para o público a diferença entre sexo e gênero e que os papeis de gênero variam de acordo com o contexto sociocultural? Portanto, **a exposição é uma proposta ousada e perigosa, pois dependendo do resultado do momento de uma visita pode reforçar estereótipos em vez de desmistificá-los.**

Outro problema é que o modo como o museu respondeu às questões apresentadas pode levar o público a acreditar que o resultado da coleta de dados das interações dos visitantes com os módulos constitui na comprovação científica ou refutação da hipótese apresentada, ainda mais por se tratar de um museu de ciência. Os museus são instituições com grande poder simbólico e precisam ter muito cuidado para não validar como conhecimento científico o processo de construção de conhecimentos do senso comum. Recentemente, vivenciamos a pandemia provocada pelo vírus Sars-CoV-2, na qual muitas pessoas tomaram decisões baseadas na análise dos resultados observados por elas no cotidiano, e isso contribuiu para uma certa resistência ao conhecimento científico divulgado na mídia. Frases como "Ah, mas fulano tomou tal medicamento e não pegou Covid" foram ditas com frequência e a automedicação era feita com base nas conclusões obtidas a partir das suas próprias observações. Portanto, os museus de ciência precisam abordar os temas escolhidos com cuidado, tendo como base o conhecimento científico previamente construído e consolidado. É claro que o processo de construção do conhecimento científico pode ser apresentado e problematizado de modo a enfatizar que não se trata de uma verdade absoluta e inquestionável, como discutido anteriormente na seção referente à exposição *Natureza Sexual*. Outras formas de conhecimento também podem ser apresentadas desde que a sua natureza esteja clara.

Diante de tantas atividades interativas e muitas vezes realizadas de maneira competitiva (Coelho, 2008), será que o público refletiu sobre os resultados apresentados e conseguiu atingir o objetivo proposto pelos curadores? Segundo uma das educadoras do museu entrevistadas por Coelho, a exposição era autossuficiente. Além disso, a pesquisadora verificou que muitos não fizeram contato verbal com os mediadores, mesmo quando havia dúvidas, levando inclusive alguns a desistirem de interagir com determinados módulos (Coelho, 2008). Portanto, é provável que muitas pessoas tenham passado pelas atividades sem a intervenção de educadores museais para incitar a reflexão esperada. Segundo uma educadora do museu, a exposição:

> [...] poderá escapar um pouco o seu objetivo final, que é "perceber a diferenciação de determinadas competências ou aptidões entre o homem e a mulher". A leitura dos placares, por exemplo, é vista por elas como útil para uma melhor compreensão do seu objetivo e da temática abordada, contudo, apenas alguns, os mais interessados, se dedicam a essa leitura (Coelho, 2008, p. 136, tradução nossa).

De acordo com Coelho (2008),

> Os visitantes parecem não ter mudado substancialmente as suas opiniões com a visita à exposição. Confirmaram

> o que pensavam, interpretaram os dados de acordo com as suas ideias pré-concebidas. No entanto, também se surpreenderam com alguns resultados e refletiram sobre eles. de qualquer forma, as conclusões foram balizadas pela própria limitação dos dados estatísticos.
>
> [...] Para alguns a genética é o fator mais proeminente na explicação das diferenças de desempenho e gostos detectadas entre homens e mulheres. A vertente social é reconhecida, mas desvalorizada. Refere-se que as diferenças de género, transmitidas pela sociedade, são cada vez menos marcadas (Coelho, 2008, p. 137-138, tradução nossa).

O museu elaborou uma proposta de trabalho para que crianças de seis a dez anos possam participar da exposição *Uma questão de sexo(s)*, ampliando assim o seu público. Nesse material há uma breve explicação sobre a exposição e recomendações para os docentes, esclarecendo o que pode ser realizado antes, durante e após a visita para favorecer uma vivência produtiva e agradável para os educandos. O museu recomenda a análise prévia da exposição; a escolha dos módulos adequados para a idade dos educandos e aos objetivos da visita; a elaboração de um guia de visita, bem como organização das equipes de trabalho; a sensibilização dos estudantes para o tema a ser abordado e orientação acerca das normas da instituição. A instituição também esclarece que o professor é o responsável pelo seu grupo, mesmo que haja um educador museal os acompanhando. Também sugere atividades para serem realizadas após a visita para potencializar o processo de aprendizagem e incentiva os docentes a comunicarem suas recomendações e/ou críticas (Pavilhão do Conhecimento, 2006b). Orientações como essas são muito importantes, pois muitos docentes não receberam o devido preparo durante a sua formação para conduzir uma visita escolar em espaços de educação não formal. Apesar das fragilidades apontadas, há módulos interessantes e inspiradores. Ademais, de acordo com Coelho (2008), o público avaliou a exposição de maneira positiva.

3.5 *SEXO... E ENTÃO?!*, PORTUGAL, 2010 A 2011

O Pavilhão do Conhecimento de Portugal recebeu a exposição temporária *Sexo... e então?!* (12/10/2010 a 28/08/2011). Foi produzida pelo Cité des Sciences et de l'Industrie, em Paris em 2007, onde recebeu mais de 360 mil visitantes. Percorreu por sete anos por outros países da Europa e retornou à França em 2014 (Boas Notícias, 2010; Cité Des Sciences Et de L'industrie, 2014).

A mostra foi desenvolvida com participação de especialistas, professores, alunos e seus familiares, tendo como público-alvo pessoas entre 9 e 14 anos (Pavilhão Do Conhecimento, 2010a). Abordou o tema de modo bem-humorado, utilizando ilustrações de personagens populares na Europa. Buscou oferecer informações científicas e teve como base "valores essenciais como o respeito pelos outros e por si próprio, o consentimento mútuo e a igualdade de gênero" (Cité des Sciences et de L'industrie, 2014, tradução nossa).

Apresentava seis áreas temáticas, abordando questões relacionadas: 1) à paixão e ao beijo; 2) às mudanças que ocorrem no organismo durante a puberdade e a adolescência; 3) à relação sexual; 4) à concepção, à gravidez e ao nascimento do bebê. Havia ainda uma área curiosa chamada "proibido a adultos" (5), que apresentava os sistemas genitais. A proibição era feita para que os adolescentes pudessem se sentir mais confortáveis para vivenciar as experiências propostas pelo museu. Também foram contemplados assuntos relacionados aos perigos presentes na internet e violência sexual (6). Após a visita, o público era convidado a avaliar os conhecimentos construídos na exposição respondendo ao "questionário da vida sexual". de acordo com o número de acertos era atribuída uma pontuação, de modo a incentivar a competição entre os participantes (Cité des Sciences et de L'industrie, 2014; Pavilhão do Conhecimento, 2010a).

Os professores tiveram acesso gratuito à exposição para que pudessem se preparar para as visitas com seus educandos (Pavilhão do Conhecimento, 2010a). Vale ressaltar que a educação sexual é obrigatória na educação básica de Portugal (Portugal, 2009). Eles também tiveram acesso ao *Caderno para professores*, o qual apresentava três regras para seguir durante a visita:

> **Regra n.º 1: respeitar a laicidade**
> A educação sexual, cujos valores não devem ser confundidos com os valores de ordem religiosa ou cultural, é parte integrante dos programas curriculares do ensino público português. Evidentemente, **o professor não deverá emitir nenhum julgamento moral sobre questões de ordem religiosa ou cultural**, sob risco de excluir uma criança desta educação. O intuito consiste em levar o jovem a conhecer e a trocar opiniões sobre os valores comuns da nossa sociedade e a reconhecer valores complementares com os quais se rela-

cione (que tenham origem no seu grupo familiar, cultural ou religioso). Desta forma, o jovem poderá construir-se e individualizar-se através de escolhas pessoais.

Regra n.º 2: respeitar as escolhas do adolescente na exposição

Os jovens adolescentes não correm o risco de ficar chocados durante uma visita autônoma à exposição, porque só observam aquilo que lhes interessa. Se um elemento os perturbar, passam imediatamente para outro. Desta forma, fazem uma seleção em função de critérios que são inexplicáveis e que é imperativo respeitar.

Mas, no seguimento da visita autônoma à exposição, ou após a descoberta de cada uma das partes, é interessante e indispensável que o professor organize um horário de troca de opiniões que permita às crianças exprimir-se sobre o que viram ou o que fizeram, sobre o que compreenderam ou não. **A mediação humana é essencial.**

Assim, aconselhamos que os professores e outros acompanhantes:

- **não obriguem um aluno a estudar, observar este ou aquele elemento, sobretudo se ele se opõe.**
- não imponham a visita a um aluno, se ele não o quiser.
- esperar que as questões surjam, em vez de as colocar. Caso contrário, questionar os jovens sobre as suas impressões e permitir-lhes que se exprimam, se quiserem.
- **não dirigir as perguntas a um aluno, mas questionar todo o grupo.**
- não nomear, não designar ninguém.
- não provocar a evocação de problemas pessoais.

Regra n.º 3: respeitar os preconceitos do adolescente

Os jovens dos 12 aos 14 anos ainda não estão em idade de compreender determinados pontos da sexualidade adulta, de os aceitar e, sobretudo, de quebrar as suas representações sobre esta temática.

Os seus conhecimentos da sexualidade (ou pseudoconhecimentos) correspondem a uma fase específica do seu desenvolvimento psicossexual, a um determinado nível de maturação, e não devemos antecipar competências inerentes à idade adulta.

> Responder a questões que não estão "na ordem do dia" pode ser, não apenas contraprodutivo para o adolescente, mas, por vezes, traumático.
>
> Portanto, é necessário respeitar os seus erros e não querer explicar nem racionalizar
>
> tudo, mas antes oferecer informações e reflexões que eles possam integrar e utilizar. (Pavilhão do Conhecimento, 2007, p. 27-28, grifo nosso, tradução nossa).

O material também apresenta as seguintes recomendações:

> O acompanhante (o professor, por exemplo) deverá ter em particular atenção:
> - manter a distância em relação às suas experiências pessoais;
> - evitar quaisquer julgamentos de valor pessoal;
> - ter consciência dos seus limites.
>
> Deverá igualmente:
> - desenvolver uma atitude de escuta, de disponibilidade e de empatia no seio do grupo;
> - partir das perguntas e necessidades dos adolescentes;
> - situar o nível de conhecimentos de cada um e facultar, se necessário, informações precisas e objetivas;
> - **responder de forma adaptada ao nível de maturidade dos alunos;**
> - não utilizar um vocabulário que possa chocar os jovens;
> - **ajudar os adolescentes a encontrar as suas próprias conclusões, estimulando a reflexão individual e coletiva;**
> - **levar o grupo a elaborar as suas próprias respostas.**
>
> Finalmente, será conveniente:
> - relembrar que os coordenadores da área de educação para a saúde das escolas, os médicos ou as enfermeiras são interlocutores privilegiados no seio dos estabelecimentos escolares, que podem providenciar ajuda específica no caso de dificuldades pessoais, ou estabelecer ligação com as estruturas exteriores competentes. Todos eles devem respeitar o segredo profissional;
> - **facultar informações sobre os números de apoio ou outras estruturas de ajuda.** (Pavilhão do Conhecimento, 2007, p. 31, tradução nossa, grifo nosso).

Para facilitar a visita, o museu desenvolveu um guia interativo, com questões relacionadas aos módulos da exposição (Pavilhão do Conhecimento, [s.d.]). O *Caderno para professores* recomenda que o docente trabalhe alguns dos tópicos do guia antes ou após a visita e traz as respostas para as questões a serem respondidas pelos adolescentes. Ele também traz orientações sobre o que pode ser feito após a visita: "Organizar uma sessão para troca de opiniões sobre a visita e solicitar a opinião dos jovens sobre a exposição. Propor-lhes que escrevam num papel as questões que não queiram dizer oralmente diante de toda a gente, para as responder numa sessão posterior" (Pavilhão do Conhecimento, 2007, p. 28).

O museu também ofereceu ao público diversas atividades relacionadas ao tema, tais como colóquios; exibição de filmes, comentados por especialistas de diversas áreas; e teatro (Pavilhão Do Conhecimento, 2010b). Em parceria com a Sociedade Portuguesa de Sexologia Clínica, a partir de 2011, o museu ofereceu gratuitamente ao público adulto um ciclo de palestras intitulado *Conversas Sexo... e então?!*, com tradução simultânea em Língua Gestual Portuguesa (Pavilhão do Conhecimento, 2011, Rollo; Azevedo; Salgueiro, 2017; Surdos Notícias, 2011). Além de contribuir para a educação sexual dos adultos, a escolha dos temas[26] possivelmente contribuiu para auxiliá-los a educarem sexualmente as crianças e adolescentes.

Para uma das monitoras que atuou nessa exibição, a instalação ofereceu um suporte às escolas e às famílias, por abordar o tema de uma maneira simples, lúdica, dinâmica e interativa, contribuindo para desmistificar o tabu (Sapo Vídeos, 2011). Os adolescentes que visitaram a exposição parecem ter ficado satisfeitos (Cunha, 2011):

> **Adolescente 1:** Na minha opinião, o conteúdo da exposição "Sexo e então?!" era, talvez, um pouco infantil para nós. Mas mesmo assim achei interessante a forma como os vários assuntos eram tratados: de modo interativo, com sentido de

---

[26] Exemplos de temas abordados em "Conversas Sexo... e então?!": **Sexo nas mídias** — Sexualidade nos meios de comunicação. Sexo e publicidade.; **Sexualidade no Estado Novo** — Sexualidade no Estado Novo. O gênero na filosofia conjugal dos anos 50; **Família e a orientação sexual** — E quando um(a) jovem não é heterossexual? Que desafios encontra dentro e fora de casa? As famílias também saem do armário?; **O abuso sexual** — Que tipos de abuso sexual existem? Quem são as vítimas? Quais os efeitos? Que papel temos todos nós?; **Novos casais** — Há diferentes rotas para o encontro amoroso? E quando o corpo é apenas uma imagem, uma ideia, uma descrição? Que desafios encontram os casais que não partilham narrativas comuns, experiências de vida semelhantes, e que por vezes falam em línguas diferentes?; **Educação sexual** — Por que a educação sexual em meio escolar? Feita por quem, com que diretrizes e formação? Que papel está reservado aos pais e professores?; **Investigação laboratorial em sexualidade humana** — O que se faz num laboratório que estuda a sexualidade humana? Que instrumentos se usam? O que podemos saber? (Amplos, 2011; Surdos Notícias, 2011).

humor e com questões dirigidas aqueles que estão a passar pelas transformações biológicas, psicológicas e afetivas da adolescência, ou seja: nós.

As atividades propostas incidem em temas como a puberdade, a fecundação, a gravidez, a paixão, o amor e muito mais. **Gostei mais das atividades com as simulações**, por exemplo: a atividade com o beijo e o boneco virtual. **Estas atividades e a informação anexada a cada uma delas tentavam dar uma resposta à maioria das perguntas que crianças entre 9 e 15 anos fazem em relação ao seu corpo, ao sexo e ao amor.** Algumas das perguntas, cujas respostas foram lá explicadas, foram: "O que é fazer sexo?", "O que é estar apaixonado?" e "A puberdade, o que é isso?". As respostas foram dadas, ao longo da exposição, sobretudo através da realização de atividades e experiências. Para as crianças menores também disponibilizavam um guia da exposição com este tipo de perguntas para eles preencherem durante as atividades. Achei engraçado e foi uma boa experiência!

Adolescente 2: Na exposição este tema [Como é que se gera e cresce um bebé?] era abordado de uma maneira bastante atrativa e divertida: mostravam uma situação em que os espermatozóides eram pessoas que pediam autorização ao óvulo para entrar. Aparecia também uma imagem na parede, comparando proporcionalmente o tamanho do óvulo e do espermatozóide, para que assim se pudesse entender, de fato, a desproporção existente entre ambos. No entanto, na realidade, o processo de fecundação e gestação é bastante mais complexo. [...]

Nesta exposição tivemos acesso a textos e imagens – animações, em alguns casos, em outros filmes em que pudemos observar o crescimento do bebé dentro da barriga da mãe até à sua expulsão no parto – que facilitaram a percepção e a compreensão dos fenômenos envolvidos na resposta à pergunta: como é que eu nasci?

A brincar falaram-se e aprenderam-se coisas sérias que muitas vezes fazem os pais ficarem engasgados, corados ou aflitos. A exposição vale a pena porque é um tempo gasto com "brincadeiras sérias" (Dúvida Metódica, 2011, tradução nossa, grifo nosso).

Sexo... e então?! evidencia que os assuntos relacionados à sexualidade podem ser apresentados de maneira interativa, leve e divertida. Mostra também que os museus podem trabalhar em parceria com as instituições de educação formal, auxiliando os professores na promoção da educação sexual. Esse auxílio pode ser potencializado, seja por meio do oferecimento de materiais de apoio como o *Caderno para professores* ou de palestras proferidas por especialistas, como as que ocorreram no *Conversas Sexo... e então?!*; que por sua vez têm o potencial de auxiliar outros adultos envolvidos na educação sexual das crianças e adolescentes, como os seus responsáveis legais, profissionais da saúde e demais profissionais da educação.

3.6 *HEALTHY SEXUALITY: THE STORY OF LOVE*, TAILÂNDIA, 2010

Sexualidade Saudável: A História do Amor (Healthy Sexuality: The Story of Love) foi uma exposição interativa desenvolvida pelo Museu Nacional de Ciência da Tailândia (National Science Museum), em parceria com a Unesco, que alcançou mais de um milhão de adolescentes (Unaids, 2012). Todos os materiais da exposição foram produzidos ou avaliados por jovens tailandeses (Unaids, 2012). Foi a primeira exposição do gênero no continente asiático (Unesco, 2011a; Scoop Independent News, 2010).

Teve como público-alvo principal os adolescentes. Buscou favorecer a construção de conhecimentos necessários para que eles possam cuidar de si, ter uma vida sexual saudável e bons relacionamentos. Para isso, apresentou o sexo com naturalidade e abordou temas como amor — incluindo o amor-próprio, relacionamentos, comunicação, respeito, violência sexual, gênero, hormônios sexuais, menstruação, puberdade, gravidez, parto, métodos contraceptivos, infecções sexualmente transmissíveis e riscos de transmissão, com foco no vírus HIV e na AIDS, bem-estar sexual, vida e escolhas futuras. Para alguns visitantes, certas informações foram inéditas (Ministry of Science and Technology – Thailand, 2011; Unesco, 2010).

A mostra era composta majoritariamente por painéis informativos e interativos, mas também havia vídeos diversos (exemplos: vídeo explicando o mecanismo hormonal envolvido na reprodução humana, de animais realizando o ato sexual, de adolescentes conversando sobre a primeira relação sexual); modelos didáticos do sistema reprodutor feminino e do desenvolvimento do bebê no útero materno; e exibição de preservativos (Unesco, 2010).

O público-alvo secundário dessa exposição constituía-se de professores e genitores dos adolescentes. Durante o período expositivo, eles puderam ter acesso a atividades sobre assuntos relacionados à sexualidade e sobre como ensiná-los (Ministry of Science and Technology – Thailand, 2011; Unesco, 2011a; 2011b).

Para complementar a exibição, foi lançado um site chamado *Museu da Sexualidade* (*Museum of Sexuality*)[27] que fornecia informações sobre sexo, amor, relacionamentos e violência baseada no gênero (Unesco, 2011a; Scoop Independent News, 2010) e ajudava os adolescentes a esclarecerem as suas principais dúvidas sobre saúde e sexualidade (Unesco, 2011c). Para o museu virtual foram criadas páginas no Twitter[28], Facebook[29] e YouTube[30].

Planejava-se produzir uma exposição itinerante a partir de *Sexualidade Saudável: A História do Amor* para percorrer a Tailândia por dois anos (Unaids, 2012). No entanto, não foi possível identificar registros de sua efetivação. **O potencial de uma exposição de educação sexual, bem como dos materiais produzidos a partir dela, é imensurável.** Em uma breve pesquisa na internet foi possível identificar uma variedade de usos desses materiais. Destaco recomendações de acesso ao site *Museu da Sexualidade* dada por usuários de fóruns a uma vítima de estupro que pediu ajuda e a uma pessoa que pediu indicação de medicamento para tratamento de clamídia e gonorreia (Haamor, 2013; Pantip, 2012).

3.7 SÍFILIS: HISTÓRIA, CIÊNCIA E ARTE, BRASIL, 2021 – 2022

A exposição *Sífilis: História, Ciência e Arte* (Figura 6) ocorreu no Centro Cultural do Patrimônio — Paço Imperial (CCPPI), de terça a sábado, no período de 17 de novembro de 2021 a 20 de fevereiro de 2022. O público pôde visitá-la gratuitamente, no entanto, ficou suspensa por 20 dias devido ao aumento de casos de Covid-19, além das datas festivas de fim de ano. Atualmente, está disponível virtualmente, em 360°, em seu site oficial[31]. Foi idealizada e financiada pelo Ministério da Saúde, tendo sido produzida por representantes do Departamento de Doenças de Condições Crônicas e Infecções Sexualmente Transmissíveis da Secretaria de Vigilância em Saúde; do Centro Cultural do Ministério da Saúde; do Laboratório de

---

[27] Site: Museum Of Sexuality. Disponível em: http://www.museumofsexuality.net/. No entanto, em 23 de janeiro de 2024 o site estava fora do ar.
[28] Twitter: Museum of Sexuality. Disponível em: https://twitter.com/museumsexuality. Acesso em: 23 jan. 2024.
[29] Facebook: Museum of Healthy Sexuality Website. Disponível em: https://www.facebook.com/profile.php?id=100045063796788. Acesso em: 23 jan. 2024.
[30] Youtube: mosthailand. Disponível em: https://www.youtube.com/@mosthailand. Acesso em: 23 jan. 2024.
[31] Para conhecer a exposição acesse este link: http://exposifilis.aids.gov.br/. Acesso em: 23 jan. 2024.

Inovação Tecnológica em Saúde da Universidade Federal do Rio Grande do Norte; e do curador emérito Mauro Romero, da Sociedade Brasileira de Doenças Sexualmente Transmissíveis (DST) e do Departamento de DST da Universidade Federal Fluminense (Brasil, 2022a), com apoio da Organização Pan-Americana da Saúde (Opas). Além de contar com a colaboração de diversas instituições (Petra, 2022).

A primeira reunião entre a equipe organizadora ocorreu em dezembro de 2019 e o processo de construção de *Sífilis: História, Ciência e Arte* persistiu, mesmo diante da pandemia da Covid-19 que iniciou em 2020, já que o Brasil também vivenciava a epidemia de sífilis (Petra, 2022; Romero, 2022), conforme mostra a Figura 7. A pandemia gerou uma certa resistência por parte de profissionais da área da comunicação que não consideraram adequado propor uma mostra sobre uma doença em um momento no qual toda a população convivia com os desafios inerentes a outra doença: a Covid-19 (Petra, 2022).

Para criá-la, os organizadores participaram de oficinas de *design thinking*, o que permitiu a criação dos protótipos que nortearam o projeto expográfico (Brasil, 2020; 2022a). Como já mencionado, a exposição foi desenvolvida por uma equipe multidisciplinar com expectativas e anseios distintos, o que enriquece (Petra, 2022), mas também torna o processo de construção desafiador.

Para Thiago Petra, um dos coordenadores de produção, a exposição consistiu em uma oportunidade de apresentar o tema, cercado por mitos e tabus, em um formato de comunicação diferente daquele que o Ministério da Saúde costuma utilizar. Além disso, por ser exibida em um centro cultural, facilitou a aproximação de um público amplo e heterogêneo (Petra, 2022). Segundo duas mediadoras que atuaram na exposição, muitos visitantes chegaram até lá por acaso, pois estavam visitando o Paço Imperial. Apesar disso, se mostraram interessados, por vezes surpresos, e saíram reconhecendo a importância da exposição. A mostra foi muito elogiada pelo público, mas alguns se queixaram da falta de divulgação e disseram que ela deveria ser itinerante (Almeida, 2022; Barbosa, 2022).

Muitas pessoas se mostraram surpresas ao conhecerem as manifestações clínicas da doença, inclusive profissionais de saúde. Alguns deles compartilharam relatos com os mediadores sobre a dificuldade de diagnosticar a sífilis, pois alguns sinais e sintomas são semelhantes a muitas doenças, como a alopecia e as lesões na pele (Sá, 2022). Algumas pessoas relataram que já tiveram a doença (Almeida, 2022).

Na percepção dos mediadores, com exceção dos visitantes que atuam na área da saúde, a sífilis ainda é desconhecida (Sá, 2022; Silva, 2022; Barbosa, 2022). Há pessoas que chegaram ao centro cultural achando que sífilis era um artista (Sá, 2022). Uma pessoa questionou se a sífilis também era doença de pessoas pretas (Silva, 2022). Outras, apesar de terem ouvido falar sobre a doença, não sabiam muitos detalhes (Almeida, 2022). Por exemplo, muitos não sabiam que há testes gratuitos disponíveis no Sistema Único de Saúde para diagnosticar a infecção (Barbosa, 2022). Alguns tinham conhecimentos equivocados, como achar que a sífilis podia ser prevenida por meio de vacinas (Barbosa, 2022).

> As pessoas fora da área médica estão totalmente desinformadas (Barbosa, 2022).
>
> As pessoas não sabem o que é a sífilis. Tem pessoas que não sabiam nem que sífilis era uma doença.
>
> [...] as pessoas não conhecem a doença — que é uma doença muito antiga —- o que não é algo que de certa forma me deixa muito chocada, porque a gente não tem campanhas de conscientização sobre a doença (Silva, 2022).

Portanto, para Thiago Petra, a exposição teve como objetivo oportunizar o acesso a informações relevantes sobre a doença, alertar para o problema da sífilis congênita e despertar o interesse do público para saber mais sobre o tema (Petra, 2022). *Sífilis: História, Ciência e Arte* surpreendeu o público com a sua forma de abordagem, como mencionou uma estudante de medicina que visitou a exposição:

> O que eu mais gostei foi essa forma de relacionar uma coisa que a gente acha que apenas biológica, biomédica com arte e com a história [...] a gente acaba aprendendo mais, fixando mais, a questão não só biológica da doença, mas a questão social envolvida, os determinantes sociais envolvidos com essa doença. Achei muito legal! (França, 2022).

Segundo o curador Mauro Romero:

> A exposição é para sair da vala comum de tratar a sífilis somente como número, diagnóstico e tratamento. Apresentar a riqueza de dados sociais, literários, históricos. [...] A ideia da exposição era chamar a atenção para o problema

> sério da sífilis congênita, não romantizar, mas dizer sobre a importância da história. Quer conhecer o presente? Quer entender o presente? Conheça a história (Romero, 2022).

Para ele, o papel do espaço de educação não formal na educação sexual é:

> Mostrar na forma de arte, história, essa parte lúdica, que não seja necessariamente uma aula de biologia. [...] Então, o museu tem esse papel. Esse compromisso, mas também o descompromisso de não ter que apresentar a doença como o médico trata, mas sim como o artista e o historiador ver (Romero, 2022).

O médico destaca que na história da sífilis sempre houve dificuldade de abordagem e que apesar de haver maneiras de preveni-la e tratá-la, ainda há muitos casos da doença, inclusive de sífilis congênita. Assim, esperava que a exposição pudesse chamar a atenção para o problema a partir de uma abordagem cultural (Romero, 2022). Dividida em três módulos temáticos, conforme descrito no próprio nome da exposição, ela visava:

> [...] difundir conhecimento sobre a doença pelo viés da saúde pública, da educação e da arte, facilitando a percepção das pessoas sobre a existência da sífilis, desmistificando tabus e crenças e mobilizando a população para incorporar atitudes de prevenção (Brasil, 2022a, p. 3).

O primeiro módulo (Figura 8) iniciava dizendo: "Quer entender o presente? Comece conhecendo o passado". Então, uma grande linha do tempo, cuja plotagem ocupava duas paredes da primeira sala, apresentava os principais aspectos históricos registrados sobre a doença, tais como: hipóteses sobre o surgimento e disseminação da moléstia; a origem do nome sífilis, associada ao poema escrito pelo italiano Girolamo Fracastoro; a origem do termo doenças venéreas; a estigmatização da doença na Europa; o desenvolvimento de preservativos; a descoberta do agente etiológico *Treponema pallidum*; os primeiros tratamentos utilizados; a história da sífilis no Brasil, incluindo fotografias das instituições que fizeram parte dessa história, como o Hospital Universitário Gaffrée e Guinle e imagens de cartazes de educação em saúde utilizados ao longo da história; as pesquisas polêmicas e antiéticas envolvendo a sífilis, incluindo inoculação proposital em mais de mil pessoas, evidenciando a importância dos comitês de ética. Além da linha do tempo, havia um busto 3D de Girolamo Fracastoro produzido pelo Cícero Moraes, especialista em reconstrução facial forense; livros e propagandas sobre a doença; uma estátua da deusa Vênus; uma réplica do forno utilizado na época no século XVII no tratameco com mercúrio na qual os visitantes podiam entrar; uma réplica em 3D da planta Guaiaco, utilizada no tratamento, e uma representação do seu extrato, produzido pelo Jardim Botânico do Rio de Janeiro e ampolas de medicamentos utilizados no início do século XX. Os acontecimentos mencionados na linha do tempo da história da sífilis também podem ser analisados no artigo intitulado *Sífilis, história, ciência e arte: calendário da história da sífilis* publicado em 2021 pelo curador da exposição (Passos, 2021).

No segundo módulo (Figura 9) foram apresentados os aspectos científicos como características da bactéria *Treponema pallidum*; sinais, sintomas de cada estágio evolutivo da doença (sífilis primária, secundária, latente e terciária); formas de transmissão do agente etiológico; desenvolvimento de testes utilizados no diagnóstico (testes treponêmicos e não treponêmicos); dados epidemiológicos da sífilis adquirida e congênita em todo o mundo, nas Américas e no Brasil; campanhas de prevenção e estratégias adotadas pelo Ministério da Saúde para auxiliar no controle da doença, como a obrigatoriedade de notificação da sífilis em gestantes e sífilis congênita, a implementação dos testes rápidos na rotina e pré-natal. Havia um microscópio e um vídeo que representava o que pode ser visualizado na bacterioscopia de campo escuro; insumos utilizados em um dos testes diagnósticos; medicamentos usados no tratamento da infecção; preservativos internos e externos; e vídeos que abordavam temas como a sífilis no Brasil e a importância do pré-natal para prevenir a sífilis congênita. Nesse módulo também era possível adquirir preservativos internos e externos oferecidos pelo Sistema Único de Saúde (SUS).

A proposta do terceiro módulo (Figura 10) era apresentar aspectos artísticos relacionados à sífilis e foi o único composto por duas salas. Na primeira havia esculturas do *Treponema pallidum* penduras no teto e dispersas no piso, além de projeções da bactéria se movendo na parede e um painel contendo frases como: # SÍFILIS TEM CURA; # QUER ENTENDER O PRESENTE COMECE CONHECENDO O PASSADO; # SÃO 500 ANOS de HISTÓRIAS. Na segunda havia réplicas de quadros que estão em museus de diversos países; contos; cordéis; poemas; letras de músicas e vídeos apresentando algumas produções artísticas sobre o tema. Também havia uma parede com uma grande imagem do agente etiológico e na frente dela um painel contendo o nome da exposição, dos apoiadores e "#Sífilis tem cura Basta Atitude", com um espaço para o visitante posicionar-se entre a parede e o painel e registrar a sua presença na exposição por meio de fotografia.

de O curador Mauro Romero considerou a exposição relevante por poder apresentar aspectos históricos e artísticos, pois para ele não basta abordar apenas os aspectos científicos. Lamentou por ter que se limitar a esse aspecto nas conferências e aulas que ele costuma ministrar. Acredita que é preciso humanizar as DST, pois devido ao estigma associado, elas também afetam a saúde psicológica (Romero, 2022).

Apesar de a exposição contemplar diferentes aspectos da sífilis, o curador lamentou por não ter conseguido incluir algumas peças e disse também que esperava ter a oportunidade de mostrá-las em outra ocasião (Romero, 2022). Ao ser entrevistado e indagado sobre o motivo de haver apenas um painel (Figura 11) sobre as manifestações clínicas da doença sem imagens reais com representações dos sinais e sintomas da sífilis, o médico levou as mãos ao rosto cobrindo a sua face e disse que foi voto vencido, pois a equipe organizadora achava que iria ficar "pesado" (Romero, 2022). Inconformado, disse que sempre argumentava:

> Sífilis é isso! Eu não posso falar de pobreza, de falta de higiene e rede de esgoto em uma favela e não mostrar das fossas de sujeira. Mas eu fui voto vencido! Tentei de TUDO. Mandei as imagens, mas eu não era e nem sou o dono. Você não é a única nem a primeira a falar isso (Romero, 2022, grifo nosso).

Ao mediar outra exposição, ele compartilhou a sua frustração com essa censura e argumentou para o público que não era possível ensinar matemática sem os números, ou geografia sem os mapas; de maneira semelhante também não era possível ensinar sobre sífilis e não mostrar como os sinais e sintomas se manifestam.

Durante a entrevista, o médico pegou um atlas de DST e mostrou algumas fotografias que gostaria que estivessem presentes na exposição e disse que até poderia editá-las para que a vulva e o pênis não aparecessem. Revelou que os órgãos genitais jamais seriam mostrados, pois a equipe organizadora temia que isso levasse à suspensão da exposição (Romero, 2022). de maneira semelhante, um ginecologista que atua em Buenos Aires

(Argentina) e visitou a exposição, ao ser questionado sobre sua percepção sobre a mostra, disse que esperava encontrar as imagens das lesões. O mediador Eduardo também mencionou que era necessário incluir mais informações e imagens sobre as manifestações clínicas e, ao se referir sobre isso, ressaltou: "Foram tidas como impactantes, porém para mim o impacto maior são os números" (Sá, 2022). Segundo Thiago Petra, a inclusão de imagens como essas poderia afastar o público. Ele mencionou que algumas pessoas estavam apreensivas para conhecer a mostra e se surpreenderam de maneira positiva por não encontrar imagens como essas.

Para o curador Mauro Romero não há lógica em censurar as obras e as imagens supracitadas e permitir a inclusão de obras como *Herança* e *Mulher com criança doente*, que representam mães — possivelmente de classes sociais distintas — chorando com os filhos moribundos em seus colos, devido a sífilis congênita, pois as considera muito mais agressivas (Figura 12). Mauro Romero confessou que, devido às dificuldades enfrentadas, chegou a pensar em desistir de participar da curadoria. O médico José Oliveira Pereira de Albuquerque (1904-1984), que também lutou em prol da educação sexual e foi o principal responsável pelo Museu e Pinacoteca de Educação Sexual, se indignava com o fato de as pessoas considerarem as palavras sexo e sexual como imorais e certa vez disse: "Por acaso, as palavras 'sexo' e 'sexual' encerram mais maldade que as palavras 'crime', 'traição', 'guerra', etc.?" (Chucailo, 2015, p. 82).

de A construção de uma exposição requer ampla negociação entre os envolvidos em sua organização. Nesse projeto, cada um tinha suas expectativas, então foi um grande desafio (Petra, 2022). Ademais, *Sífilis: História, Ciência e Arte* foi construída e exibida durante o governo conservador do presidente Jair Bolsonaro e por se tratar de uma exposição organizada pelo Ministério da Saúde, a autocensura esteve presente de maneira exacerbada durante as negociações realizadas. Segundo Thiago Petra, vários itens não foram incluídos na exposição, pois a equipe da Secretaria de Vigilância em Saúde temia sua suspensão (comunicação verbal após a realização da entrevista), ou seja, **para evitar a censura se autocensuraram**. A censura também esteve presente na divulgação da exposição. Até o Facebook rejeitou diversas tentativas de impulsionamento de uma postagem para promover a mostra. O impulsionamento só ocorreu após o envio de uma carta informando que a recusa da postagem seria judicializada (Conexão Inovação Pública, 2021).

Embora nem todas as expectativas tenham sido atingidas, como a possibilidade de contratação de profissionais destinados à área de comunicação (Petra, 2022; Romero, 2022), a exposição deixou muitos legados, a começar pelo poder de transformação gerado a partir das pessoas que foram sensibilizadas. Mais de 15 mil pessoas de diferentes nacionalidades visitaram a exposição no Paço Imperial e avaliaram a experiência de maneira positiva (Brasil, 2022b). Muitas outras acessaram e ainda acessarão a exposição virtual. Apesar da pandemia impossibilitar a existência de um caderno de registro de presença dos visitantes e de não haver uma equipe destinada à pesquisa de percepção do público sobre a exposição ou para avaliar o que o público aprendeu (Petra, 2022), a exposição possivelmente despertou a curiosidade dos visitantes sobre a temática e contribuiu para a (re)construção de conhecimentos. E como disse Paulo Freire (2006, p. 74): "O mundo não é. O mundo está sendo". Portanto, devemos ter convicção de que por mais que não seja possível atingir todas as expectativas, é preciso atuar como sujeito de transformação, intervindo na realidade. Para isso, o trabalho dos mediadores foi fundamental, pois eles constituíram o único elemento bidirecional da exposição:

> O museu, não importando sua tipologia, é um lugar que não abriga seu acervo somente para preservação, mas **aproxima as pessoas dele, pela mediação** [...] (Schley, 2016, p. 180, grifo nosso).
>
> Na mediação a gente trabalha com uma questão pedagógica através de diálogo [...] tem que saber se adaptar aos públicos que vão aparecer **[...]. Na mediação a gente constrói com o visitante um conhecimento, trazendo o meu conhecimento que eu tenho sobre o que tá na exposição, junto com o discurso do curador, do artista [...], trazendo o conhecimento do público também** (Silva, 2022, grifo nosso).

Para se prepararem, os mediadores receberam materiais[32] com antecedência e o próprio curador conversou com esses profissionais, pois esperava que eles pudessem fornecer explicações sobre os objetos expostos, compartilhar curiosidades e esclarecer as dúvidas do público. Além disso, eles puderam assistir à mediação do próprio curador e esclarecer suas dúvidas diretamente com ele por meio do WhatsApp

---

[32] Materiais usados no catálogo, aulas, indicações de filmes mencionados na exposição e texto sobre os quadros expostos.

(Almeida, 2022; Petra, 2022; Romero, 2022; Sá, 2022; Silva, 2022; Barbosa, 2022).

Para Eduardo Santos Sá (Figura 13), ao atuar em uma exposição com um tema que é um tabu em nossa sociedade, o mediador deve abordar o público e "trazer o interesse" em vez de esperar o público manifestá-lo. Por isso, passava os dias conversando com os visitantes, apresentando curiosidades, sugestões de filmes e documentários (Sá, 2022).

O modo peculiar como o tema foi abordado, incluindo diferentes aspectos da doença, foi discutido em eventos, como o *Sífilis in Rio 2022* (Brasil, 2022c), organizado pela Sociedade Brasileira de Doenças Sexualmente Transmissíveis e pelo Centro Cultural do Ministério da Saúde, cujas palestras abordaram aspectos da história, ciência e arte, com profissionais de diferentes áreas. No último mês da mostra, foi realizado um evento chamado *Sífilis: história, ciência e arte — uma exposição que insiste em continuar*, com depoimentos e entrevistas de convidados e visitantes, além da visita virtual mediada pelo curador (Sociedade Brasileira de DST, 2022). A história exposição também foi contada em um *podcast* do curador, chamado Nu com Mauro Romero (Nu Com Mauro Romero, 2022) e no I Encontro de Cultura e Saúde — de Girolamo Fracastoro ao espanto atual (Conexão Inovação Pública, 2021).

A qualidade de *Sífilis: História, Ciência e Arte*, organizada pela Gauche Eventos (GUC Agência de Eventos), foi reconhecida e a empresa recebeu o Troféu Jacaré de Ouro (Figura 14), pelo primeiro lugar na categoria Eventos (Mostra e Exposição) do Prêmio Caio de Alcântara Machado (Araújo, 2023; Prêmio Caio, 2022).

Para Petra, a exposição representou apenas o começo de um projeto, pois a expectativa é de que ela possa ser adaptada para se tornar itinerante, chegando a diferentes estados do Brasil e até mesmo a outros países da América Latina; além da mostra virtual (Petra, 2022) que já está disponível no site da exposição.

> O link para a mostra virtual leva o internauta a um site que permite tour detalhado pela exposição. Do clique em diante o visitante terá à disposição recursos multimídia, com imagens em alta resolução, para intensificar o ganho de informações a respeito da sífilis. A experiência on-line começa com a vista da fachada do Paço Imperial, edifício de arquitetura colonial com importância histórica, e segue com o acesso às salas da exposição, onde é possível saber

sobre a doença e sobre os percussores da luta contra a sífilis no Brasil e no mundo, desde o Século XV até os tempos atuais (Brasil, 2022b).

Diferente do esperado, a exposição não seguiu de maneira itinerante. Por isso, após seu término, Mauro Romero criou a mostra *Precisamos falar mais sobre sífilis: sem preconceitos*[33] — 15 de outubro de 2022 a 7 de junho de 2023 (Figura 15) — realizada na Associação Médica Fluminense, localizada na cidade de Niterói, produzida com apoio da Associação Médica Fluminense, da Sociedade Brasileira de DST e do setor de DST da Universidade Federal Fluminense (UFF), instituições nas quais o curador atua, além de alguns patrocinadores. Tiago Petra, Zelina Caldeira e Jussara Alves também colaboraram.

de Nessa exposição, o curador teve autonomia para escolher o que seria exibido. Além de itens que já estavam presentes em *Sífilis: História, Ciência e Arte*, como o forno, a estátua de Girolamo Fracastoro e quadros. Ele também adicionou as obras que haviam sido censuradas, como pinturas de um artista haitiano que representam as sifílides papulosas nos órgãos genitais, réplica de uma cerâmica pré-colombiana de um indivíduo com sífilis e de um cinturão de proteção usado nas prostitutas com infecções sexualmente transmissíveis que recusavam o tratamento. Também foram expostos dois atlas contendo fotografias com a representação dos sinais e sintomas dessas infecções (Figura 16). Para essa exposição encomendou a releitura do quadro *A Herança* (Figura 12, item 3.7), de Edvard Munch, produzido por Airá Ocrespo. A imagem presente no quadro também foi inserida em um muro da estação de metrô e trem, próximo ao Estádio Maracanã, um dos pontos turísticos do Rio de Janeiro (Figura 17). Uma releitura de *Guernica*, de Pablo Picasso, intitulada de *GuerniGênita*, também foi produzida e exibida na entrada da exposição. Nessa obra há diversas fotografias que representam os sinais e sintomas da sífilis congênita. Para Mauro Romero, ela representa a sua inquietude e a guerra contra o grande número de óbitos devido à sífilis congênita (Romero, 2023, informação verbal).

Em uma das paredes do Espaço Dr. Waldenir de Bragança, onde a exposição foi instalada, os visitantes podiam deixar o seu registro. Ao analisá-la encontramos algumas pistas da percepção dos visitantes sobre a experiência vivenciada. O público pareceu vê-la como uma oportunidade

---

[33] Há um podcast sobre a exposição no canal Nu com Mauro Romero. Disponível em: https://open.spotify.com/show/2liwJE1xsix7V1U0co3lgQ. Acesso em: 2 abr. 2023.

de se informar sobre a doença e reconheceu a importância da educação e da resistência à censura frequentemente enfrentada por educadores sexuais, além de compartilharem conhecimentos sobre a doença. Abaixo, algumas das respostas deixadas pelos visitantes:

- Mesmo se tentarem nos enterrar, somos semente.
- Viver sem conhecer o passado é viver no escuro.
- Desinformação é violência. Educação é proteção.
- Conhecimento é poder.
- Se não nós, quem? Se não agora, quando?
- Você não é promíscuo por ter uma IST, mas pode ajudar a combatê-la.
- Sífilis tem cura!
- Uma vida. Uma chance.
- A vida é uma só. Viva com cuidado!
- Fiquei emocionada com a exposição. Obrigada pelo belíssimo trabalho!!!
- Que dia maravilhoso. Exposição maravilhosa.
- Exposição necessária. Parabéns aos envolvidos.
- Incentivador, criando novas gerações de idealistas.

Durante o mês de inauguração houve diversas atividades que complementaram a exposição, como a interpretação da canção *Dia da Criação*, de Vinícius de Moraes; exibição do filme *Miss Erery's Boys* e debate; interpretação do Fado Sangue Lusitano de Chico Buarque de Holanda; exibição do filme *Heleno*; leitura do texto *Casa Grande e Senzala* de Gilberto Freyre.

Se, por um lado, o curador ganhou autonomia por organizar uma exposição de maneira independente, houve poucos patrocinadores e ele não teve a verba necessária para organizar a exposição como gostaria. *Precisamos falar mais sobre sífilis: sem preconceitos* foi exibida em apenas uma sala e pode ser visitada diariamente das 10h às 20h, exceto segunda-feira. A sala permaneceu aberta ao público, mas não havia nenhum profissional presente na exposição, nem mesmo para supervisionar as visitas e zelar pelo material ali presente. No entanto, o médico se disponibilizou a mediar visitas de grupos previamente agendados, como grupos escolares (Figura 18).

O processo de mediação dialógica permite a discussão de outros assuntos relacionados à sexualidade, como a falta de equidade de gênero ao longo da história. Em uma visita de um grupo escolar, essa discussão teve início a partir da pergunta de uma estudante que após a mediação do quadro *A inspeção médica*, de Henri de Toulouse-Lautrec, questionou por que apenas as prostitutas eram inspecionadas. O questionamento e/ou o compartilhamento de uma percepção de uma pessoa em uma visita em grupo é um convite à reflexão sobre algo que talvez passasse despercebido pelos demais, inclusive pelo próprio educador. Portanto, sempre que possível, o educador deve promover uma mediação dialógica.

Figura 6 — Material de divulgação da exposição *Sífilis: História, Ciência e Arte*

Fonte: Exposífilis. Disponível em: http://exposifilis.aids.gov.br/. Acesso em: 23 jan. 2024

Figura 7 — Casos de sífilis adquirida e congênita durante o período de planejamento e exibição da exposição Sífilis: História, Ciência e Arte0

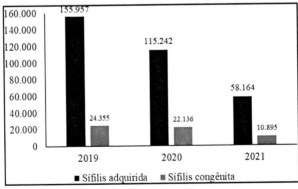

Fonte: a autora[34]

---

[34] Os dados do gráfico foram obtidos no site do Datasus. Disponível em: https://datasus.saude.gov.br/acesso-a-informacao/doencas-e-agravos-de-notificacao-de-2007-em-diante-sinan/. Acesso em: 30 mar. 2023.

Figura 8 — Objetos expostos no módulo histórico da exposição *Sífilis: História, Ciência e Arte*: Estátua da deusa Vênus, forno utilizado no tratamento de pessoas com sífilis, estátua do Girolamo Fracastoro e modelo da planta Guaiaco

Fonte: a autora

Figura 9 — Objetos expostos no módulo científico da exposição *Sífilis: História, Ciência e Arte*: Vídeo de bactérias *Treponema pallidum* em movimento — imagem obtida por meio da técnica de bacterioscopia de campo escuro, painel com dados epidemiológicos

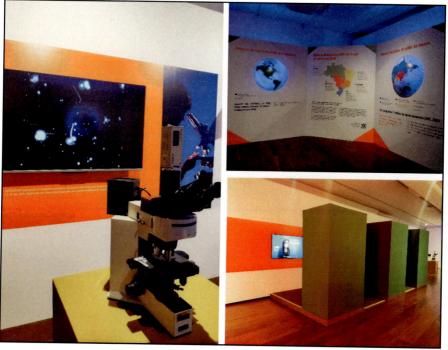

Fonte: a autora

Figura 10 — Elementos do módulo artístico da exposição *Sífilis: História, Ciência e Arte*: Modelos de bactérias *Treponema pallidum*, seção para o público assistir os vídeos relacionados a história da sífilis, área preparada para os visitantes realizarem seus registros fotográficos

Fonte: a autora

Figura 11 — Painel sobre sinais e sintomas presente no módulo científico da exposição *Sífilis: História, Ciência e Arte*

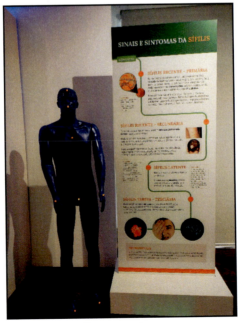

Fonte: a autora

Figura 12 — Réplicas dos quadros *Herança* e *Mulher com criança doente* de Edvard Munch exibidas no módulo artístico da exposição *Sífilis: História, Ciência e Arte*

Fonte: a autora

Figura 13 — Mediador Eduardo conversando com uma visitante da exposição *Sífilis: História, Ciência e Arte*

Fonte: a autora

Figura 14 — Troféu Jacaré de Ouro concedida à exposição *Sífilis: História, Ciência e Arte*

Fonte: a autora

Figura 15 — Material de divulgação da exposição *Precisamos falar mais sobre sífilis: sem preconceitos*

Fonte: imagem cedida pelo curador Mauro Romero

Figura 16 — Elementos exclusivos da exposição *Precisamos falar mais sobre sífilis: sem preconceitos*: Réplica do cinto de proteção usado para punir prostitutas acusadas de disseminar a sífilis; quadros que representam as sifílides papulosas nos órgãos genitais; atlas com fotografias que representam as manifestações clínicas da sífilis e de outras infecções sexualmente transmissíveis; réplica de uma cerâmica pré-colombiana de um indivíduo com sífilis; parede destinada à interação com o público

Fonte: a autora

Figura 17 — Quadro e grafite com a releitura do quadro *A Herança*, de Edvard Munch, produzido por Airá Ocrespo

Fonte: a autora

Figura 18 — Mauro Romero mediando a visita da exposição *Precisamos falar mais sobre sífilis: sem preconceitos*

Fonte: a autora

3.8 *PREVENINDO A GRAVIDEZ JUVENIL*, BRASIL, 2009 – 2015

A exposição *Prevenindo a gravidez juvenil* (*Preventing Youth Pregnancy*), projetada com *design* participativo, foi fruto da parceria entre o Instituto Kaplan — Centro de Estudos da Sexualidade Humana –, a Secretaria de Educação do Estado de São Paulo e o Catavento Cultural e Educacional[35] (Iannini, 2023), o qual é gerenciado pela Secretaria da Cultura, Economia e Indústria Criativas do Estado de São Paulo (Museu Catavento, 2024). Foi criada devido ao sucesso do projeto de educação sexual intitulado *Vale Sonhar*, desenvolvido pelo Instituto Kaplan nas escolas (Iannini, 2023).

---

[35] Acesse o site institucional e saiba mais sobre o museu de ciências Catavento. Disponível em: https://museucatavento.org.br/. Acesso em: 1 jun. 2023.

O piloto de *Vale Sonhar* foi realizado em 2004 na região do Vale do Ribeira e contribuiu para a redução significativa de casos de gravidez na adolescência entre as estudantes da rede estadual. Os docentes participaram de um curso de formação continuada para que pudessem conduzir as oficinas *Despertar para o sonho, Nem toda relação sexual engravida* e *Engravidar é uma escolha*. Na primeira oficina os adolescentes eram convidados a refletir sobre seus sonhos pessoais e profissionais. No entanto, durante a dinâmica, alguns engravidavam e precisavam pensar sobre as consequências da gravidez em seu projeto de vida. A segunda visava a apresentar os aspectos biológicos da sexualidade, tais como anatomia e fisiologia dos sistemas reprodutores, o ato sexual e os riscos associados ao sexo. A última apresentava os métodos contraceptivos (Governo do Estado de São Paulo, 2009; Lazzarini; Gassert, 2010).

O projeto chegou às escolas de São Paulo em 2008 e permaneceu até 2018, fazendo parte do currículo de biologia da rede estadual (Antoniassi; Miranda, 2020) e inspirou o desenvolvimento de *Prevenindo a gravidez juvenil* (Iannini, 2023), evidenciando que a educação formal pode potencializar a educação não formal e vice-versa. Apesar disso, como enfatizado por uma das curadoras, a instalação pode complementar o trabalho da escola, mas a ida ao museu não substitui o papel da educação formal na educação sexual (Navas-Iannini; Pedretti, 2017).

O tema tratado é polêmico e controverso. Abordá-lo não é uma tarefa fácil, mas é necessário, pois é importante que as pessoas compreendam os seus aspectos científicos, sociais e culturais para poderem tomar decisões de maneira consciente. Segundo Colombo Junior e Marandino (2020) controvérsias sociocientíficas são:

> [...] temáticas multidisciplinares e complexas, as quais não se tem respostas óbvias e possuem impactos consideráveis na sociedade e na vida das pessoas. São assuntos que geram o confronto de ideias e que favorecem o desenvolvimento de habilidades de argumentação para o posicionamento do indivíduo na sociedade (Colombo Junior; Marandino, 2020, p. 2).

Assuntos sociocientíficos devem ser abordados nos espaços de educação formal e não formal, como os museus, deixando de lado a ideia de "uma ciência única, neutra e acabada, sem a ocorrência de disputas, relações de poder e posicionamentos divergentes" (Colombo Junior; Marandino, 2020, p. 4). A comunicação científica desses assuntos pode ser dialógica, participativa e com dissidência e conflito/ação, cujos aspectos-chave são o reconhecimento do papel das emoções na geração de interesse por questões sociocientíficas, a possibilidade de aprender por meio da ação, a ênfase na dissidência e no conflito para promover a alfabetização política e o desenvolvimento de atitudes positivas (Navas-Iannini; Pedretti, 2017). Portanto, a instituição recorreu ao uso de debates, análise de narrativas ficcionais e dramatizações para abordar assuntos sensíveis e controversos como práticas sexuais, gravidez na adolescência e prevenção às infecções sexualmente transmissíveis (Navas-Iannini; Pedretti, 2017).

A atividade era conduzida por um psicólogo que atuava como educador sexual no Instituto Kaplan, com auxílio de mediadores do Museu Catavento. Grupos de até 20 adolescentes com mais de 13 anos de idade eram recebidos em uma sala contendo pufes organizados em formato circular. A sala era fechada no início da atividade para conferir privacidade ao grupo de visitantes. O início consistia em um momento de acolhimento, no qual os adolescentes podiam se sentar, conhecer a equipe, o tema da atividade e as regras de confidencialidade (Guastaferro, 2013; Iannini, 2023; Pedretti; Navas-Iannini, 2018; Navas-Iannini; Pedretti, 2017)[36].

Na fase de aquecimento, o narrador dirigia a experiência por meio do telão. Os adolescentes eram convidados a fecharem seus olhos e a sonharem, imaginando como seriam os seus futuros, com quem conviveriam, onde morariam e quais seriam as suas profissões. Então, abriam os olhos e utilizavam uma ficha chamada de "folha do sonho" para registrar os seus planos. Em seguida, o narrador pedia para que cada participante levasse o seu pufe até um determinado local da sala e após isso se posicionassem em cima de um dos números localizados no chão, que variavam de 1 a 20 e aguardassem. Após se posicionarem, o mediador acionava a descida dos painéis que emergiam do teto formando um labirinto (Guastaferro, 2013).

Nesse momento, luzes e músicas criavam um ambiente festivo. O narrador revelava que o grupo estava em uma festa, que cada pessoa havia ficado com alguém, e que por isso, acabaram se perdendo dos seus amigos. Antes de reencontrá-los, todos deveriam seguir as orientações

---

[36] Os objetivos das atividades realizadas no museu são semelhantes àquelas realizadas no projeto *Vale sonhar*. No entanto, no museu foi possível criar uma sala exclusiva para a exposição com cenografia, iluminação e equipamentos de som, o que pode aumentar o engajamento e tornar a experiência mais significativa (Navas-Iannini; Pedretti, 2017). No vídeo a seguir é possível compreender melhor como as atividades foram realizadas nas escolas: MULTICULTURAL Vale sonhar – O despertar para o sonho. Disponível em: https://www.youtube.com/watch?v=STd8fXFS-HI&list=TLPQMDMwMTIwMjSl746YTpL7YA&index=2. Acesso em: 3 jan. 2024.

presentes nos painéis. Havia 18 painéis contendo situações-problema[37] relacionadas às práticas sexuais (Figura 19). O público podia analisá-las e tomar decisões. de acordo com as suas escolhas, eram direcionados a outros painéis, contendo advertências — caso optassem por comportamentos de risco ou congratulações — se elegessem comportamentos preventivos. A disposição dos painéis formava um "diagrama de vulnerabilidade" e as decisões tomadas pelos adolescentes os afastavam ou os aproximavam de dois painéis localizados no centro do diagrama contendo possíveis consequências de suas escolhas: a gravidez e infecções sexualmente transmissíveis[38] (Guastaferro, 2013; Guastaferro, 2024; Iannini, 2023; Pedretti; Navas-Iannini, 2018 Navas-Iannini; Pedretti, 2017).

Figura 19 — Organização dos painéis da exposição *Prevenindo a gravidez juvenil*, realizada no Museu Catavento

Fonte: a autora. Fotos cedidas por Camila Macedo Guastaferro

---

[37] As situações-problema foram elaboradas considerando os questionamentos realizados pelos adolescentes ao Instituto Kaplan, que possuía um Serviço de Orientação Sexual (SOSex), no qual especialistas na área de sexualidade esclareciam dúvidas (Navas-Iannini; Pedretti, 2017). Inicialmente, por meio do telefone e posteriormente pela internet (Guastaferro, 2013).

[38] Na época ainda se usava o termo Doenças Sexualmente Transmissíveis.

Em seguida, iniciava-se a etapa de dramatização. Os visitantes que haviam escolhido ações que aumentavam o risco de gravidez, colocavam um balão de festa por baixo da roupa. Já aqueles que adotaram comportamentos de risco para infecções sexualmente transmissíveis, recebiam o diagnóstico. Em ambos os casos era realizado o registro na "folha do sonho". Por fim, após 10 minutos de experiência, o narrador comunicava o fim da festa e a sala voltava à configuração inicial. Com a subida dos painéis era possível identificar as pessoas que engravidaram (Guastaferro, 2013).

O educador sexual revela as possíveis consequências das escolhas realizadas na festa, como a ocorrência de uma gravidez e a aquisição de uma infecção sexualmente transmissível. Ao público era revelado que a cada 20 adolescentes que iniciam a vida sexual, quatro engravidam de maneira não planejada. Assim, eles eram convidados refletir sobre como as escolhas tomadas durante a dinâmica poderiam afetar os planos para o futuro. Isso era feito com a ajuda do narrador e da projeção de imagens que simulavam uma viagem no tempo, avançando e posteriormente retrocedendo. Vale ressaltar que durante a atividade, eram explicitadas e discutidas questões relacionadas à vulnerabilidade individual, às escolhas realizadas por cada participante, e a temas sociais, visto que a cultura, os relacionamentos familiares e as relações de gênero também afetam a vivência da sexualidade (Guastaferro, 2013).

No final da atividade, os participantes podiam esclarecer as dúvidas, bem como conversar sobre a experiência vivenciada. Algumas atividades eram realizadas como a colocação de preservativo em um modelo didático de pênis. Eles também recebiam folhetos com um convite para continuar a conversa por meio do Skype (Guastaferro, 2013; Iannini, 2023; Pedretti; Navas-Iannini, 2018; Navas-Iannini; Pedretti, 2017).

O exercício da alteridade em uma atividade fictícia como essa pode despertar emoções e incentivar o visitante a colocá-la em prática em situações reais, facilitando a compreensão sobre as atitudes das demais pessoas, despertando a empatia, contribuindo para o aumento da tolerância e a redução do preconceito. Considero as atividades dialógicas em grupo essenciais na promoção da Educação Sexual Integral, pois facilitam a construção da percepção de que é possível analisar uma situação a partir de diversos pontos de vista, o que por sua vez contribui para o reconhecimento da importância de respeitar as diferentes formas de vivenciar a sexualidade, desde que elas não afetem o direito de outras pessoas; e, consequentemente, para a reavaliação de posturas e pontos de vista. Navas-Iannini e Pedretti (2017), pensam de maneira semelhante e destacam os museus como um espaço no qual os visitantes podem: ter acesso ao conhecimento científico; compartilhar e ouvir histórias; vivenciar a alteridade; refletir e tomar decisões; exercitar a empatia; construir conhecimentos uns com os outros; contribuir para a transformação social por meio da exposição, confrontamento e rompimento de preconceitos.

O modo como a atividade foi conduzida permitiu aos visitantes se imaginarem de fato naquelas situações, mobilizando emoções devido as possíveis consequências das suas escolhas e do reconhecimento da falta de preparo para lidar com essas situações, como mostram esses relatos: 1) "Engravidei durante a festa, mas não vou jogar meus sonhos fora..."; 2) "Olha, o que me chamou a atenção foi... o que aconteceu comigo. Eu não sabia o que ia acontecer... que ia pegar uma doença, uma doença sexualmente transmissível ou uma gravidez... porque pensei que estava pronto, mas não estava e não sabia que não estava". (Navas-Iannini; Pedretti, 2017, p. 280, tradução nossa). É muito importante que as pessoas entendam que toda escolha tem uma consequência e por isso as suas ações devem ser realizadas de maneira consciente.

Durante a última etapa da atividade, um visitante mencionou que tinha um preservativo em sua carteira. Então, o grupo deu risada e o educador questionou o motivo; perguntou se não era importante levá-lo e o que aconteceria se uma menina o carregasse. Logo uma menina disse que quando meninos carregam preservativos as pessoas apenas associam que eles irão se relacionar sexualmente, mas quando elas carregam são consideradas putas (Navas-Iannini; Pedretti, 2017). No Espaço Ciência Viva há uma dinâmica intitulada *Dançando no Escuro*, que simula o contexto de uma festa na qual os visitantes, identificados por diferentes símbolos, trocam objetos com cerca de cinco pessoas do grupo. Após isso, revela-se que essa troca representou a realização de atos sexuais e que durante o sexo alguns usavam preservativos e outras não — o uso do preservativo é representado pela cor do símbolo. Releva também que alguns iniciam a dinâmica com infecções sexualmente transmissíveis e podem ter transmitido os microrganismos causadores para as pessoas que se relacionaram durante a festa — o tipo de infecção ou a sua ausência é representado pelo formato do símbolo. Logo em seguida é feita uma discussão sobre a situação vivenciada (Oliveira *et al.*, 2024).

Em todas as mediações que realizei, ouvi relatos sobre questões de gênero; uso abusivo de bebidas alcoólicas e a possibilidade de utilização de drogas sem o conhecimento do usuário, já que algumas são colocadas propositalmente nas bebidas das vítimas de violência sexual. Quando questionados sobre como se sentem ao fazer sexo com tantas pessoas em uma festa, os meninos costumam expressar orgulho e meninas dizem que sentiam "rodadas", "como putas". Quando isso acontece, eu questiono sobre porque os meninos se veem de maneira diferente das meninas. Eles costumam dizer que a sociedade os vê assim, então destaco que a sociedade é feita por nós e que podemos agir de maneira diferente. Jamais demonstro algum tipo de julgamento, como o que penso sobre o menino ou a menina que tem múltiplos parceiros, mas sempre menciono que não devemos vê-los de maneira distinta devido aos seus gêneros. Não cabe ao educador impor valores, mas sim motivar a reflexão sobre a reprodução inconsciente dos papéis de gênero para podermos promover a equidade.

A mediação dialógica, além de permitir identificar o conhecimento prévio e as percepções do público, também possibilita identificar o que o público deseja saber, o que pode personalizar a experiência e torná-la mais significativa. Navas-Iannini e Pedretti (2017), por exemplo, relatam que durante a mediação de *Prevenindo a gravidez juvenil* uma pessoa questionou se lésbicas precisam utilizar preservativos. Assunto que talvez não fosse abordado já que o principal foco era a prevenção à gravidez. Entretanto, ao ouvi-la, o educador sexual teve a oportunidade de ampliar a discussão e atender à necessidade do público ali presente, o que pode potencializar o impacto da atividade realizada na saúde sexual daquelas pessoas. Por outro lado, é importante alertar que essa forma de atuação é extremamente desafiadora, pois a cada visita, a mediação é completamente distinta, exigindo um grande preparo do educador que precisa manter o equilíbrio entre atender ao interesse do público e alcançar o objetivo da atividade proposta, além de ter o conhecimento científico necessário para abordar uma variedade de assuntos sobre o tema, adequando-o a cada tipo de audiência.

Durante a mediação das atividades de *Prevenindo a gravidez juvenil* foi possível apresentar assuntos referentes à sexualidade (exemplo: aborto) levando em consideração os aspectos sociais, culturais, econômicos e políticos relacionados (Iannini, 2023). Iannini (2023) afirma que exposições alusivas a questões sociocientíficas devem ser apresentadas de maneira contextualizada. Os assuntos devem ser apresentados como um processo e não como "conteúdo científico fechado". O foco deve estar na realização de perguntas instigantes e não na apresentação de respostas. Não basta expor um conhecimento científico, é preciso criar conexões com a vida dos visitantes e convidá-los a se envolverem. Os frequentadores do museu devem ser vistos como agentes morais e de mudança, compartilhando seus valores, crenças e sistemas morais, contribuindo para a ressignificação do que está sendo exibido. Portanto, é preciso oportunizar o compartilhamento de ideias e a cocriação de conhecimento.

É possível criar atividades e exposições baseadas em problemas integrados aos contextos sociais, culturais e políticos, expondo ou gerando controvérsias. Assim, os visitantes podem analisar diferentes perspectivas sobre assuntos sociocientíficos e adotar o seu próprio posicionamento. Não obstante, museus ainda são vistos como "templos" que compartilham informações confiáveis ao público. Por isso, muitos esperam que os museus evitem temas ambíguos, o que constitui um grande desafio. Apesar de *Prevenindo a gravidez juvenil* ter recebido a aprovação de muitos adolescentes, professores e educadores museais, também enfrentou muita resistência. O próprio CEO do museu questionou diversos aspectos da exibição, tais como o título (originalmente era: *Vale a pena sonhar para prevenir a gravidez juvenil*), a idade adequada para visitá-la, a linguagem direta adotada, o conteúdo e a pertinência de determinados assuntos (exemplo: masturbação). Iannini (2023) compartilhou um trecho da entrevista com o curador de *Prevenindo a gravidez juvenil*, que revelou um fato ocorrido no dia da estreia. O arquiteto disse: "não, a exposição não vai ser aberta ao público [hoje]". E completou dizendo que os representantes do governo não estariam presentes, pois, segundo ele, a linguagem era inadequada. Inclusive, não permitiu que sua filha visitasse a exibição. Além disso, a equipe de educadores foi aconselhada a evitar assuntos polêmicos, como o aborto (Pedretti; Navas-Iannini, 2018). Todavia, em uma mediação dialógica, nem sempre é possível evitá-los, como compartilhado por uma das educadoras museais:

> Têm coisas [na exposição] que são proibidas, mas você tem que falar sobre elas, não tem outro jeito. Mesmo quando não o faz, há visitantes que falam sobre determinados assuntos e não se pode simplesmente dizer "Não, desculpe, temos que deixar essa ideia de lado". Você vai reprimir os adolescentes?

> Já é difícil estabelecer conexões com eles e então quando você abrir... você vai reprimi-los? Às vezes a gente acaba falando de assuntos tão [difíceis], mas para nós [mediadores]... a galeria fica bloqueada quando os visitantes entram e você tem a chance de falar sobre os assuntos que são importantes para eles (Iannini, 2023, p. 12, tradução nossa).

Os visitantes reconheceram a relevância da exposição para informar e esclarecer dúvidas. Inclusive um pai, que foi ao museu acompanhado por duas crianças, confessou a sua dificuldade em abordar o tema, revelando se sentir desconfortável e, por isso, a educação sexual no contexto museal era tão importante, pois poderia ajudá-las (Navas-Iannini; Pedretti, 2017). Professoras que participavam da atividade mencionaram que a experiência proporcionada pelo museu facilitava a condução da disciplina *Projeto de Vida* nas escolas (Guastaferro, 2024).

Após seis anos de exibição, a mostra foi interrompida devido à restrição espacial e financeira (Pedretti; Navas-Iannini, 2018; Silva, 2024). Desde então, o museu não conseguiu retomar a sua proposta de educação sexual de maneira consistente. Camila Macedo Guastaferro, que fez parte da equipe de criação da instalação e coordenou o projeto, acredita que o museu seria capaz de prosseguir com a atividade, pois ela foi produzida de modo que o uso dos materiais desenvolvidos seria capaz, por si só, de proporcionar o alcance do seu objetivo, mesmo sem a participação dos especialistas do Instituto Kaplan. Para ela o foco do museu é sensibilizar e despertar o interesse pelo tema. A partir daí, o público pode buscar meios para esclarecer as suas dúvidas. Em *Prevenindo a gravidez juvenil*, por exemplo, muitos adolescentes contactavam o Instituto Kaplan após participar da atividade para esclarecer suas dúvidas ou procuravam os educadores do museu (Guastaferro, 2024).

A exposição fazia parte de um roteiro de visitação da seção Vida[39] e englobava outros dois módulos. Em um deles havia atividades relacionadas ao uso de drogas e em outro eram explorados aspectos biológicos da sexualidade, tais como a anatomia dos órgãos genitais, a concepção, o desenvolvimento embrionário e fetal (Guastaferro, 2024; Silva, 2024). Atualmente, a sala na qual era realizada *Prevenindo a gravidez juvenil* acomoda as exposições temporárias. No entanto, o módulo que explora aspectos biológicos da sexualidade permanece. Ele faz parte do roteiro relacionado ao corpo humano, que pode ser escolhido pela pessoa res-

---

[39] O museu possui quatro seções: Universo, Vida, Engenho e Sociedade (Museu Catavento, 2024).

ponsável por agendar a visita. A educação sexual ocorre principalmente na mediação desse módulo (Silva, 2024). Todavia, outros elementos do museu podem ser usados com essa finalidade, inclusive um modelo de DNA (Guastaferro, 2024). Ao apresentar o aquário localizado em um dos salões do Catavento, por exemplo, os mediadores exploram aspectos relacionados a reprodução dos corais e comparam a reprodução desses animais com a humana. A sexualidade também é explorada durante a mediação do módulo *Do macaco ao homem* (Silva, 2024).

É possível criar exibições relacionadas a questões sociocientíficas ou renovar as existentes, "em busca de mais criticidade, profundidade e/ou novas formas de participação dos visitantes" (Iannini, 2023, p. 10), o que é financeiramente favorável. Importante destacar que os museus sofrem pressões originadas da privatização e mercantilização. Quando há patrocínio, a equipe do museu precisa negociar com seus investidores, o que pode impactar na escolha dos assuntos abordados e no nível de aprofundamento de cada um deles. Ademais, ao explorar um tema controverso terá que lidar com os aspectos culturais, sensibilidades morais e religiosas do público (Iannini, 2023) e da própria equipe do museu (Navas-Iannini; Pedretti, 2017).

Apesar das inúmeras possibilidades para promover a educação sexual no museu, muitos professores preferem evitá-la. Alguns, ao agendarem as visitas, pedem para não explorar o módulo relacionado à gravidez, outros realizam reclamações no "Fale Conosco" quando aspectos polêmicos da sexualidade (exemplo: aborto) são discutidos. Por isso, o museu orienta seus educadores a abordarem os temas somente quando solicitados pelos professores ou quando questionados pelos adolescentes. Talvez isso ocorra devido ao temor de possíveis conflitos com a gestão escolar e/ou com os responsáveis legais dos educandos. Todavia, apesar do módulo ser considerado polêmico, ele é frequentemente visitado por famílias. Segundo Rodrigo Moura Silva, responsável pela seção Vida do museu, os pais costumam utilizar os recursos ali presentes para ensinar aos seus filhos e filhas (Silva, 2024). Então, como sensibilizar os professores sobre a relevância de promover a educação sexual no museu? Silva (2024) acredita que os "Encontros com professores", que eram promovidos pelo museu antes da pandemia, podem ajudar a responder essa questão, visto que neles os docentes conheciam as atividades oferecidas pela instituição e tinham a oportunidade de discutir sobre elas e compartilhar as suas sugestões.

Para Rodrigo Moura Silva, a sensibilização dos professores e dos mediadores para reconhecerem a importância da educação sexual constitui os maiores desafios para promoção da educação sexual no museu. Além disso, os mediadores precisam saber como promovê-la e deixar de lado a vergonha alimentada pelo tabu existente em nossa sociedade. Aqueles que superam o tabu e ousam a promover a educação sexual precisam lidar com a resistência dos professores. Por vezes, os mediadores pedem autorização aos docentes para explorar a temática com os educandos. Contudo, o mesmo não ocorre quando abordam outros assuntos polêmicos, como a evolução biológica, pois o museu tem segurança para afirmar, quando necessário, que naquele local é apresentado o ponto de vista científico, evitando ser confrontado pelo público que acredita no criacionismo, por exemplo (Silva, 2024). Sendo assim, será mesmo que os museus precisam pedir autorização para apresentarem ao público as temáticas que consideram relevantes? O museu pode tratar de temas controversos ou deve deter-se a questões consensuais? Como apresentá-los sem "incomodar" o público? Aliás, o "incômodo" deve ser evitado ou ele é necessário para provocar a reflexão e a reavaliação dos valores e atitudes? Ao abordar temas controversos, o museu deve apresentar apenas um ponto de vista? É preciso refletir sobre essas questões.

3.9 MUSEU DA VIDA, BRASIL

O Museu da Vida foi criado em 1999 e está situado no *campus* de Manguinhos da Fundação Oswaldo Cruz (Fiocruz), uma instituição centenária e de grande prestígio no Brasil (Fiocruz, 2023; Museu Da Vida, 2023a). O museu recebe patrocínios a partir de leis de incentivo à cultura, o que permite que todas as atividades oferecidas sejam gratuitas. Ademais, possui o *Ciência Móvel*, um caminhão que viaja por todo Brasil e oportuniza o acesso ao conhecimento científico a muitas pessoas por meio da apresentação de modelos didáticos, uso de jogos, exposições de pequeno porte, apresentação de vídeos, espetáculos teatrais e circenses, entre outras atividades (Museu da Vida, 2023b).

As peças são produzidas pelo *Ciência em Cena* e são apresentadas na Tenda da Ciência Virgínia Schall do Museu da Vida e nas cidades por onde o *Ciência Móvel* passa. O *Ciência em Cena* já produziu algumas peças relacionadas à sexualidade, tais como *Sangue ruim* (2011) e *O rapaz da rabeca e a moça Rebeca* (2015).

Sangue ruim situa essa discussão na África, onde Claire, uma pesquisadora inglesa de renome, desenvolve um estudo clínico para testar um medicamento que poderia reduzir a taxa de transmissão vertical do vírus HIV a índices menores àqueles alcançados pelo AZT, medicamento utilizado no tratamento da Aids à época. Claire é procurada por Patrice, um jovem estudante africano que trabalha na administração do hospital e se diz interessado em aprender inglês. No desenrolar da história, o jovem revela ter outros interesses na relação com a pesquisadora e a peça ganha força com muitas reviravoltas. O contraste entre as origens, a trajetória e as posições defendidas pelos dois personagens são o cerne do espetáculo.

A montagem no Museu da Vida, dirigida por Wanda Hamilton e encenada por atores contratados especificamente para atuar na peça, teve como objetivo geral incentivar o debate sobre questões éticas implicadas na pesquisa biomédica envolvendo seres humanos; características, transmissão, prevenção e tratamento da Aids; diferenças e desigualdades sociais e culturais; discriminação social e racial; e diversos aspectos relacionados ao trabalho teatral (Lopes; Hamilton; Guimarães, 2019, p. 104-105).

Já a peça *O rapaz da rabeca e a moça Rebeca* estreou em 2015 e baseia-se no cordel *O rapaz da rabeca e a moça da camisinha*, de José Mapurunga, escrito em 1999 e adaptado por Letícia Guimarães, que dirige e atua na peça. Um dos aspectos desse cordel que atraiu a atenção de Letícia foi a apresentação da história de um casal heterossexual, possibilitando a desmistificação da relação entre a infecção pelo HIV e pessoas homossexuais (Almeida *et al.*, 2021; Cebusal, 2022; Museu da Vida, 2023c; Santos, 2011).

A peça foi desenvolvida na perspectiva da CienciArte (Sawad; Araújo-Jorge; Ferreira, 2017) e apresenta músicas de artistas consagrados do forró — gênero musical considerado patrimônio cultural brasileiro pelo Patrimônio Histórico e Artístico Nacional (Iphan) (Cebusal, 2022). Desenvolvida em parceria com o Instituto Nacional de Infectologia Evandro Chagas (Cebusal, 2022; Santos, 2011), evidencia a importância de equipes multidisciplinares no processo de desenvolvimento de atividades para os espaços de educação não formal. Devido ao grande número de casos de adolescentes e jovens infectados (Lopes; Hamilton; Guimarães, 2019) a peça foi criada para promover o diálogo "com o público jovem sobre a importância da prevenção contra as Infecções Sexualmente Transmissíveis, o uso da camisinha e preconceito em relação à Aids e ao vírus HIV" (Museu da Vida, 2019),

> A peça é encenada em formato de arena, com diferentes elementos que remetem ao universo do cordel e do Nordeste, como figurino colorido, texto rimado e música típica cantada e tocada ao vivo. Quatro atores interpretam os quatro personagens da peça: o narrador, João Tapeba, Rebeca Wanderlei e seu pai, Visconde. Na história, que se passa na cidade fictícia de Cantinguba-dos-Aflitos, os Tapebas, pobres, não podem se casar com os Wanderleis, ricos. No entanto, João e Rebeca se apaixonam e vivem um amor proibido, contra a vontade do Visconde. No primeiro encontro do casal, Rebeca, que sempre carrega consigo um preservativo, saca da roupa uma camisinha e entrega a João. Ao flagrar os dois, Visconde expulsa João da cidade. Antes de partir, ele promete voltar e casar-se com sua amada. Rebeca decide, fielmente, esperar por ele. Tocando sua rabeca pelo mundo, João torna-se um músico famoso. Nesse período, ele tem relações sexuais sem preservativo, é infectado pelo HIV e acaba desenvolvendo a Aids. Quando retorna a Cantinguba-dos-Aflitos, sua doença torna ainda mais difícil a aprovação do relacionamento pelo Visconde. Contudo, a aparição de um ser divino, o Pavão Misterioso, leva a todos a mensagem de que a Aids não é maldição, tampouco sentença de morte ou castigo, e que não se deve ter preconceito em relação à doença. A fala do pavão transforma Visconde, fazendo-o compreender que sua filha poderá se casar com João e não se infectar, contanto que o casal se previna. Visconde, por fim, cede, dá um pacote de camisinhas para a filha e abençoa o casamento (Almeida *et al.*, 2021, p. 3).

O espetáculo tem duração de quarenta minutos e busca "envolver emocionalmente e cognitivamente os espectadores de modo que se apropriem dos conhecimentos em jogo e participem ativamente do debate sobre HIV/Aids" (Almeida *et al.*, 2021, p. 7). Em seguida, o público é convidado a participar de um debate intitulado *A hora é agora: tire suas dúvidas sobre HIV/Aids*, que conta com a participação de pesquisadores da Fiocruz (Museu da Vida, 2018) e dura cerca de 20 minutos. Nesse momento é apresentado o conceito de prevenção combinada, ou seja, a possibilidade de utilizar diferentes estratégias para prevenir as infecções sexualmente transmissíveis, como os diferentes tipos de preservativos, a Profilaxia Pré-Exposição (PrEP) e a Profilaxia Pós-Exposição (PEP), além de discutir sobre a discriminação e o estigma sofrido por pessoas infectadas com o vírus HIV (Almeida *et al.*, 2021).

Segundo Almeida *et al.* (2021), apesar da maioria do público espontâneo dizer que gosta de teatro, grande parte nunca havia assistido a uma peça, destacando a importância da realização de atividades gratuitas para democratizar o acesso à ciência e à arte. A maior parte do público escolar e espontâneo atribuiu nota máxima à peça, elogiando a abordagem leve e divertida de um tema relevante, mas que ainda é um tabu. A análise dos questionários respondidos pelos participantes da pesquisa revelou que a peça suscitou a reflexão de diversos assuntos relacionados à sexualidade, tais como a necessidade de adotar medidas preventivas contra as infecções sexualmente transmissíveis, o reconhecimento do tabu associado ao tema e do estigma relacionado à Aids e às questões de gênero que aumentam a vulnerabilidade das mulheres a essas infecções.

Mesmo seis meses após a apreciação da peça, estudantes que participaram da pesquisa realizada por Folino e Almeida (2022) se recordavam de diversos aspectos do espetáculo, como a diversão proporcionada e sua perspectiva educativa, valorizaram o momento destinado ao esclarecimento de dúvidas do público e a apresentação de estratégias de prevenção de IST no ato sexual entre pessoas do sexo feminino. Ademais, relataram ter compartilhado os conhecimentos construídos durante a peça com seus colegas, amigos e familiares.

Com base nas perguntas realizadas pelo público, o museu desenvolveu a série *Cuidar do prazer, prazer de cuidar*. Ela contém cinco cards:

> O card de abertura da série 'Cuidar do prazer, prazer de cuidar' conceitua HIV e diferencia-o da síndrome chamada de aids. Além disso, combate o preconceito, reforçando que o HIV, assim como a aids, não é uma sentença de morte.
>
> O segundo card da série é dedicado às formas de transmissão do HIV. Além de reforçar a importância do uso da camisinha durante o sexo anal, vaginal e oral, lembra que beijo, masturbação a dois, uso de talheres e copos, de banheiro, entre outros, não transmite o vírus.
>
> O terceiro card traz uma dúvida frequente entre os jovens: 'um casal sorodiferente pode ter filhos?' Além de explicar o termo 'sorodiferente', destaca que pessoas em tratamento e com vírus indetectável podem ter filhos com segurança.
>
> O quarto card, por sua vez, foca no combate ao preconceito, explicando que qualquer pessoa exposta ao vírus pode pegar HIV, independente do sexo, idade, raça/cor ou orientação sexual. A mensagem ajuda a desconstruir

a falsa ideia de que HIV e aids são doenças exclusivas de homens homossexuais.

Fechando a série, o quinto card presta um serviço, orientando onde e como os jovens podem adquirir preservativos e realizar a testagem para HIV. Nesse último material, são abordados ainda temas como profilaxia pós-exposição (PEP) e a profilaxia pré-exposição (PrEP) (Santos, 2011).

O Museu da Vida também produziu um material multimídia nomeado *Amor e sexo: mitos, verdades e fantasias* desenvolvido a partir da análise das dúvidas de aproximadamente 3.500 adolescentes sobre sexualidade. Ao interagir com o material, o usuário se depara inicialmente com uma praça com diversos jovens. Então, poderá acessar os seguintes locais: 1- *Games*, que dá acesso ao quiz *Jogo do Sexo*; o Cinema, com trechos de filmes relacionados à sexualidade, produzidos pelo Canal Saúde (Fiocruz); o Posto de Saúde, com hipertextos sobre saúde sexual e reprodutiva; e o Caderno de Perguntas, para permitir o compartilhamento de ideias entre os participantes. O material foi desenvolvido por uma equipe multidisciplinar e foi avaliado por adolescentes e profissionais de saúde (Mano; Gouveia; Schall, 2009).

A instituição realizou outras atividades de educação sexual, como, por exemplo, a exposição *Nascer*[40] que após um período no Castelo Mourisco (setembro de 2011 a março de 2012) foi adaptada para a itinerância (Museu da Vida, 2012; Palharini, 2015). Dividida em três módulos (Quadro 5) a mostra "reúne objetos, textos e imagens para destacar a diversidade cultural em torno do nascimento no Brasil" (Museu da Vida, 2013).

Quadro 5 — Módulos da *Exposição Nascer*

Módulos	Conteúdos apresentados
As etapas da gravidez	Concepção
	Ser mãe, ser pai
	O encontro
	Grandes mudanças
	Grávidas no Brasil
	Lendas e crenças

---

[40] A exposição pode ser apreciada no link a seguir: https://www.youtube.com/watch?v=lneQkrIq46k. Acesso em: 23 jan. 2024.

Nascimento	Nascimento indígena
	Nascer em casa
	Nascer no hospital
	Nascer na Fiocruz
Criança & Sociedade	Boas-vindas
	Nasce o cidadão
	Como nossos pais
	Direitos universais das crianças

Fonte: a autora

Nessa exposição, o nascimento não foi apresentado a partir uma perspectiva biológica, como frequentemente é, mas sim a partir de uma perspectiva cultural. A abordagem antropológica permitiu inserir nesse cenário os diversos atores envolvidos e não apenas a mãe e o bebê. Além disso, explorou a diversidade cultural em torno do nascimento, trazendo inúmeras fotografias e objetos para representá-la (Palharini, 2015).

O Museu da Vida também disponibiliza três exposições itinerantes relacionadas à sexualidade: *A mulher e o câncer do colo do útero*, *A mulher e o câncer de mama no Brasil* e *O controle do câncer de colo de* útero no Brasil (Museu Da Vida, 2023d).

A atuação do Museu da Vida na promoção da educação sexual mostra que equipes multidisciplinares podem produzir atividades atrativas e inovadoras, articulando os diferentes aspectos da sexualidade, fornecendo ao público informações confiáveis, contextualizadas e com adequação científica.

4

EDUCAÇÃO SEXUAL NO BRASIL: OS MUSEUS PIONEIROS

Esta seção aborda a história de quatro museus pioneiros na educação sexual brasileira: o Museu e Pinacoteca de Educação Sexual do Círculo Brasileiro de Educação Sexual, o Museu Nacional, o Espaço Ciência Viva e o Museu da Diversidade Sexual. Uma síntese da história da primeira instituição, aqui registrada, também foi publicada no livro *Divulgação Científica e sua interface com o ensino de biociências e saúde*, lançado pela editora CRV.[41]

4.1 *MUSEU E PINACOTECA DE EDUCAÇÃO SEXUAL* DO CÍRCULO BRASILEIRO DE EDUCAÇÃO SEXUAL, BRASIL

O Círculo Brasileiro de Educação Sexual (CBES) foi fundado na cidade do Rio de Janeiro em 1933 (Albuquerque, 1958) e protagonizou a institucionalização da educação sexual no Brasil (Carrara; Carvalho, 2016; Oliveira, 2012). Já na primeira reunião de planejamento da criação da organização civil estavam presentes representantes de diversas áreas do conhecimento, incluindo autoridades da jurisprudência (Albuquerque, 2016; Felício, 2011; Júnior; Araújo, 2019).

A instituição foi fundada e liderada pelo médico José Oliveira Pereira de Albuquerque (1904-1984), que por anos foi o seu único mantenedor financeiro (Albuquerque, 2016; Albuquerque, 1958; Felício, 2011; Júnior; Araújo, 2019). Foi ele que produziu a maior parte dos registros existentes do CBES. Nos jornais, por exemplo, grande parte das matérias eram feitas a partir do material enviado por ele e, por vezes, o texto original enviado pelo médico era publicado na íntegra (Carrara; Carvalho, 2016). Portanto, conhecer a sua concepção de sexualidade e educação sexual nos permite compreender como a instituição atuava.

---

[41] OLIVEIRA, S.; RIBEIRO, P. R. M.; COUTINHO-SILVA, R. JOSÉ de ALBUQUERQUE: o pioneiro da educação sexual museal. *In*: MASSARANI, L.; WALTZ, I. (org.). *Divulgação Científica e sua interface com o Ensino em Biociências e Saúde*. Curitiba: CRV, 2023.

4.1.1 A SEXUALIDADE, SEGUNDO ALBUQUERQUE

Albuquerque acreditava que a sexualidade era uma função biológica relacionada com o equilíbrio do organismo e a conservação da saúde (Albuquerque, 1936). Portanto, o orgasmo era considerado benéfico e necessário, mas o sexo deveria ser submetido à "moral científica". Era contra a pornografia, a prostituição, a masturbação após o período da adolescência e o adultério. Apoiava o divórcio e o planejamento familiar. Se a vida da gestante corresse risco, ele era a favor do aborto, bem como era a favor também da cultura de esperma para realização de exame de gonorreia e de que os presos casados pudessem receber visitas íntimas de suas esposas (Carrara; Carvalho, 2016).

4.1.2 OS ELEMENTOS BASILARES DA EDUCAÇÃO SEXUAL, SEGUNDO JOSÉ DE ALBUQUERQUE

O médico atuou como professor catedrático da Faculdade de Medicina da "Universidade da Capital Federal" e fez parte da Sociedade de Sexologia de Paris. Participou de eventos internacionais, como o Congresso Internacional Contra Perigo Venéreo, onde representou o Brasil (Jornal do Brasil, 1936a). Ele promoveu a educação sexual de diversas formas: por meio da publicação de textos em jornais especializados e de divulgação científica; da criação de produtos educacionais, como filmes, folhetos, livros[42], cartazes e cartões postais; da realização de palestras em diversas cidades e até mesmo no rádio; e da organização de cursos populares. A relevância do seu trabalho foi reconhecida internacionalmente e, por isso, recebeu diversos prêmios (Carrara; Carvalho, 2016; Júnior; Araújo, 2019).

---

[42] Livros escritos por Albuquerque: Introdução ao estudo da pathologia sexual (1928); Impotência sexual do homem (1928); Hygiene sexual (1929); Moral sexual (1930); Educação sexual (1934); Bibliotheca de Educação Sexual pela Imagem: I – Os falsos caminhos a que o falso pudor conduz; II – Como responder a nossos filhos sobre as cousas do sexo; III – **Para as nossas filhas quando attingerem a puberdade; IV – Para nossos filhos varões quando attingirem a puberdade**; V – Como garantir o nascimento de uma prole sem taras; VI – O que toda mulher gravida deve saber. **Educação sexual pelo rádio (1935); O sexo em face do indivíduo, da família e da sociedade (1936); Pinacotheca de educação sexual do Círculo Brasileiro de Educação Sexual (1938)**; Catecismo da educação sexual: para uso de educandos e educadores (1940); O perigo venéreo na paz, na guerra e no pós guerra: utilidade da educação e profilaxia antivenéreas nas classes armadas e suas vantagens para as populações civis (1941); **Quatro letras... Cinco lustros... (1958); e parte do livro Memórias de José de Albuquerque, pioneiro da sexologia no Brasil (2016)**. As obras destacadas foram consultadas durante a produção deste texto.

Já no primeiro mês de existência do CBES, Albuquerque enviou uma carta para centenas de jornais brasileiros apresentando a instituição e convidando-os a participarem do movimento (Albuquerque, 2016), o que resultou no envolvimento de cerca de 780 periódicos (Chucailo, 2015). Por quase uma década, os jornais publicaram quinzenalmente os artigos produzidos pelo sexólogo (Albuquerque, 2016). Essa iniciativa foi tomada porque ele considerava os jornais mais populares que os livros; sendo assim, as publicações oportunizariam o acesso às informações relacionadas à sexualidade a um maior número de pessoas: "Um artigo bem lançado num órgão da imprensa, é muita vez a semente de uma árvore frondosa, a cuja sombra se abrigará a humanidade inteira" (Albuquerque, 1936, p. 77).

O sexólogo considerava a educação sexual um direito de todos e tinha esperança de seu triunfo. Para ele, um indivíduo não poderia ter uma educação completa sem educação sexual (Albuquerque, 1936) e isso era anunciado em suas publicações (Carrara; Carvalho, 2016). Defendia que a educação sexual tinha como base o conhecimento científico. Questionava o fato de muitas pessoas associarem o sexo à imoralidade e por isso lutava para "reabilitar a moral sexual" (Carrara; Carvalho, 2016; Chucailo, 2015). Esses princípios pautaram a sua luta, como evidenciam os trechos a seguir:

> Só depois de haverem compreendido, que o conhecimento dos assuntos relativos à vida sexual, é da mais absoluta necessidade, e que, **não envolvem em si, nenhuma imoralidade**, é que os indivíduos não só, aceitarão de bom grado, os ensinamentos que lhes pretendemos ministrar, como também permitirão que se cogite deste assunto com seus filhos, no seu lar e na escola (Albuquerque, 1933 *apud* Júnior; Araújo, 2019, p. 11, grifo nosso).

> Depois que se tiver conseguido vencer esta primeira etapa; depois que se tiver criado na massa do povo, a "consciência da necessidade da educação sexual"; **depois que se tiver afastado a ideia de "imoralidade" que ele traz ligada à de "sexualidade"**; então espontaneamente, cada indivíduo procurará, não só adquirir para si os conhecimentos indispensáveis deste assumpto, como também transmiti-los a seus filhos ou pedir a seus mestres ou seus médicos que os orientem (Albuquerque, 1933 *apud* Chucailo, 2015, p. 84, grifo nosso).

Apesar disso, talvez por temer a resistência associada ao tema, ele era contra a criação de uma disciplina escolar sobre educação sexual:

> E, a "educação sexual" como disciplina escolar? Não falemos nisso, pois algum diretor escolar, mais esclarecido, nos ouvindo, será capaz de querer anexar ao programa de ensino do curso, mais essa disciplina, e, aí dele, poderá ser forçado, no dia seguinte, a fechar definitivamente o estabelecimento, por não permitirem os pais dos alunos, que seus filhos tornem a atravessar os umbrais daquela casa, onde mandaram "puros" e querem devolver "impuros e corrompidos (Albuquerque, 1933 *apud* Júnior; Araújo, 2019, p. 11).

Albuquerque acreditava que a educação sexual deveria estar presente em todas as fases da vida; exigindo a seleção de conteúdo necessário para cada fase, assim como a elaboração de estratégias de ensino apropriadas, considerando a capacidade de compreensão de cada pessoa:

> A educação sexual interessa a criatura humana nos diversos ciclos de sua evolução biológica. A cada uma das idades da vida, corresponde, entretanto, uma conduta pedagógica diferente em relação a esse assunto. O que convém que seja dito à criança não é o mesmo que se deve ensinar aos jovens, como o ensino que se dá a estes, não é o que interessa ser ministrado aos velhos (Albuquerque, 1936).
>
> [...] há uma técnica especial para a educação sexual da criança, assim como há outras para a do adolescente, do adulto e do velho, cada qual inspirada nas condições psicológicas do indivíduo em cada uma dessas idades (Albuquerque, 1940, *apud* Reis, 2006, p. 75).

Acreditava que a educação sexual deveria começar na infância:

> Revelar-se as verdades sexuais, somente a partir da puberdade, depois de se as haver deturpado na infância, é tão inglória tarefa, quanto o se pretender desentortar o tronco de uma árvore, que propositadamente se entortou (Albuquerque, 1934 *apud* Chucailo, 2015, p. 89).

Por isso, investia em campanhas para conscientizar os pais da sua responsabilidade na educação sexual de seus filhos e filhas (Albuquerque, 1936):

> Pais, é do vosso dever defender vossos filhos. Sim é um dever vosso a sua defesa, é um direito de vossos filhos serem defendidos por vós. Subjugados pelo preconceito esquecem se muitos, entretanto, do cumprimento integral desse seu dever, pois enquanto procuram defender seus filhos de toda sorte de perigos e riscos a que possam se achar expostos, os deixam completamente desamparados e indefesos, em face dos mil e um perigos que a vida sexual lhes possa reservar. Impedidos por seus pais desde os primórdios da vida de cogitar dos assumptos que se prendem ao sexo, por ocasião da puberdade os rapazes se veem me face de aspectos novos de sua vida, conduzindo-se como verdadeiros cegos, ouvindo apenas a voz do instinto e o que é ainda muita vez pior, o conselho de amigos da mesma idade, e por conseguinte tão inexperientes quanto eles.
>
> [...] Que essas minhas palavras possam servir de advertência a todos que são pais, para que imprimam nova rota a educação de seus filhos, abrindo-lhes a inteligência para as realidades e as surpresas da vida sexual, a fim de que possam pautar os seus atos inspirados na consciência e na razão, é tudo o que desejo e espero! (Albuquerque, 1938 *apud* Chucailo, 2015, p. 90).

Para o médico, os professores deveriam dar continuidade ao trabalho iniciado pelos pais. Isso poderia ser feito durante o ensino de história natural, disciplina que abordava a morfologia e fisiologia do corpo humano e na disciplina de higiene geral, relacionada à profilaxia contra infecções sexualmente transmissíveis, cuidados para evitar distúrbios sexuais e gerar prole sadia (Albuquerque, 1936):

> [...] o professor de história natural, ao ensinar aos alunos a constituição morfológica do corpo humano, não salte por cima dos órgãos sexuais masculinos e femininos, silenciando a respeito dos mesmos, quando, em relação aos demais órgãos e aparelhos, sua conduta foi outra, pois com o procedimento que adota, ensina a seus alunos um corpo humano diferente do que na realidade se apresenta, porque um corpo humano assexuado (Albuquerque, 1940 *apud* Reis, 2006, p. 74).
>
> O que (considero) aconselhável é o seguinte: que o professor de história natural, ao ensinar aos alunos a constituição morfológica do corpo humano, não se salte por cima dos órgãos sexuais masculinos e femininos, silenciando

> a respeito dos mesmos, quando em relação aos demais órgãos e aparelhos, sua conduta foi outra, o que dá em resultado, servir-se a criança do nome particular de cada órgão, quando se quer referir a qualquer uma das partes do corpo, menos daquelas relativas aos órgãos sexuais, por serem estes, apenas conhecidos por elas e mesmo pelos adultos, pela nomenclatura da gíria, aprendida nas fontes as mais suspeitas (Albuquerque, 1935 *apud* Reis, 2006, p. 75).

Para o autor, durante a infância, os pais e professores deveriam aproveitar as situações do dia a dia, como as perguntas realizadas pelas próprias crianças para educá-las sexualmente. Para isso, deveriam respondê-las com naturalidade, de maneira verídica, em linguagem acessível aos diversos graus de mentalidade e com clareza (Albuquerque, 1936).

> É muito importante a ideia exata que seu filho tem com referência ao sexo. Responda-lhe franca e honestamente quando ele perguntar de onde vem as crianças, e se demonstrar qualquer curiosidade sobre o corpo humano. Se mostrar-se evasivo ou construir histórias imaginárias, ela não lhe fara mais perguntas, mas conseguirá em outro lugar a informação que deseja. Essa informação talvez lhe seja dada de um modo deturpado por outra criança ou por um pervertido. Se estiver embaraçado para explicar o processo de reprodução e corrigir ideias errôneas a esse respeito, consulte o médico da família (Albuquerque, 1934 *apud* Júnior; Araújo, 2019, p. 21).

A partir da puberdade, em sua concepção, a educação sexual deveria ser conduzida por médicos, que tinham a responsabilidade de fornecer informações sobre a biologia de cada sexo, a relação com o outro e com a prole (Albuquerque, 1936).

Se na infância a educação sexual deveria ser subordinada à oportunidade, para Albuquerque a oportunidade deveria ser provocada na puberdade, pois há conhecimentos essenciais que precisam ser construídos antes de chegar à vida adulta, evitando que os indivíduos entrassem nessa fase acometidos por perversões ou doenças venéreas, atualmente denominadas de infecções sexualmente transmissíveis (Albuquerque, 1936; Chucailo, 2015). Seguindo esse princípio, publicou dois livros de divulgação científica ilustrados para adolescentes, um para as pessoas do sexo feminino e outra para pessoas do sexo masculino, alertando-os para os perigos associados à prática sexual, tais como as infecções sexualmente transmissíveis, doenças congênitas provocadas por patógenos transmitidos sexualmente e questões morais existentes na época em que os textos foram produzidos (Albuquerque, 1935a; 1935b). Além disso, o autor evidenciava a importância dos pais e professores contribuírem para a educação sexual das crianças e adolescentes:

> Tanto os pais como os mestres, devem ter sempre presente em seu espírito, o seguinte pentágono relativo à educação sexual:
>
> a) – que não procurem envolver num halo de mistério, os problemas da vida sexual, ao cogitar deles com seus filhos ou seus discípulos, mas sim que respondam criteriosa e verticalmente, as questões que sobre a sexualidade lhes forem pelos mesmos formuladas;
>
> b) – que não concorram para criar na mentalidade infantil, o falso conceito, de que a função sexual é uma função de prazer, como tal, dela devendo se abster, como meio de obtenção de graças sobrenaturais, mas sim, que demonstrem ser esta função substancialmente igual as demais e tão necessária como qualquer outra, a conservação da saúde e ao equilíbrio geral do organismo;
>
> c) – que não permitam que seus filhos ou discípulos, associem ou continuem a associar, o conceito de imoralidade ao de sexualidade, mostrando-lhes que nenhuma função é imoral, quando orientada de acordo com o fim fisiológico a que se destina e que todas podem ser imoralizadas, uma vez que se desviem de sua verdadeira finalidade;
>
> d) – que não pratiquem o crime de deixar ingressar na puberdade, criaturas completamente desconhecedoras dos mil e um perigos que as esperam, para somente as ensinar, depois de precipitadas muita vez na voragem do abismo, mas sim, que se ministrem em tempo oportuno os conhecimentos indispensáveis de fisiologia e higiene sexuais, que possam influir no sentido de melhor orientá-las na conduta de sua vida sexual;
>
> e) – que, finalmente, não tragam seus filhos e discípulos, acorrentados ao peso destes terríveis grilhões que o empirismo e a rotina veem impondo a humanidade sob o nome de "Moral", mas sim, que iluminem o espírito da juventude com um raio desse Sol ardente e vivificador que é a Ciência, apontando-lhes as estradas largas,

retas e sem atalhos da verdadeira Moral Sexual, que é a que se funda nos postulados da Ciência (Albuquerque, 1935c, p. 54-55).

Albuquerque acreditava que por meio da educação sexual seria possível solucionar problemas como a desarmonia conjugal, perversões e crimes sexuais (Carrara; Carvalho, 2016) e a ideia da supremacia do sexo masculino (Albuquerque, 1938):

> Errôneo é o conceito de que haja um sexo superior a outro, que haja um sexo destinado a mandar e outro para ser dominado, um que seja forte e outro que seja fraco. O conceito de 'sexo fraco' ganhou tais foros de verdade, que esta expressão é tida hoje como equivalente de 'sexo feminino'. O poder deseducativo desta expressão, é enorme, e as consequências que acarreta na mentalidade daqueles que se habituaram a ouvi-la e repeti-la, são deveras lastimáveis e temíveis. A expressão 'sexo fraco', destituída de todo e qualquer senso crítico, não formando mesmo sentido, porque divorciada da realidade, não tem feito até hoje senão despertar a competição entre os sexos e desencadear uma luta acesa entre a mulher e o homem (Albuquerque, 1935 *apud* Reis, 2006, p. 61).

> O domínio que um sexo quer ter sobre o outro, inspirado no falso conceito de supremacia de sexo, desaparecerá no dia em que a educação sexual for uma realidade. A situação de passividade, de subserviência mesmo, da mulher, ante a tirania sexual do homem, também será depois do advento da educação sexual um mero elemento de narrativa histórica, porque homens e mulheres não mais se olharão como duas criaturas a se rivalizarem mas a se completarem (Albuquerque, 1935 *apud* Chucailo, 2015, p. 103).

O médico era higienista e eugenista. Para ele, a higiene sexual era essencial para preservação da saúde individual e coletiva (Chucailo, 2015). Parecia surpreso pelo fato de muitos não se preocuparem com isso:

> Se suas condições de saúde permitem a geração de uma prole sadia, esta para eles é causa secundária, assunto de menos importância [...] O essencial é casar, pouco lhes importando as consequências que possa decorrer desse ato, no destino da prole [...] Zela mais, a criatura humana a respeito de seus animais, que a sua própria. [...] Ainda mais,

> procura o ser humano aprimorar a raça de seus animais, cruzando-os com outros de qualidade superior, para tornar o produto mais apto, mais capaz, etc., e no entanto, deixa à mercê da sorte, a sua própria procriação (Albuquerque, 1935 *apud* Reis, 2006, p. 54).

Considerava a educação sexual uma ferramenta para o aprimoramento da espécie:

> [...] é uma tarefa não só imbuída de alto senso de espiritualidade, como também eminentemente altruística, pois além de concorrer para o aprimoramento do indivíduo, nos seus aspectos biológico, intelectual, moral e espiritual, concorre ainda para a defesa da Família, o engrandecimento da Pátria e o bem-estar geral da Humanidade (Albuquerque, 1940 *apud* Reis, 2006, p. 70).

Por isso o higienista promoveu diversas estratégias educativas sobre as infecções sexualmente transmissíveis (IST), tais como a comemoração do Dia Antivenéreo (Carrara; Carvalho, 2016; Jornal do Brasil, 1939) e a criação do *Bureau Internacional de Profixalia Anti-Venerea* na sede do CBES, com diversos materiais produzidos por vários países abordando questões relacionadas à profilaxia, tratamento e eugenização (Prado, 1938). Além de realizar ações educativas sobre a importância do exame pré-nupcial (Carrara; Carvalho, 2016). Acreditava que o exame pré-nupcial deveria ser feito por homens e mulheres de maneira anônima e não obrigatória (Carrara; Carvalho, 2016) para que pudessem identificar possíveis doenças hereditárias ou adquiridas passíveis de ser transmitidas aos filhos (Cruz, 2017). As condições de sanidade da mulher também deveriam ser avaliadas (Cruz, 2017). Tais exames deveriam ser oferecidos gratuitamente pelo governo. Era contra a hospitalização obrigatória dos enfermos, a notificação obrigatória das doenças venéreas e a esterilização eugênica, mas era a favor da esterilização voluntária (Carrara; Carvalho, 2016).

4.1.3 A ATUAÇÃO DO CÍRCULO BRASILEIRO DE EDUCAÇÃO SEXUAL E O MUSEU E PINACOTECA DE EDUCAÇÃO SEXUAL

Em 1933, ano de inauguração do CBES, a instituição promoveu o primeiro *Curso Popular de Sexologia*, com encontros noturnos semanais

(Carrara; Carvalho, 2016; Jornal do Brasil, 1937). Já na aula inaugural, Albuquerque discutiu sobre a relevância da educação sexual:

> Da necessidade dos conhecimentos elementares de sexologia, na solução dos mais importantes problemas da vida individual e coletiva; Da improcedência do conceito de "imoralidade", que se pretende ligar ao de "sexualidade"; Da apregoada incompatibilidade, entre educação sexual e religião; Da importância da educação sexual e dos meios de se a ministrar (Jornal do Brasil, 1933).

Temas como órgãos e funções sexuais masculinas e femininas, alterações mórbidas nos órgãos sexuais, higiene sexual, processo reprodutivo e impacto dos problemas sexuais sobre a descendência também foram abordados na primeira edição do curso. Como as palestras eram proferidas no período noturno, para oportunizar o acesso daqueles que viviam distante da cede do CBES, nas manhãs de domingo também havia palestras nos cinemas da cidade (Albuquerque, 2016; Albuquerque, 1934[43]; Carrara; Carvalho, 2016).

Por 12 anos, a instituição promoveu encontros semanais com três momentos distintos: explanação, exibição de um filme e respostas aos questionamentos do público. Para que a audiência se sentisse confortável, uma urna era colocada na entrada do salão de conferências. Assim, cada pessoa podia perguntar o que desejasse sem se expor. A estratégia foi um sucesso, chegando a ter uma centena de papéis com perguntas em um só evento (Albuquerque, 1958).

Aqueles que viviam em outras cidades tinham acesso às palestras por meio do rádio (Albuquerque, 2016; Costa, 2007; Felício, 2011). Por esse veículo foi oferecido o *Curso de educação sexual pelo rádio*, com 15 palestras, disponíveis no livro *Educação sexual pelo rádio* (Albuquerque, 1935c). Há registro de pelo menos 52 palestras, que foram divulgadas e comentadas em diversos jornais (Albuquerque, 2016; Jornal do Brasil, 1934a).

Outra maneira encontrada por Albuquerque para difundir a sua mensagem pelo país foi a criação do *Boletim de Educação Sexual*. No período de 1933 a 1939, o boletim foi distribuído mensalmente de forma gratuita a todo país a todos que desejassem, chegando a cem mil exemplares por

---

[43] *O Jornal do Brasil* noticiou diversas conferências dominicais, que ocorriam em diferentes cinemas da cidade (exemplos: Ilha de Paquetá, São Cristóvão, Maracanã, Saens Pena, Vila Isabel, Lapa e centro da cidade do Rio de Janeiro).

edição44, sendo distribuído inclusive para outros países dos continentes americano e europeu (Albuquerque, 1958; Albuquerque, 2016).

A primeira Semana de Educação Sexual ocorreu no Rio de Janeiro, em comemoração ao primeiro aniversário do CBES. Durante o evento foram realizadas diversas atividades pela cidade: exposição de quadros nas livrarias, exibição de filmes no cinema, conferências radiofônicas e palestras (Carrara; Carvalho, 2016; Jornal do Brasil, 1934b). As conferências foram ministradas por um médico, um promotor, um antigo parlamentar, um professor e um escritor (Albuquerque, 1958). Também foi inaugurado o Posto Gratuito para Conselhos Sexuais, que mais tarde foi fechado devido à baixa procura (Carrara; Carvalho, 2016; Jornal do Brasil, 1934c).

Uma das primeiras iniciativas do CBES, após se instalar na sua sede, foi a criação da *Pinacoteca de Educação Sexual* (Albuquerque, 1958), inaugurada em 1934 (Costa, 2007; Albuquerque, 1935d). O uso da imagem era uma prioridade nas campanhas de educação sexual (Albuquerque, 1938), pois a taxa de analfabetismo era alta no Brasil. Além disso, Albuquerque acreditava que muitas pessoas não tinham tempo para se dedicar à leitura ou habilidade para compreender os vocábulos utilizados nas campanhas. Portanto, o uso da imagem favorecia o acesso às informações relacionadas à educação sexual (Albuquerque, 1935d; Albuquerque, 1935e).

Segundo Albuquerque, os quadros "tão bem cabiam numa pinacoteca de arte como de ciência, conforme a interpretação que lhes fosse dada" (Albuquerque, 1958, p. 41). Tinham como finalidade despertar o interesse da população para que então desejassem compreender de maneira mais aprofundada as questões sexuais (Albuquerque, 1958), porque acreditava que:

> [...] não eram só o rádio, os órgãos de imprensa brasileira e o Boletim de Educação Sexual os veículos de que nos servíamos para levar até o povo a nossa campanha benfazeja. A imagem gráfica seria elemento de primeiro plano para atingirmos o fim que pretendíamos colimar. Fundamos

---

[44] *O Jornal de Andrologia* era trimestral. Foi publicado no período de 1932 a 1938, editado em cinco idiomas, com tiragem inicial de 12 mil exemplares, chegando a 30 mil (Carrara; Carvalho, 2016). Já o *Boletim de Educação sexual* era bimestral, com tiragem de cem mil exemplares por número (Carrara; Carvalho, 2016). Em seu estudo, Fontoura (2018) questiona a veracidade do número da tiragem do Boletim de Educação Sexual e do Jornal de Andrologia mencionadas pelo próprio Albuquerque em suas publicações.

então, nossa Pinacoteca de Educação Sexual (Albuquerque, 2016, p. 165).

> [...] **uma das maiores conquistas da sociedade moderna é a educação pela imagem...** e não é, senão por este motivo, que a campanha de educação sexual que estamos empreendendo, fizemos um método gráfico figurar em primeiro plano, como uma das maiores armas de que dispomos para a divulgação de nossas ideias (Albuquerque, 1938 *apud* Reis; Ribeiro, 2004, p. 44, grifo nosso).

> [...] a imagem pode ser empregada não só fixa como em movimento; fixo, em cartões postais, cartazes murais, projeções luminosas, quadro e esculturas em massa ou cera, e, em movimento, no cinema... as gravuras... prestam um grande serviço para focalizar os aspectos de natureza moral, espiritual, jurídica, social etc. que problema da educação sexual apresenta e ainda para o ensino dos factos da biologia sexual e apresentação de estatísticas ou quadros comparativos sobre os problemas vários que a educação sexual ventila (Albuquerque, 1940 *apud* Reis, 2006, p. 59).

As obras foram produzidas pelo gravador, pintor, escultor e ilustrador Calmon Barreto, doutor em desenho, docente livre e assistente de desenho de modelo vivo e catedrático de Anatomia e Fisiologia Artísticas da Escola Nacional de Belas Artes da Universidade do Brasil e pelo desenhista austríaco Herr Fred (Albuquerque, 2016; Barreto, 1950; Barreto, 1951; Navarro, 1969). Havia, pelo menos, 48 quadros em grande formato, com legendas explicativas. Os quadros representavam a anatomia humana, processos fisiológicos relacionados à reprodução e a visão institucional sobre sexualidade e educação sexual (Albuquerque, 1938).

Algumas imagens foram publicadas nas páginas do *Boletim de Educação Sexual*. Albuquerque encorajava as pessoas a fixá-las nas paredes de estabelecimentos comerciais para promover a discussão sobre a educação sexual. No entanto, isso não agradava a todos e às vezes gerava conflitos, pois algumas pessoas os removiam sem autorização e a polícia era acionada (Albuquerque, 2016).

Há poucas informações sobre a pinacoteca, e apesar das obras serem produzidas por profissionais renomados, ainda há críticas sobre o acervo:

> Era ali, também, que Albuquerque recebia as mais diferentes visitas que procurava registrar em fotografias

visando à divulgação em jornais e revistas. É apenas por estas fotografias, muitas de baixa qualidade, que se pode avaliar, mesmo que precariamente, o que seria a pinacoteca do CBES. Parecia ser composta de imagens das mais variadas qualidades, muitas delas não mais que ilustrações bastante simples, expostas às paredes. A maioria parece ser de cartazes, com temas muitas vezes ligados apenas marginalmente à questão sexual. Talvez o termo pinacoteca seja equivocado se tomado estritamente, pois grande parte não parece ser de pinturas (Fontoura, 2018, p. 680).

Durante a visita à pinacoteca, monitores acompanhavam o público e respondiam as suas perguntas (Albuquerque, 2016):

[...] sendo de justiça destacar os nomes do doutor José da Cunha Ferreira e das senhorinhas Yolanda Castelar e Paulina Meira, que com uma abnegação digna de todo elogio se desdobravam em explicações às pessoas que formulavam perguntas ou pediam esclarecimentos sobre os assuntos a que os quadros se referiam (Albuquerque, 2016, p. 165-166).

O CBES também enviava cartas aos moradores que viviam distantes da sede para responder seus questionamentos. Com o tempo, devido ao grande número de cartas, optou por elaborar folhetos com explicações sobre os assuntos mais questionados pela população (Albuquerque, 2016). Foram elaborados dez folhetos: 1) *Decálogo da educação sexual*; 2) *Educação sexual da criança*; 3) *O que há de verdadeiro e de falso na masturbação*; 4) *Como evitar as doenças venéreas*; 5) *Conselhos à mulher grávida*; 6) *O que todos devem saber sobre blenorreia*; 7) *Considerações sobre o controle de natalidade*; 8) *Doenças sexuais da virgem*; 9) *O problema da ejaculação precoce*; 10) *Da impotência sexual do homem* (Albuquerque, 2016).

O primeiro folheto apresentava normas fundamentais que deveriam ser seguidas nas estratégias de educação sexual:

1ª) **Não há educação completa sem educação sexual**; 2ª) A função sexual não é imoral, entretanto, como todas as demais, pode ser imoralizada, quando desviada de suas verdadeiras finalidades; 3ª) A educação sexual não atenta contra a moral de religião alguma, porque se funda na verdade dos fatos científicos, que as próprias religiões ensinam cultuar com a sua advertência: "Não mentir"; 4ª) A educação sexual deve

> ser iniciada pelos pais, continuada pelos mestres, e terminada pelos médicos; 5ª) A educação sexual das crianças deve obedecer exclusivamente ao fator "oportunidade", quer no lar, quer na escola; 6ª) Responder veridicamente, à altura da mentalidade infantil, às perguntas que os filhos formularem sobre as coisas de sexo, eis em que consiste a educação sexual das crianças pelos pais; 7ª) Nas escolas, não há necessidade de uma cadeira de educação sexual, o que cumpre, é que os mestres não criem na mentalidade infantil, o conceito de que a função sexual é imoral, envolvendo-a num halo de mistério, nas disciplinas em que o assunto naturalmente se apresenta; 8ª) Encobrir-se as verdades aos filhos e aos discípulos, é dar-se azo a que estas lhe sejam reveladas, deturpada, viciosa ou pervertidamente, pelo primeiro companheiro ou criado que encontrarem; 9ª) Revelar-se as verdades sexuais somente a partir da puberdade, depois de se as haver deturpado na infância, é tão inglória tarefa, quanto o se pretender desentortar o tronco de uma árvore, que propositalmente se entortou; 10ª) Depois do indivíduo atingir a puberdade, o que lhe convêm são iniciações claras e completas, ministradas por médicos e médicas, sobre tudo que diga respeito às perversões sexuais e doenças venéreas (Albuquerque, 2016, p. 166-167, grifo nosso).

O segundo folheto explicava que a "educação sexual na infância deveria estar exclusivamente subordinada ao fator oportunidade" (Albuquerque, 2016, p. 167), aproveitando ocasiões, respondendo as suas perguntas. Quando não respondidas, somaria ao mistério do objeto da pergunta o mistério sobre o porquê não foi respondida, alimentando a curiosidade da criança. Suas perguntas deveriam ser respondidas sem "recursos fantasistas e inverossímeis", pois isso poderia deixá-las mais confusas e curiosas. Para satisfazer a curiosidade da criança, respostas genéricas, com analogias à função reprodutora dos vegetais e de outros animais poderiam ser dadas. Para Albuquerque, se isso não fosse feito, as crianças transformariam as questões em enigmas e buscariam respostas por conta própria, interrogando colegas, por exemplo. Isso resultaria na atribuição de um tom malicioso a essas questões, no recalcamento da sexualidade e no comprometimento da sua saúde (Albuquerque, 2016).

O terceiro folheto alertava os pais e os mestres sobre os malefícios provocados pelo afastamento dos rapazes da prática de masturbação. Segundo Albuquerque, muitas vítimas dessa orientação deturpada se sentiam desanimados, inferiorizados, angustiados e "irremediavelmente perdidos"; alguns até cogitavam o suicídio para se livrarem desses sentimentos. Considerando os malefícios acarretados pelas doenças venéreas ao organismo e à sua descendência, o quarto folheto apresentava estratégias de profilaxia. Já no quinto folheto, "os fenômenos cardeais da gestação", os cuidados de higiene e dieta, a predisposição às cáries, a influência das atividades laborais sobre o curso da gestação e os riscos associados ao nascimento prematuro foram abordados (Albuquerque, 2016).

O sexto folheto esclarecia que a blenorreia era transmitida sexualmente e não por simpatia ou por colocar os pés descalços no chão após relações sexuais, como muitos cônjuges afirmavam para não confessarem relacionamentos extraconjugais. Alertava para o risco de ter relações sexuais com uma pessoa enferma e ressaltava que ao observar um muco purulento nos órgãos genitais, um médico deveria ser procurado para determinar sua causa e orientar o tratamento, já que provavelmente se trataria de uma infecção. Destacava também que isso poderia ocorrer com pessoas do sexo feminino e masculino, em qualquer momento da vida. Por fim, apresentava os malefícios da blenorreia à prole, como a cegueira (Albuquerque, 2016).

O sétimo folheto versava sobre o controle da natalidade e que isso não deveria ser considerado um crime, quando feito por meio do uso de anticoncepcionais. A mulher deveria ter o direito sobre o seu próprio corpo, o que nem sempre é lembrado pelos homens que legislam. Ela deveria vivenciar a maternidade de maneira consciente, quando sentisse "a necessidade de se desdobrar num outro ser", pois, segundo ele, parir apenas até outros animais parem, ser mãe é bem mais que isso. No entanto, Albuquerque considerava o aborto um crime, pois fere o direito natural que assiste a todos os indivíduos: "o direito de viver". Para ele, a vida começava a partir da fecundação e a gestação corresponderia a um período da vida, assim como a infância e a puberdade. Portanto, o direito de viver existiria antes mesmo do nascimento (Albuquerque, 2016).

O oitavo folheto, ao apresentar as doenças sexuais das virgens, destacava que os órgãos sexuais, assim como as demais partes do corpo, estão sujeitos a afecções que resultam em comprometimento funcional. Ressaltava que o pudor exagerado dos pais, principalmente com as suas filhas, muitas vezes as impedia de buscar ajuda médica quando elas se queixavam de uma enfermidade nos órgãos genitais. Alguns até procuravam ajuda, solicitando prescrição de medicamentos, mas sem permitir que elas fossem devidamente examinadas. Tudo isso as prejudicava, deixando-as vulneráveis ao agravamento de enfermidades que poderiam ser diagnosticadas e tratadas. Destacava que dores abdominais no baixo ventre, irregularidades menstruais, menarca tardia ou precoce, corrimentos uterinos ou vaginais, poderiam estar relacionados às afecções sexuais femininas (Albuquerque, 2016).

O nono folheto abordava a ejaculação precoce. Segundo o médico, "não é um assunto de domínio exclusivo da medicina, mas também do direito, da sociologia e da moral" (Albuquerque, 2016, p. 172). Para ele, aqueles que buscavam ajuda médica para solucionar o problema eram altruístas, pois:

> A mulher tem direito a vida sexual assim como a tem o homem. Privá-la desse direito é um crime. Obrigá-la a se entregar a vida sexual de forma incompleta é um duplo crime: crime pelo fato em si; crime pelos crimes a que se possa dar lugar. Crime pelo fato em si, porque vai ferir um direito que assiste à mulher, o que é o de realizar, de forma normal e integral, sua vida sexual (Albuquerque, 2016, p. 173).

Para ele, isso poderia levá-las a ter relações extraconjugais, que ao serem descobertas pelo cônjuge poderiam terminar em assassinato, deixando as crianças órfãs. Mencionava ainda expressões jurídicas que frequentemente estão associadas a crimes relacionados a esse problema. Ressaltava que não era preciso sentir vergonha em procurar tratamento para cuidar da enfermidade e que isso era necessário para a estabilidade da família e o do bem-estar social (Albuquerque, 2016).

Por fim, o décimo folheto abordava questões relacionadas à impotência sexual do homem, pois Albuquerque a considerava um problema médico-social, jurídico, criminal e moral. Destacava que, em alguns casos, a impotência era apenas um sintoma de algum outro problema. Sendo assim, não era possível adotar uma única terapêutica para todos. Logo, era preciso procurar um médico em vez de buscar socorro em medicamentos anunciados pela imprensa. Ressaltava ainda que ela não poderia ser curada na velhice (Albuquerque, 2016).

O CBES disponibilizou uma grande variedade de recursos gratuitos ao público porque acreditava que a população não dispunha: "[...] de recursos econômicos para aquisição de livros, nem de tempo para leitura, nem de cultura para compreender o que lhe seja apresentado de forma subjetiva" (Carrara; Carvalho, 2016).

Em 1934, o escultor Aldo Baldissara, do Museu da Faculdade Nacional de Medicina, produziu modelos anatômicos usando a técnica de ceroplastia para a pinacoteca (Albuquerque, 1958; Carrara; Carvalho, 2016). A ceroplastia consiste na produção de modelos anatômicos em cera para representar o corpo humano. A técnica foi muito utilizada nos cursos de medicina com finalidade didática até a década de 1950. Inicialmente os modelos eram importados, mas em 1916 a Faculdade Nacional de Medicina contratou Alberto Baldissara[45], um italiano que aprendeu a técnica em Roma, passou a produzir as peças no Brasil. Aldo era um dos filhos brasileiros de Alberto e exerceu a mesma função na instituição, além de fazer parte da história da Pinacoteca de Educação Sexual (Chagas, 2022; Moreira; Baldissara, 2017).

Algumas peças produzidas com a técnica de ceroplastia, apresentavam "manifestações mórbidas", como tumores e ulcerações. Posteriormente também foram inseridas peças anatômicas conservadas em formol, líquido de *Kaiserling* e outros conservantes para mostrar anomalias teratogênicas e fetos em diferentes fases de desenvolvimento. Com a incorporação dessas peças, a *Pinacoteca de Educação Sexual* foi transformada no *Museu e Pinacoteca de Educação Sexual* (Carrara; Carvalho, 2016), que funcionava das 10h às 18h nos dias úteis e das 9h às 12h nos sábados (Albuquerque, 1958).

> Durante a realização da pesquisa, que resultou na produção deste livro, não identifiquei registros fotográficos das peças existentes no museu ou publicações relacionadas a elas. Em conversa com Sergio Carrara — pesquisador responsável pela publicação de um texto inédito sobre Albuquerque após a sua morte — ele relatou que algumas peças de cera do museu foram transferidas para a Universidade Gama Filho. Entretanto, a instituição também fechou. O Instituto de Educação Médica (Idomed) recebeu parte desse acervo, incluindo peças que podem ter pertencido ao museu. Note a semelhança dessa peça de cera (Figura 20) com aquelas apresentadas nas Figuras 21 e 22 — produzidas por Alberto Baldissara e por seu(s) filho(s), respectivamente –; e na Figura 23 — produzida por Jules Talrich. A obra do Talrich cons-

---

[45] Algumas peças produzidas por Alberto Baldissara e Baldissara Filho encontram-se disponíveis no Museu de Anatomia "Por dentro do Corpo" do Instituto de Ciências Biomédicas da Universidade Federal do Rio de Janeiro (UFRJ) (Carvalho, 2019).

titui um dos nove modelos de desenvolvimento embrionário e fetal produzidos pelo artista francês, provavelmente no século XIX, e está disponível na exposição do *Museu de Anatomia — Por dentro do Corpo* (Chagas, 2022). Inclusive uma dessas peças foi restaurada por Aldo Baldissara em 1936 (Chagas, 2022). A Figura 24 mostra peças contendo malformações fetais. Essas peças também estavam na Universidade Gama Filho e podem ter sidos doadas pelo Museu e Pinacoteca de Educação Sexual. Isso nos traz uma pista de como era o acervo do Museu e Pinacoteca de Educação Sexual.

Figura 20 — Possível peça do acervo do *Museu e Pinacoteca de Educação Sexual*

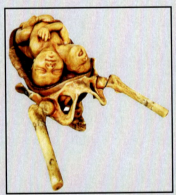

Fonte: a autora. Peça do acervo do Instituto de Educação Médica (Idomed)

Figura 21 — Obra de Alberto Baldissara, pai de Aldo Baldissara

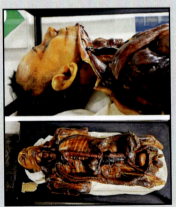

Fonte: a autora. Peça do acervo no *Museu de Anatomia — Por dentro do Corpo* do Instituto de Ciências Biomédicas da Universidade Federal do Rio de Janeiro (UFRJ)

Figura 22 — Obras de Baldissara Filho

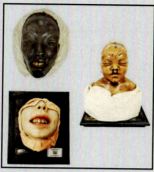

Fonte: a autora. Peças do acervo no *Museu de Anatomia — Por dentro do Corpo* do Instituto de Ciências Biomédicas da Universidade Federal do Rio de Janeiro (UFRJ)

Figura 23 — Obra de Jules Talrich

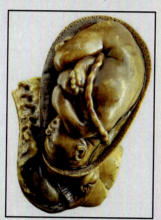

Fonte: a autora. Peça do acervo no *Museu de Anatomia — Por dentro do Corpo* do Instituto de Ciências Biomédicas da Universidade Federal do Rio de Janeiro (UFRJ)

Figura 24 — Peças contendo malformações fetais

Fonte: a autora. Peça do acervo do Instituto de Educação Médica (Idomed)

Os jovens constituíam o principal público-alvo do museu. Eles costumavam visitá-lo em excursões organizadas por eles ou pelos diretores das escolas. O próprio Albuquerque mediava as visitas com grupos maiores que dez pessoas. Ele proferia uma palestra na qual abordava os principais pontos da educação sexual e:

> Rapazes e moças, indistintamente, tomavam parte nessas visitas, e a todos eu falava o que lhes tinha a dizer, sem rebuços nem hipocrisia, porque onde há ciência não há imoralidade (Albuquerque, 2016, p. 175).

Algumas pessoas julgavam as obras como meios indiretos de provocação dos instintos e, por isso, proibiam a visitação dos seus filhos. No entanto, a entrada dos jovens era permitida mesmo sem autorização, levando alguns responsáveis a se dirigirem à diretoria do CBES para manifestar o seu descontentamento. O sexólogo questionava a incoerência entre a permissão concedida e/ou tolerância dos pelos pais para que seus filhos pudessem apreciar o nu artístico em um museu ou pinacoteca de arte, assistir filmes nos cinemas com enredos desaconselháveis, frequentar piscinas de clubes esportivos ou à beira-mar e até mesmo frequentar "zonas de baixo meretrício" e a proibição para visitar o *Museu e Pinacoteca de Educação Sexual* que continha obras com representações do nu científico (Albuquerque, 2016), pois, para ele,

> A função do nu artístico é falar de sentimentos e às paixões, ao passo que a do nu científico é falar da consciência e à razão. [...] Nos museus e pinacotecas de belas artes exibem-se corpos inteiros, em que se procura conjugar a beleza plástica com a expressão da atitude ou da mímica. É a carne, palpitante de beleza e lascívia, que fala! Nos museus e pinacotecas de educação sexual não se exibem corpos inteiros, mas segmentos de corpos, deformados, chagados e supurados. Não é a carne palpitante de beleza e lascívia, mas em toda a sua tragédia, a doença e a dor, advertindo a humanidade dos perigos que se acha exposta e dos meios de subjugá-los. O nu artístico desperta, pois em nós, as paixões, ao passo que o nu científico nos desperta a consciência, em vez de despertar uma paixão, promover o despertar da consciência (Albuquerque, 2016, p. 176).

Para promover a educação sexual em outros estados, o CBES produziu um filme cinematográfico *A Educação Sexual nos diversos períodos da vida*, dirigido por Albuquerque, em parceria com Ademar Gonzaga que havia criado a Cinédia, em São Cristóvão, Rio de Janeiro, explorando o aspecto biológico, moral e social da sexualidade (Albuquerque, 1958; Albuquerque, 2016):

> Era meu desejo, por meio desse filme, mostrar como deveria ser orientada a educação sexual nos diversos períodos da vida [...] em que os problemas sexuais se apresentassem como fatos de todo dia na existência de criaturas humanas. Desde a primeira pergunta que a criança formula sobre o sexo até o inconformismo dos velhos com a velhice, passando por toda essa gama de manifestações representadas pelos anseios de amor da puberdade; pelo namoro; pela escolha do noivo ou noiva; pelo exame pré-nupcial; pelo casamento com todos os seus corolários, isto é, a lua de mel, a gestação, os cuidados com a educação das crianças etc.; pelos desajustamentos biopsicológicos dos cônjuges e, assim por diante (Albuquerque, 2016, p. 178).

Era um longa-metragem (1.800 metros) mudo e legendado, que estreou no cinema no segundo aniversário do CBES, em 1935 (Albuquerque, 1958; Albuquerque, 2016; Jornal do Brasil, 1935a). Foi exibido para milhares de pessoas em diversas partes do Brasil, sendo elogiado pelo público e pela imprensa (Albuquerque, 2016). O CBES adquiriu um aparelho de projeção cinematográfica portátil e passou a promover exibições semanais do filme em sua sede. Com o equipamento, imagens do acervo com mais de 500 itens passaram a ser projetadas durante as conferências (Albuquerque, 2016).

Durante a segunda Semana de Educação Sexual, que ocorreu em 1935 em São Paulo (Jornal do Brasil, 1935a), a filmoteca de Educação Sexual foi inaugurada e o filme foi exibido para mais de 4.000 pessoas (Albuquerque, 1958; Jornal do Commercio, 1935). Apesar do aparente sucesso, o filme foi produzido de maneira amadora. Os membros da equipe do CBES disponibilizaram as suas casas para a gravação e atuaram:

> Uns saíam à cata de uma casa em cujo quintal houvesse uma galinha com vários pintinhos; outros iam à procura de local em que encontrasse uma gata com várias crias ainda no período de amamentação; outros a ver se descobriam crianças portadoras de malformações congênitas [...] (Albuquerque, 2016, p. 178).

O modo pelo qual a obra cinematográfica foi produzida foi questionado pelo serviço de censura do cinema, chefiado por Israel Souto, que afirmou que o filme não possuía "méritos artísticos" e apreendeu o material, exigindo que fosse regravado, substituindo os membros do CBES por profissionais, o que não foi possível de ser realizado (Albuquerque, 1958). Fontoura (2018) também criticou a obra, com base nos argumentos compartilhados por Nunes:

> Tal como o filme foi confeccionado parece que o erro é a regra geral, a doença o fantasma sempre presente, o que produzirá nas crianças e nos adolescentes uma penosa impressão, eivando de susto e desgosto a função genésica (Nunes, 1935, *apud* Fontoura, 2018, p. 683).

E então diz:

> Essa resenha sintetiza uma perspectiva comumente adotada por Albuquerque em seus artigos, palestras e cartazes: a luxúria destruindo a juventude; doenças venéreas representadas como serpentes ou dragões atacando o Brasil; o desejo sexual como um trem desgovernado; a lubricidade como perigo à espreita. Enquanto as camadas médias e altas urbanas consumiam obras que apresentavam o ato sexual como sinônimo de prazer, seguindo uma tendência que havia se originado ainda nas últimas décadas do século XIX no pensamento sexológico, Albuquerque insistia em associar o ato sexual a medo, dor, doença, desprazer, perigo, destruição. [...] Retornando a um imaginário que alcança o século XVIII, por conta da intensa preocupação com o aumento da urbanização e os problemas que os atos sexuais poderiam provocar, José de Albuquerque apresentava uma visão que culpabilizava o erotismo, depreciava o prazer erótico e fundamentava suas argumentações em princípios moralistas e religiosos (Fontoura, 2018, p. 683).

Para promover a segunda Semana de Educação Sexual, 38 membros do CBES, de ambos os sexos, partiram para São Paulo em um vagão cedido pela diretoria da Estrada de Ferro Central do Brasil (Albuquerque, 1958). Durante a sessão de abertura, o secretário estadual de educação e saúde e representantes do prefeito e governador do estado de São Paulo estiveram presentes (Albuquerque, 1958; Jornal do Commercio, 1935). Além da exibição do filme na filmoteca de Educação Sexual, houve mostra de quadros da *Pinacoteca da Educação Sexual* no salão Assyrio (Correio Paulistano, 1935; Diario de Pernambuco, 1935) e conferências foram ministradas por profissionais de diversas áreas (Albuquerque, 1958).

Em 1935 também ocorreu a Primeira Conferência Interamericana de Higiene Mental (Jornal do Brasil, 1935b) e a criação do Dia do Sexo (Albuquerque, 1958). O Dia do Sexo foi instituído para contribuir com a luta pela reabilitação da moral sexual e o evento comemorativo foi realizado no Instituto Nacional de Música. Cerca de três mil pessoas de ambos os sexos participaram. Ao entrarem no instituto se depararam com o *Hino da Educação Sexual*, tocado pela banda do Corpo de Bombeiros, sob a regência do maestro Pinto Júnior. Durante o evento, a maestrina brasileira Joanilda Sodré regia a Grande Orquestra Sinfônica interpretou a *Ode ao sexo*, com o coral composto por alunos e alunas do Instituto Nacional de Música. Tanto a letra do *Hino à educação sexual* como a *Ode ao sexo* foram escritos por José de Albuquerque (Albuquerque, 1958; Carrara; Carvalho, 2016; Chucailo, 2015). A palestra *Divagações sexológicas* proferida por José de Albuquerque durante o evento (Carrara; Carvalho, 2016; Reis, 2006) foi transmitida a todo país na Hora do Brasil (Carrara; Carvalho, 2016; Reis; Ribeiro, 2004). Simultaneamente, nas rádios locais, outros membros do CBES puderam ser ouvidos. Foram colocados nas ruas da cidade do Rio de Janeiro, com autorização do prefeito Pedro Ernesto, cerca de três mil cartazes. O Dia do Sexo e a Semana de Educação Sexual foram comemorados de maneira similar nos anos 1936 e 1937 (Carrara; Carvalho, 2016).

A partir de 1936, o CBES passou a promover o concurso anual de melhor livro de educação sexual para recebimento do Prêmio José de Albuquerque, com o intuito de estimular a publicação de livros sobre o tema (Albuquerque, 1958; Chucailo, 2015). O prêmio, em dinheiro, foi recebido por autores e autoras, no período de 1936 a 1940 (Albuquerque, 1958). No mesmo ano, promoveu o *Curso de Política Sexológica* (Jornal Do Brasil, 1936b). Albuquerque foi para Europa e observou que pedagogos e sanitaristas utilizavam cartões postais para divulgar fundamentos da sexologia. Ao retornar, produziu três tipos de cartão postal e, a partir de 1937, o CBES passou a distribuí-los para os visitantes do museu (Albuquerque, 1958). Albuquerque se candidatou a deputado federal para ampliar as ações realizadas até aquele momento com financiamento particular, mas teve a sua candidatura cassada em 1937 (Carrara; Carvalho, 2016).

Em 1938 foi inaugurado o *Teatro-Escola* (Jornal do Brasil, 1938), conhecido também como *Radio Teatro* (Albuquerque, 1958). Tratava-se de uma série de *sketches*, escritas por Albuquerque, sobre educação sexual (Albuquerque, 1958). Elas foram apresentadas como parte das atividades da Semana de Educação Sexual, sendo posteriormente publicados no *Boletim de Educação Sexual*, um por edição: 1) *Numa viagem de bonde; Dê o livro para ela, Fedegundes*, 3) *No consultório do Dr. Xisto*; 4) *Julita quer casar*; e 5) *O pedido de Baltazar* (Albuquerque, 1958).

Na edição de 1939 do *Curso Popular de Sexologia*, Albuquerque proferiu a palestra inaugural sobre a importância da educação sexual nas diferentes fases da vida. As "senhoras e senhoritas da melhor sociedade carioca" constituíram a maior parte do público (Chucailo, 2015). O médico também era frequentemente convidado por associações, escolas e universidades para falar sobre o tema (Albuquerque, 1958).

Em 1953, em comemoração ao 20.º aniversário, o CBES lançou bases para a organização de uma instituição destinada a orientar mães e pais no processo educacional dos seus filhos, para que o lar pudesse se "constituir na primeira escola da criança" (Correio da Manhã, 1953; Diario Carioca, 1953; Jornal do Commercio, 1953).

Albuquerque e o CBES foram bastante criticados por seus contemporâneos. A Igreja Católica o acusava de ser comunista e materialista. Também receberam críticas de integralistas e dos comunistas, que solicitaram às autoridades o fechamento do CBES, a proibição da circulação do *Boletim de Educação Sexual* e a prisão dos responsáveis (Carrara; Carvalho, 2016).

Apesar das incompreensões e resistências, o CBES conquistou resultados promissores. Em seu livro *Quatro letras... Cinco lustros...*, publicado em 1958, Albuquerque comemora os 25 anos do CBES e revela que o que era só promessa durante o discurso de posse, naquela ocasião era realização. Ao longo de sua história, o CBES passou por pelo menos três sedes, tendo o seu espaço reduzido após ter sido ampliado. Sobreviveu todo esse tempo graças ao investimento de tempo e dinheiro de Albuquerque, o presidente mantenedor, que desde 1935 assumiu integralmente as despesas da instituição, exonerando os sócios do pagamento. Ele viveu para alcançar o seu propósito, sem se importar com as dificuldades que apareceram, inclusive se intitulou "escravo do seu ideal" (Albuquerque, 1958).

O *Museu e Pinacoteca de Educação Sexual* funcionou ininterruptamente por pelo menos 25 anos, chegando a ter mais de 300 peças em seu acervo e aproximadamente 125 mil visitantes ao longo de sua história, isso sem contar com aqueles que faziam visitas coletivas (escolas, associações, acadêmicos, turistas e outros) (Albuquerque, 1958; Correio da Manhã, 1938; Jornal do Commercio, 1938). As visitas em grupo eram frequentemente noticiadas pela imprensa (A Noite, 1935, Correio da Manhã, 1935; Gazeta de Notícias, 1935).

Não identifiquei nenhum registro sobre o fechamento do CBES e do *Museu e Pinacoteca de Educação Sexual*. Portanto, não foi possível saber por quanto tempo existiram e por que as suas atividades foram interrompidas. Apesar disso, a contribuição dessas instituições para a educação sexual brasileira foram notáveis:

> Mais de uma geração já foi beneficiada com os ensinamentos colhidos por esse meio educativo, e é com prazer que vemos os adolescentes de vinte e cinco anos passados, transportarem seus filhos e filhas adolescentes, nos dias de hoje, as portas do Museu, para fazê-los beber os ensinamentos na mesma fonte em que adquiriram (Albuquerque, 1958).

José de Albuquerque tinha convicção da relevância da educação sexual e do modo que ele, o Círculo Brasileiro de Educação Sexual e o *Museu e Pinacoteca de Educação Sexual* a promoviam e, por isso, resistiu diante das dificuldades. Assim, teve o prazer de ver o impacto do seu trabalho em mais de uma geração. Apesar da morte do educador, suas ideias permanecem, e como um farol, iluminam os nossos passos no caminho que ele começou a construir.

4.2 VICTOR STAWIARSKI E A EDUCAÇÃO SEXUAL NO MUSEU NACIONAL

> *Educar é formar uma consciência de respeito e naturalidade em relação ao sexo.*
> (Victor Stawiarski)

Assim como José de Albuquerque protagonizou a educação sexual no *Museu e Pinacoteca de Educação Sexual*, Victor Stawiarski (1903-1979) foi o grande protagonista da educação sexual no Museu Nacional (Costa; Gôuvea, 2021). Portanto, conhecer a sua percepção sobre sexualidade e educação sexual nos ajuda a compreender o trabalho realizado pela instituição.

Stawiarski era engenheiro (Fernando; Figueiredo, 1971) e em 1928 ingressou no mestrado em Biologia em Peabody College, Estados Unidos. Nessa universidade um professor havia sido processado por ensinar evolução, o que incitou o debate sobre o tema. Ao retornar ao Brasil em 1930 (Jornal do Brasil, 1972), atuou como professor de ciências naturais na educação básica (Correio da Manhã, 1933) e ensinava sobre temas considerados polêmicos, como evolução das espécies e educação sexual. Inicialmente ele se limitava a ensinar sobre o papel da mulher na reprodução e dava advertências sobre comportamentos sexuais. Aos poucos, o conteúdo foi sendo ampliado e, em 1935, ele já ensinava sobre o comportamento sexual masculino, a pedido das alunas (Jornal do Brasil, 1972).

Em 1940 foi demitido de sua escola por emprestar o livro *Educação dos Pais*, de Staockel, a uma aluna. Em 1952 foi processado por outra escola, sob a acusação de se comportar de maneira imoral, resultando em sua demissão dois anos depois, sem nenhuma indenização, apesar de ter se dedicado por 27 anos a essa instituição (Jornal do Brasil, 1972).

A sua história na educação museal teve início em 1943, quando o professor, que atuava como técnico de educação do Ministério de Educação (Correio da Manhã, 1938) foi transferido da Divisão de Ensino Industrial do Departamento Nacional de Educação para o Museu Nacional (Diario Carioca, 1943), onde atuou na Seção de Extensão Cultural (SEC) (A Manhã, 1948). A SEC foi criada na gestão de Roquette Pinto para auxiliar aqueles que se dedicam ao ensino de ciências naturais, como mostra o trecho abaixo, publicado na primeira edição da Revista do Museu Nacional:

> A Seção de Extensão Cultural do Museu Nacional tem como principais finalidades divulgar conhecimentos de ciências naturais e antropológicas e assistir os professores no ensino dessas ciências.
>
> Para isso, proporcionará assistência aos visitantes; promoverá palestras de divulgação cientifica e sessões de projeção educativa; atenderá, sempre com o maior prazer, a qualquer consulta que lhe seja dirigida, pessoalmente ou por escrito; organizará, anualmente, cursos de aperfeiçoamento para professores primários e secundários; estabelecerá círculos de debate de problemas de metodologia das ciências naturais; orientará os professores na organização de museus escolares; dará instruções para a coleta de material científico; realizará pesquisas sobre problemas de ensino das ciências naturais; distribuirá publicações; enfim, utilizará todos os outros meios ao seu alcance para a consecução dos seus objetivos.
>
> As visitas de escolas ou grupos de alunos ao Museu Nacional deverão ser sempre combinadas previamente com a Seção de Extensão Cultural, para que os interessados recebam a necessária assistência ao chegarem ao Museu e durante a permanência nele.

> Os senhores professores encontrarão, ainda, no Museu Nacional, uma coleção de filmes, diafilmes e dispositivos para exibição, durante as visitas, palestras e aulas (Museu Nacional, 1944).

Ao menos por um período, Victor Stawiarski foi o responsável pela SEC (Dantas, 2022; Costa; Gouvêa, 2020) cujas principais atividades eram: promover visitas guiadas nas exposições do museu; ministrar aulas e cursos sobre temas variados, como educação sexual, conduta sexual, biologia e técnicas microscópicas; participar de excursões para coletar material botânico e zoológico; realizar o contato com a imprensa; e promover cursos de aperfeiçoamento em ciências para professores, contribuindo direta e indiretamente para a melhoria da educação no país. O educador participou da formação de muitas pessoas. Somente em 1958, 271 grupos escolares foram atendidos e 65 cursos foram promovidos pela instituição (Dantas, 2022).

A *Revista do Museu Nacional*, da qual foi extraído trecho supracitado que menciona os objetivos da SEC, destinava-se a estudantes e professores da educação básica e ao público em geral, pois segundo Roquette Pinto, a missão do museu era difundir aquilo que o povo precisava para se tornar aquilo que merecia (Museu Nacional, 1944). Ela foi publicada em 1944 e 1945, período no qual o museu encontrava-se em reforma e as visitações estavam suspensas (Museu Nacional, 1945a; 1945b). Victor Stawiarski era responsável por produzir matérias para a coluna intitulada *Das Estantes do Museu Nacional*, em que compartilhava críticas e recomendações para o ensino de ciências naturais, além de resenha de livros. Ele também produziu outras matérias, fora as cinco publicadas nessa coluna.[46]

Por vezes, assuntos relacionados à sexualidade e à educação sexual eram abordados em seus textos. Na matéria *O ensino das ciências nas escolas primárias*, por exemplo, o autor apresenta os princípios considerados apropriados para o ensino de ciências nas escolas primárias, oriundos de um estudo realizado por especialistas da Universidade de Michigan. No trecho a seguir é possível observar os princípios relacionados à sexualidade:

---

[46] Textos produzidos por Victor Stawiarski, publicados na Revista do Museu Nacional em ordem cronológica:
Primeira edição: Das Estantes do Museu Nacional.
Segunda edição: Em busca de um fóssil; Das Estantes do Museu Nacional.
Terceira edição: Aranhas caranguejeiras; Das Estantes do Museu Nacional.
Quarta edição: O ensino das ciências nas escolas primárias; Das Estantes do Museu Nacional.
Quinta edição: Das Estantes do Museu Nacional.
As cinco edições da revista estão disponíveis na Biblioteca Digital do Museu Nacional (disponível em: https://obrasraras.museunacional.ufrj.br/. Acesso em: 1 jun. 2023).

> 83. Todos os organismos vivos têm os processos comuns da vida: reprodução, crescimento, nutrição, excreção, respiração e irritabilidade.
> 84. O poder de se reproduzir é um dos caraterísticos das plantas e dos animais; mas os modos de reprodução variam.
> 85. Na maioria dos mamíferos os ovos fecundados são retidos dentro do organismo materno, onde crescem até que, os embriões se desenvolvam e estejam aptos a nascer; os filhotes são alimentados após o nascimento, por um período variável de tempo, pelo leite que é segregado pelas glândulas mamárias.
> 86. O pólen germina nos estigmas das flores da mesma espécie em que ele se formou e, raras vezes, também no das flores que são parentes próximas da espécie em que cresceu.
> 87. Para se ajustar a certas condições do meio, ou na luta pela existência, a maioria das plantas e alguns animais adotaram tanto o processo de reprodução sexual como o assexual (Staviarski, 1945b, p. 31).

O educador também recomendou livros sobre educação sexual. Um deles ressaltava a importância da educação sexual para o "ajustamento à vida social" dos adolescentes. Observe o que ele disse sobre o livro *Science in General Education: suggestions for science teachers in secondary schools and in the lower division of colleges. Report of the Committee on the function of science in general education. Commission on secondary school curriculum*:

> É um trabalho completo em qualquer dos aspectos: filosófico, pedagógico, psicológico e didático. Está dividido em quatro partes. [...] A segunda estuda o adolescente, especialmente do ponto de vista do seu ajustamento à vida social. É este estudo que fornece as razões biológicas que determinam a escolha dos assuntos e a forma pela qual devem ser ensinados. Sendo nessa época que se manifestam os impulsos do sexo que, como é sabido por todos, criam o mais difícil dos ajustamentos à vida social, é natural que uma grande parte dessa seção se destine ao estudo da educação sexual (Staviarski, 1945a, p. 32).

Na última edição da revista, Stawiarski recomendou o livro *Man and Biological World*, que destacava a importância de explorar os diferentes aspectos da sexualidade na educação sexual dos adolescentes.

> O homem é apresentado assim como um caso particular de uma grande comunidade biológica, sofrendo-lhe as influên-

cias e sujeito às mesmas leis gerais. Levando em conta os trabalhos de Freud sobre psicanálise, os educadores modernos insistem que sejam dadas aos adolescentes conhecimentos suficientemente detalhados sobre a reprodução humana, não só sob os pontos de vista anatômico ou fisiológico como também, e acima de tudo, no seu aspecto psicológico, como base da interpretação do fenômeno sexual. É esta a razão pela qual os autores dedicam 40 páginas do seu livro a este estudo. [...] Desnecessário se torna dizer que a leitura é interessantíssima e a apresentação a melhor possível. A todos aqueles que desejarem saber em que consiste a nova filosofia da educação, especialmente a sua aplicação ao ensino da biologia, este livro é mais do que indicado.

Quanto não lucraria o ensino brasileiro se o nosso professorado passasse uma vista de olhos em livros deste gênero! (Staviarski, 1945c, p. 32).

Com o museu fechado para visitação devido às reformas, a SEC abriu as suas portas para os professores de ciências naturais, conforme mostra os noticiários dos Ministérios de Educação e Saúde de 1945 e 1946:

O Diretor do Museu Nacional nos pede a divulgação da nota seguinte: A Seção de Extensão Cultural do Museu Nacional comunica aos senhores professores de ciências naturais que, não obstante continuar o Museu fechado por algum tempo ainda à visita do público, por motivo das obras radicais que vem sofrendo, terá o maior prazer em atender os senhores professores em suas consultas sobre problemas do ensino daquelas ciências, assim como pôr à sua disposição as instalações respectivas, apesar de ainda não completamente concluídas, para o desenvolvimento de estudos e trabalhos previamente combinados. Avisa, igualmente que, reiniciará em abril vindouro suas reuniões, em forma de seminário, para discussão de problemas do ensino das ciências naturais. Os interessados deverão se dirigir ao Dr. Victor Stawiarski, encarregado desses serviços, pelo telefone 28-7010 ou procurá-lo, pessoalmente, na sede do Museu Nacional, à Quinta da Boa Vista. Comunica, ainda, que a REVISTA DO MUSEU NACIONAL, órgão da Seção, dedicada à divulgação científica e aos problemas do ensino das ciências naturais e antropológicas que a solicitarem (Ministério da Educação e Saúde, 1945 *apud* Oliveira, 2013, p. 55).

A Seção de Extensão Cultural do Museu Nacional continua desenvolvendo seus planos de trabalho, prestando assistência a professores de ciências naturais e estudando os problemas de ensino dessas ciências.

Professores e turmas de alunos vêm sendo atendidos nos laboratórios da Seção, apesar de ainda não completamente reinstalados.

Por solicitação de diretores e professores tem sido visitados vários colégios para troca de ideias sobre os referidos problemas, assim como vem sendo prestadas informações a interessados de todos os pontos do país.

A Revista do Museu Nacional, Órgão da Seção, com uma tiragem de 10.000 exemplares, está sendo distribuída aos estabelecimentos de ensino secundário (colégios, ginásios, escolas normais, comerciais e profissionais), grupos escolares, instituições e professores, em todo o território nacional.

Brevemente serão reiniciados os seminários de professores para estudo dos problemas de ensino das ciências naturais, e logo que estejam concluídas as instalações desse setor de atividades do Museu Nacional serão abertas inscrições para cursos de aperfeiçoamento de professores dessas ciências.

As informações sobre esse aspecto dos serviços da Seção de Extensão Cultural poderão ser obtidas pelo telefone 28 7010, com o professor Victor Staviarski, pessoalmente na sede do Museu Nacional, na Quinta da Boa Vista, ou por escrito (Ministério da Educação e Saúde, 1946 *apud* Oliveira, 2013, p. 55-56).

O educador era o responsável por mediar as visitas da Seção de Assistência ao Ensino (SAE) — criada em 1927 por Roquette Pinto e constitui o primeiro setor educativo de museu no Brasil (Museu Nacional, [s.d.]) — abordando outras temáticas além da educação sexual, como o Egito Antigo (Fernando; Figueiredo, 1971). Em uma entrevista ele até ousou a dizer: "invente uma aula e nós a faremos" (A Manhã, 1948), mas ele tinha convicção que:

O ser humano é sempre o principal centro de interesse da grande maioria de pessoas, por despertar mais curiosidade que todos os demais os demais seres vivos juntos. O homem é, assim, apresentado como um caso particular de uma grande comunidade também, e principalmente, ao seu aspecto psicológico, como base da interpretação do fenômeno sexual (A Manhã, 1948).

Outra proposta da instituição para contribuir com a divulgação científica foi o programa de *Cursos Públicos do Museu Nacional* que teve início em 1875, embora já estivesse previsto no regimento de 1824 (Fundação Oswaldo Cruz, 2009). Seguindo a proposta institucional, em 1945, Stawiarski iniciou o *Curso de Educação Sexual* no Museu Nacional (Jean, 1956), mas enfrentou muita resistência e até foi ridicularizado pela imprensa (Fernando; Figueiredo, 1971).

> No começo houve certa desconfiança. "Que curso será este?" perguntavam aqueles que ainda pensam que a palavra "sexo" não deve ser pronunciada na frente dos jovens, e ainda os que só a empregam com um sorriso irônico, deixando subentendido um mundo artificial e viciado. Rapidamente, compreendeu-se a verdadeira finalidade do curso. Foi sendo procurado pelos pais que queriam familiarizar os filhos jovens com os que os americanos chamam de "os fatos da vida", de maneira sadia e natural; pelos adolescentes, com sua carga de problemas; por noivos desejosos de preparar um bom começo de vida conjugal; por casais desajustados e principalmente, por escolas e instituições (Jean, 1956, p. 18).

A exploração da temática no contexto museal não foi uma exclusividade de Stawiarski. Segundo o educador, o filme *The birth of a baby* foi um sucesso nos cinemas estadunidenses em 1938 e a partir daí, vários museus passaram a ter salas destinadas à explicação sobre o processo de gestação e nascimento (Silva, 1954). Provavelmente, Stawiarski pode conhecê-los e analisá-los, pois ele visitou diversos museus de história natural norte-americanos (Stawiarski, 1944).

Com o tempo, até mesmo os líderes religiosos compreenderam e apoiaram o seu trabalho (Fernando; Figueiredo, 1971). Apesar de muitas escolas da época não terem incluído a educação sexual no currículo, várias levavam seus estudantes ao Museu Nacional para terem ao menos uma aula com o Stawiarski, inclusive as escolas religiosas (A Noite, 1951; Fernando; Figueiredo, 1971; Jornal do Brasil, 1972; Silva, 1954, Sily, 2012). Segundo o jornal Última Hora, naquela época somente a Suécia oportunizava o acesso à educação sexual de maneira semelhante (Jean, 1956), pois ela era obrigatória a partir dos sete anos. Portanto, o curso oferecido pelo Museu Nacional parece ter sido um dos pioneiros no mundo!

Stawiarski acreditava que informar não era o suficiente, era preciso educar, ou seja, formar uma atitude em relação ao assunto tratado que nesse caso consistia em "formar uma consciência de respeito e naturalidade em relação ao sexo" (Nascimento, 1968). Também considerava a educação sexual importante para melhorar o relacionamento social. Reconhecia que é preciso respeitar a autonomia do educando e afirmava: "As minhas aulas não formam santos, mas orientam. O caminho, cada um faz por si" (Fernando; Figueiredo, 1971).

O professor acreditava que apenas os educadores deveriam promover a educação sexual, pois os médicos corriam o risco de apresentar a anatomia de maneira complicada, os psicólogos poderiam procurar complexos e os religiosos analisar o que é pecado (Fernando; Figueiredo, 1971). Stawiarski era capaz de abordar o tema de maneira científica, incorporando elementos da arte, realizando as adequações necessárias de acordo com a idade do público (Jean, 1956). A sua maneira de ensinar parecia encantar a audiência e as atividades de educação sexual eram as mais procuradas (Silva, 1954; Jean, 1956), chegando a atrair mais de mil pessoas em um único dia (Jean, 1956). Certa vez, foi convidado para dar uma palestra de trinta minutos na Escola Nacional de Engenharia, mas o debate se estendeu por quatro horas e ele precisou sair escoltado, pois os alunos não queriam que a aula terminasse (Fernando; Figueiredo, 1971).

No museu, ele preferia esperar que o visitante manifestasse o seu interesse antes de abordá-lo (Bravo, 1955). No entanto, isso não parecia ser um problema já que muitos paravam para observar os esqueletos de fetos expostos nos armários da Divisão de Antropologia e, por isso, eram convidados a ter uma explicação mais detalhada, que costumava durar cerca de uma hora (Silva, 1954; A Noite, 1932).

> O armário mais procurado
>
> O professor Victor Stawiarski disse que o armário que desperta mais curiosidades nos visitantes é o dos fetos. No fim do dia, continuou o professor, o vidro que protege a estante está todo marcado pelas pontas dos dedos dos curiosos.
>
> O professor atribui esse interesse a dois fatores: ao desejo do homem em conhecer cada vez mais a teoria evolucionista, procurando ver de perto tudo que lhe diz respeito e que torna possível uma comparação. E também ao atraso do brasileiro em educação sexual (Paiva, 1960).

O público atraído por eles também tinha a oportunidade de conhecer as demais salas da Seção de Assistência ao Ensino (SAE) (Silva, 1954). A sala destinada às aulas de educação sexual era identificada por meio de um cartaz fixado à porta. Além disso, havia uma mensagem dizendo para as pessoas interessadas entrarem na sala. Também era possível contactar o museu por telefone e agendar um horário para ser atendido por Stawiarski (Bravo, 1955).

Na sala do curso (Figura 25) havia microscópios, filmes, diafilmes, fotografias, cartazes, artigos de jornais, revistas e livros nacionais e estrangeiros sobre educação sexual e problemas educacionais de diversos países (A Manhã, 1948; Bravo, 1955). Nos cartazes havia frases como "A educação sexual é essencial à boa formação da personalidade". Sobre as mesas havia recipientes de vidro contendo fetos humanos em diferentes estágios de desenvolvimento (Bravo, 1955). Havia óvulos humanos reais no útero, em diferentes meses de gestação (Silva, 1954). Durante as visitas, o educador permitia que o público tocasse em alguns desses fetos (Figura 26) e preferia chamá-los de bebês (Fernando; Figueiredo, 1971).

Figura 25 — Victor Stawiarski ensinando o público no Museu Nacional

Fonte: Seção de Memória e Arquivo do Museu Nacional (Semear)

Figura 26 — Fetos utilizados por Victor Stawiarski para promover educação sexual, presentes na coleção da Seção de Assistência ao Ensino (SAE)

Fonte: a autora

A sexualidade era apresentada de maneira ampla, abrangendo aspectos biológicos, psicológicos e sociais (Jean, 1956), incluindo temas polêmicos como prostituição e homossexualidade (Bravo, 1955). Os adolescentes eram o principal público e, para eles, o curso era constituído de oito aulas com duas horas e meia de duração (Jean, 1956). Não havia uma programação a ser rigorosamente obedecida, já que os participantes faziam muitas perguntas que eram exploradas durante as aulas. Rapazes e moças compartilhavam os momentos de aprendizagem, no entanto, ao final das aulas era destinado um momento para abordar as questões relacionadas a cada sexo de maneira separada (Bravo, 1955). O professor preferia conduzir seus cursos com o público misto, pois para ele as aulas com meninos e meninas eram mais bem conduzidas, agradáveis e úteis para todas as pessoas envolvidas. Apesar disso, ressaltava que as aulas mistas exigiam grande preparo e cuidado, pois de acordo com ele, a aula precisa ser "inteiramente humana, natural, afetiva e sem constrangimento" (Silva, 1954, p. 43). Segundo Stawiarski, em uma entrevista concedida ao jornal Correio da Manhã, após a aula era comum algumas pessoas permanecerem na sala e compartilharem os seus "dramas sexuais" (Bravo, 1955, p. 2).

Por vezes, os responsáveis legais, ao saberem sobre o curso, levavam as crianças para aprenderem sobre a origem dos bebês. Algumas mães buscavam o curso para ajudar às suas filhas a se prepararem para vivenciar a puberdade (A Noite, 1932; Silva, 1954). Chegou até conduzir aulas e discussões para jovens na presença de suas mães (Silva, 1954). Professores e mães com dificuldades de abordar o tema e adultos com dúvidas também buscavam por Stawiarski (A Noite, 1932; A Noite, 1950; Silva, 1954). A única restrição era para as moças menores de 16 anos que só podiam ser atendidas acompanhadas por seus responsáveis legais ou com uma permissão por escrito (Bravo, 1955).

O educador também abordava assuntos relacionados à sexualidade durante visitas mediadas pelos salões do museu, como a reprodução das aves (Correio do Amanhã, 1959). A instituição possuía diversos objetos que permitiam a apresentação de aspectos psicológicos da sexualidade, tais como peças de arte greco-romana, egípcia, africana e marajoara; além de itens utilizados em rituais indígenas (Silva, 1954).

O educador também proferia diversas conferências relacionadas à educação sexual em outros locais, como a palestra *Métodos de educação sexual nas escolas primárias e secundárias* no Centro dos Técnicos de Educação; as palestras em duas edições do Seminário de Cultura Geral, nas quais conferencistas renomados, como o diretor do Instituto Brasileiro de Sexologia, também estiveram presentes (Diário de Notícias, 1949; 1972; Jornal do Brasil, 1972; O Jornal, 1973). Também ministrava cursos sobre o tema, como o *Curso de relação humana e matrimônio* (Jornal dos Sports, 1960). Além disso, proferiu muitas palestras sobre o ensino de ciências, inclusive em eventos nacionais como o Simpósio sobre Ensino das Ciências Físicas e Naturais da Associação Brasileira de Educação (Diario de Notícias, 1958). Inclusive foi convidado pela Unesco para representar o Brasil em um evento internacional de técnicos em museus em Atenas (Tribuna da Imprensa, 1954).

Stawiarski tinha uma grande participação na imprensa. Ele respondia às perguntas sobre ciências da natureza na coluna *Pergunte ao João* do Jornal do Brasil, no período de 1962 a 1967. Além disso, concedeu entrevistas a diversos jornais e revistas, dando recomendações acerca da educação sexual de crianças e adolescentes. Em uma matéria do jornal O Cruzeiro, por exemplo, Stawiarski alertou sobre a importância de responder às crianças de maneira simples, verdadeira e com naturalidade, adaptando a linguagem de acordo com a sua capacidade cognitiva até satisfazer a curiosidade infantil. Nessa matéria, ele também mencionou que os adolescentes precisam aprender sobre virgindade, masturbação, anticoncepcionais, menstruação, mecânica das relações sexuais, higiene e doenças (Kuck, 1968).

Stawiarski incentivava os seus alunos e professores a aprenderem o seu método para ampliar o movimento de educação sexual (Fernando; Figueiredo, 1971). No entanto, acreditava que na escola não se deveria exigir a frequência obrigatória da turma, pois na sua concepção, as aulas não deveriam ser impostas, mas sim oferecidas e os alunos deveriam ter pleno conhecimento sobre os assuntos que seriam tratados (Silva, 1954).

Para muitos, o educador representava a esperança, pois ele se interessava pelo problema da hipocrisia, do tabu e da mistificação criada em torno do sexo — que gera o sentimento de vergonha e culpa (Nascimento, 1968), enfrentava a resistência de moralistas e mantinha o seu propósito (Bravo, 1955). Segundo Nascimento (1968) ele viveu "enfrentando terríveis incompreensões, para que a educação sexual seja ensinada as crianças com naturalidade pelos pais e professores":

> A ignorância do mais rudimentar fenômeno da vida: o do nascimento, tem sido, provavelmente, a responsável pelas desordens de ordem emocional [...] (A Noite, 1950, p. 6).
>
> O seu maior sonho é que um dia, que não tardará a surgir, venha o mito da cegonha, da cestinha, cair por terra, vencido por uma educação que mostre às crianças com naturalidade, e sem falsos pudores, o fato (natural) do sexo (Bravo, 1955).

Mesmo diante das dificuldades, Stawiarski contribuiu com a educação sexual de cerca de meio milhão de pessoas e seu trabalho foi reconhecido mundialmente (Jornal dos Sports, 1971; Fernando; Figueiredo, 1971). Apesar do curso ser frequentado por centenas de jovens de diversas escolas públicas e privadas da cidade do Rio de Janeiro, foi encerrado em 1956, após a mudança de direção do museu. A pessoa responsável por redigir a matéria publicada no Jornal Última Hora relata que um grupo de moços chegou ao museu e perguntou a um funcionário onde era a sala das aulas de educação sexual e foram surpreendidos com o anúncio da supressão do curso. Então, procuraram o Stawiarski para saber o motivo, que por sua vez respondeu: "Franca e honestamente, não sei por quê!" (Jean, 1956, p. 18). Segundo a imprensa, o diretor José Cândido de Mello Carvalho suprimiu o curso sem informar o motivo da sua decisão. Ele apenas enviou um ofício para Stawiarski dizendo: "Por decisão dos naturalistas do Museu Nacional, ratificado pela Congregação, solicito a V. S. cessar as aulas de Educação Sexual, que vem ministrando nessa seção". Devido à relevância e ao sucesso do curso, bem como a sua interrupção repentina, a imprensa exigiu explicações e a reabertura do curso caso não houvesse justificativa para interrompê-lo (Jean, 1956, p. 18). Costa e Gouvêa (2020) tiveram acesso ao relatório apresentado ao Magnífico Reitor da Universidade do Brasil pelo Dr. José Candido de Melo Carvalho, ano de 1956, e menciona que, segundo o relatório, as aulas foram suspensas porque passaram a assumir um caráter de curso oficial e, como tal, precisava ser autorizado e fiscalizado pela universidade. Em 1962, as atividades foram retomadas na gestão de Newton Dias dos Santos (Costa; Gouvêa, 2020) e permaneceram até os anos de 1970, quando Victor Stawiarski foi aposentado compulsoriamente (Costa; Gouvêa, 2021).

A história do educador foi contada no vídeo *Victor Stawiarski: sexo e evolução na educação museal* produzido pelo Instituto Nacional de Comunicação Pública da Ciência e Tecnologia, sendo divulgado em seu YouTube (INCT-CPCT Divulgação Científica, 2020). As ações de Victor Stawiarski reverberam até hoje no Museu Nacional. Em fevereiro de 2020, quando o Rio de Janeiro já estava em festa no pré-carnaval, a SAE promoveu uma atividade de divulgação científica intitulada o *Museu também é lugar de Educação Sexual* (Figuras 27 e 28), realizada em parceria com o Espaço Ciência Viva (ECV). O evento foi realizado na Quinta da Boa Vista, em frente à sede do Museu Nacional, que ainda se encontra em recuperação após o incêndio ocorrido em setembro de 2018. de acordo com a equipe organizadora, o objetivo do evento era conversar com o público sobre assuntos relacionados à sexualidade, tais como estratégias de contracepção e prevenção de Infecções Sexualmente Transmissíveis; ressaltando a relevância da Educação Sexual e o trabalho desenvolvido pela SAE ao longo da história, tendo como destaque a atuação de Victor Stawiarski nessa área[47].

---

[47] O vídeo gravado durante o evento apresentando-o pode ser assistindo clicando no link a seguir: https://www.facebook.com/watch/?v=184271632799425. Acesso em: 1 jun. 2023.

Figura 27 — Equipe da Seção de Assistência ao Ensino (SAE) do Museu Nacional e do Espaço Ciência Viva no evento *Museu também é lugar de Educação Sexual*

Fonte: Instagram da Seção de Assistência ao Ensino. Disponível em: https://www.instagram.com/p/B8jV121prvJ/. Acesso em: 26 ago. 2024

Figura 28 — Equipe do Espaço Ciência Viva atuando com a Seção de Assistência ao Ensino (SAE) do Museu Nacional no evento *Museu também é lugar de Educação Sexual*

Fonte: a autora

A SAE exibiu peças do acervo do próprio Stawiarski, como fetos conservados em meio líquido, além de animais como esponja-do-mar, estrela-do-mar, esqueleto de coral, cavalo-marinho, tartaruga-marinha e pinguim, cujas curiosidades acerca dos seus mecanismos reprodutivos eram apresentadas ao público. Luisa Salles, Pedro Vitiello e eu (Suellen de Oliveira) representamos o Espaço Ciência Viva e exibimos modelos de órgãos genitais feminino e masculino; coletor menstrual; lubrificantes a base de água; diferentes tipos de preservativos externos (com cores, sabores, texturas e tamanhos diversos) e internos; e outros métodos contraceptivos (DIU — Dispositivo Intrauterino —, diafragma, espermicida, anticoncepcionais orais e injetáveis, anel vaginal). Também houve a exposição de uma cartilha sobre assédio do Coletivo Não é Não.

A atividade, que ocorreu durante o período da manhã e da tarde, contou com a participação de crianças, adolescentes e adultos, que chegavam sozinhos ou em grupos familiares. Alguns queriam apenas observar os animais e fetos expostos e muitos se espantavam ao saber que os fetos eram reais; outros queriam tirar dúvidas acerca de assuntos relacionados à sexualidade, como, por exemplo, masturbação feminina, vantagens e desvantagens de cada método contraceptivo. Enquanto alguns permaneciam por bastante tempo na tenda interagindo com os mediadores e com os materiais expostos, outros se afastavam ao observá-los e identificar o tema abordado. Junto ao material expositivo deixamos um cesto contendo preservativos internos e externos gentilmente fornecidos por uma Unidade de Pronto Atendimento (UPA) da Tijuca ao Espaço Ciência Viva. Poucos se interessaram em pegar os preservativos externos, enquanto os internos quase se esgotaram já que o acesso a ele é mais difícil e muitos nunca o haviam visto de perto e queriam experimentá-lo. Diversos assuntos relacionados à sexualidade foram discutidos, visto que não havia roteiro definido e o conteúdo abordado dependia da interação com o público. Cerca de 300 pessoas participaram da atividade, um número considerado baixo pelos organizadores quando comparado aos demais eventos promovidos pela SAE. Não é possível saber se esse fato se deve aos blocos de carnaval que estavam passando pela Quinta da Boa Vista, à previsão de forte chuva para o período da tarde ou ao tema abordado.

Parte do material exposto nesse evento, como os fetos que chamaram a atenção de pessoas de todas as idades, pertencia à coleção pessoal do educador e foi doado pelos seus familiares ao museu em 2019 (Museu

Nacional, 2021, Souza *et al.*, 2021). Tais materiais poderão ser utilizados em muitas outras ações educativas de educação sexual, imortalizando o trabalho de Victor Stawiarski. A família também cedeu documentos, que permanecem desde a sua doação sob custódia privada e exclusiva da Dr.ª Andrea Costa, funcionária do Museu Nacional. Por isso, tais documentos não foram analisados e compartilhados neste livro.

4.3 O DESENVOLVIMENTO DA ÁREA TEMÁTICA EDUCAÇÃO SEXUAL INTEGRAL DO ESPAÇO CIÊNCIA VIVA: UMA HISTÓRIA DE RESISTÊNCIA!

4.3.1 A CRIAÇÃO DO ESPAÇO CIÊNCIA VIVA

O Espaço Ciência Viva (ECV) foi fundado por uma equipe liderada por Maurice Bazin (1934-2009)[48], composta por sete professores e pesquisadores[49], com diferentes áreas de formação (Espaço Ciência Viva, 1983a; Saito; Bastos, 2018; Cavalcanti; Persechini, 2011) e suas ações são reconhecidas internacionalmente (Shortland, 1987). Bazin era um físico francês que já havia visitado o Brasil em seu turismo político e conhecido o trabalho de alfabetização promovido por Paulo Freire. Inspirado por ele, deixou Estados Unidos da América no início da década de 1970 e foi para o Chile para promover o que intitulou de alfabetização técnica junto aos trabalhadores. Só retornou ao Brasil em 1978, após a abertura política e atuou em um projeto de melhoria do ensino de física nas universidades federais brasileiras financiado pela Coordenação de Aperfeiçoamento de Pessoal de Nível Superior — Capes (Bazin, 2001).

Ao chegar ao Brasil, aliou-se à Sociedade Brasileira para o Progresso da Ciência (SBPC), no projeto *Seis e Meia da Ciência*, criado em 1981. Esse projeto consistia na realização de palestras gratuitas sobre assuntos relacionados à ciência, ministradas por especialistas em teatros localizados no centro da cidade do Rio de Janeiro, de modo a atrair o público que passava por ali ao sair do trabalho (Espaço Ciência Viva, 1983b; Neiva, 1984).

---

[48] Para saber mais sobre as contribuições de Maurice Bazin para a divulgação científica no Brasil leia: SILVA, L. N. A construção do campo da divulgação científica em espaços não formais no Brasil: contribuições de Maurice Bazin. Tese (Doutorado em Ensino em Biociências e Saúde). Instituto Oswaldo Cruz. Fundação Oswaldo Cruz. 2024.

[49] Maurice Bazin, Ildeu de Castro Moreira, João Carlos Vitor Garcia, José Carlos de Oliveira, Pedro Muanis Persechini, Rosália Méndez Otero e Solange Lisboa de Castro

Mas por que criar o Espaço Ciência Viva se as conferências do *Seis e Meia da Ciência* já eram realizadas com sucesso? Em entrevista conduzida por Costantin (2001), Bazin relatou que apesar de haver experimentos nos corredores do teatro para facilitar a compreensão das informações compartilhadas nas palestras, as atividades ainda eram unidirecionais e acreditava que os pesquisadores deveriam ir até o público (Neiva, 1984).

> [...] Mas, eu sentia que no teatro era ainda teatral... Era ainda uma única pessoa dizendo as coisas para os outros e depois todo mundo ia embora. Não estávamos deixando as pessoas serem cientistas. Apresentávamos as coisas acabadas e pronto. As pessoas, creio, ficavam se sentindo longínquas daquilo... Mesmo assim era mais respeitoso para com as pessoas. de qualquer forma eu e Jair sentíamos que não dava... Não era suficiente... (Bazin, 1997 em entrevista a Costantin, 2001, p. 58-59).

> [...] a partir daí, sentimos que em vez de chamar o público para nos ouvir, como no Seis e Meia, nós deveríamos ir onde o público está, ou seja, nas praças (Bazin, 1984 em entrevista a Neiva, 1984).

Um tempo depois, a equipe que organizava o *Seis e Meia da Ciência* se dividiu. Parte do grupo criou a *Revista Ciência Hoje* e outra parte, sob a liderança de Bazin, criou o Espaço Ciência Viva (Moreira, 1998 em entrevista a Costantin, 2001). Outras pessoas, como professores e profissionais que atuavam no Observatório Nacional, também se juntaram ao grupo (Bazin em entrevista a Fiocruz, 2001). Bazin, se inspirou no Exploratorium, que conheceu em 1982, em uma visita que realizou após participar de uma conferência no Canadá (Bazin, 1997 em entrevista a Costantin, 2001; Bazin em entrevista a Fiocruz, 2001). Então, ao retornar ao Brasil, reuniu um grupo de pessoas comprometidas com o ensino de ciências para sonhar com o que poderia vir a ser o Exploratorium brasileiro (Bazin *et al.*, 1987; Bazin, 1997 em entrevista a Costantin, 2001). Segundo Bazin, "O Exploratorium, como ele era, e as coisas que fazia e promovia, era algo que a gente poderia utilizar aqui" (Bazin, 1997 em entrevista a Costantin, 2001, p. 61). Paulo Freire foi uma das grandes referências de Bazin, inspirando a sua maneira de promover a popularização da ciência e consequentemente o trabalho desenvolvido pelo Espaço Ciência Viva (Bazin, 1988; 1990).

Os fundadores do Espaço Ciência Viva propuseram a sua criação como uma das possíveis soluções para os problemas citados a seguir:

> Um país em desenvolvimento necessita investir recursos para a educação das massas e para a pesquisa científica de interesse nacional. Observando o processo educacional formal, verificamos que ele, frequentemente, não incorpora na sua dinâmica nem a concepção nem a prática adequada da atividade científica. Os jovens e os cidadãos são levados a um distanciamento e a uma mistificação visíveis à ciência, parecendo estar quase sempre acessíveis apenas aos grupos de iniciados e não como um processo livre e criativo fundado na vida social e comum a todas as pessoas.
>
> A comunidade científica brasileira tem demonstrado sensibilidade para a problemática e reconhece a importância e a necessidade de que a ciência e seus métodos sejam divulgados a fim de que se tornem melhor compreendidos e mais acessíveis a todos. Com isto, espera inclusive, que possa emergir no país uma atmosfera propícia para o avanço científico. Nesse sentido, várias iniciativas têm sido tomadas. Recentemente, destacados cientistas brasileiros discutiram num encontro realizado no Observatório Nacional, a oportunidade de criar um museu de ciência e a necessidade de preservar a memória nacional. A SBPC-Rio criou há três anos um programa de conferências de divulgação científica, o "Seis e Meia da Ciência", e em 1982 lançou a revista "Ciência Hoje". Vários membros do ECV tiveram participação em quase todas essas atividades aqui enumeradas.
>
> A proposta ciência viva, na escola, na praça, no espaço-museu a exemplo do Exploratorium de San Francisco, vem somar esforços no sentido de dar uma base ampla a este trabalho voltado para o desenvolvimento de uma atitude mais consciente frente a atividade científica em nosso país (Espaço Ciência Viva, 1983b).

Em 1983, para transformar o sonho em realidade, por meio da solicitação de um financiamento da Coordenação de Aperfeiçoamento de Pessoal de Nível Superior (Capes), foi necessário oficializá-lo, criando assim o Espaço Ciência Viva, uma Sociedade Civil, sem fins lucrativos (Espaço Ciência Viva, 1983b; Bazin, 1988; Castro, 1998 em entrevista a Costantin, 2001). Esse foi o nome escolhido porque o grupo desejava que ele correspondesse ao que sonhavam fazer, ou seja, construir um espaço no qual as pessoas pudessem realmente fazer as coisas, em vez de apenas ouvirem (Bazin, 1997 em entrevista a Costantin, 2001). Atualmente o nome é acompanhado pelos símbolos "?!", que representam a curiosidade e a surpresa associadas ao processo de construção do conhecimento (Saito; Bastos, 2018). Vale ressaltar que atualmente, na entrada do museu, há uma placa com a seguinte mensagem: "Seja bem-vindo! Por favor, mexa em tudo, com carinho!" convidando o público a interagir com suas mãos e mentes (Espaço Ciência Viva, 2021).

Nesse contexto, a instituição ainda em sua fase de organização para a submissão do projeto, já apresentava uma ampla proposta de trabalho, cujas finalidades básicas eram:

> [...] difundir e popularizar a ciência e seu método nos mais diferentes segmentos da sociedade, assim como contribuir e apoiar de forma sistemática e criativa o ensino de ciências do primeiro e segundo graus (Espaço Ciência Viva, 1983b).

Para isso adotou o seguinte princípio metodológico:

> A atitude que caracteriza as atividades do ECV, sejam as experimentações, exibições, palestras, excursões ou caravanas científicas, visa aguçar a curiosidade da criança e "sacudir" e despertar o adulto. Parte-se do princípio de que a compreensão da natureza é uma necessidade natural do ser humano, tal como artes e os jogos, e que a ciência é uma atividade criativa acessível a todos, onde a escolha da linguagem utilizada deve ser opção de cada um. Cada atividade deverá significar para o participante o desencadeamento de um processo de redescoberta de uma conquista da humanidade, surgida num contexto social, político e econômico bem determinado e motivado por razões específicas. Pretende-se, assim, mostrar que a ciência é um fator de transformação social, de melhoria da qualidade de vida, principalmente quando seus futuros são partilhados por todos os seguimentos sociais (Espaço Ciência Viva, 1983b).

Então, o Espaço Ciência Viva se tornou:

> [...] **um espaço público para ciência participativa**, aberta para diversas faixas etárias e níveis de compreensão; **em um museu vivo**, a exemplo do Exploratorium de San Francisco, onde as pessoas possam envolver-se diretamente no processo de experimentação científica, num ambiente em que as atividades, além de sérias e concretas, possuem também um aspecto lúdico e mágico (Espaço Ciência Viva, 1983b, grifo nosso).

Isso porque:

> No domínio da educação consideramos que cada um deve ser sujeito do seu próprio aprendizado. Os aprendizes devem experimentar, isto é viver o processo da descoberta e da elaboração dos conceitos que se façam necessário à descrição do fenômeno estudado (Espaço Ciência Viva, 1983b).

Além de atuar na área de divulgação científica, o Espaço Ciência Viva, desde a sua concepção, também tem investido esforços na formação dos professores, buscando contribuir para a melhoria do ensino de ciências no contexto escolar:

> Assim, concebemos a reciclagem como um meio de aparatar o professado com uma metodologia que privilegia o processo de experimentação individual em oposição à visão meramente cumulativa de aquisição de conhecimento.
>
> Nos cursos de treinamento para professores o ECV terá o papel de formador/orientador que incentiva a atividade de descoberta, de forma crítica, através da experimentação (Espaço Ciência Viva, 1983b).

Outra estratégia adotada para contribuir com a melhoria do ensino de ciências é a participação de jovens estudantes, incluindo graduandos dos cursos de licenciatura, como mediadores das atividades realizadas no museu, na praça e nas escolas:

> Estes monitores, escolhidos principalmente entre licenciados, deverão integrar-se profissionalmente na rede escolar, favorecendo a melhoria na própria metodologia oficial e levando a uma modificação curricular no sentido de um maior contato com o mundo real (Espaço Ciência Viva, 1983b).

4.3.2 AS PRIMEIRAS ATIVIDADES PROMOVIDAS PELA INSTITUIÇÃO

Em 15 de maio de 1983, o Espaço Ciência Viva promoveu a sua primeira atividade de divulgação científica intitulada como *Dia do Mar*, na praia da Urca, com auxílio da professora Nilza Vieira e os estudantes do Clube de Ciências da Escola Municipal Camilo Castelo Branco (Costantin, 2001; Espaço Ciência Viva, 1983b; Neiva, 1984).

Durante o evento, os organizadores e o público mergulharam para coletar animais marinhos bentônicos, que eram colocados em bacias para o público conhecê-los e tocá-los. No fim do dia todos os animais foram devolvidos ao mar (Espaço Ciência Viva, 1985). Segundo Bazin (em entrevista dada em 1997 a Costantin, 2001) a presença da professora foi essencial:

> [...] e foi muito importante a presença dela porque a primeiríssima atividade, simplesmente a gente foi fazer com ela, o que ela já fazia com seus alunos, no paredão da Urca. Tudo o que fizemos foi ajudá-la a manejar os microscópios que ela tinha trazido... nós não existíamos ainda... éramos uma ideia... E, como dizia Ildeu: ideias, temos muitas em nossa garagem... Nós nos colocamos a disposição dela, e estávamos atendendo pessoas, o que permitiu ela fazer uma coisa muito maior, atendendo não só aos seus alunos, mas todas àquelas pessoas (Bazin, 1997 em entrevista a Costantin, 2001, p. 66).
>
> Numa linguagem simples, cientistas, professores e estudantes do ECV tem transmitido noções de biologia marinha às crianças, a partir do estudo dos animais vivos apanhados na própria praia (Neiva, 1984).

Após esse evento, os professores e pesquisadores do Espaço Ciência Viva convidaram estudantes de pós-graduação a atuarem nas atividades de divulgação científica. Nessa ocasião, o professor Pedro Muanis Persechini, do Instituto de Biofísica Carlos Chagas Filho, da Universidade Federal do Rio de Janeiro (UFRJ) convidou Tania Cremonini Araujo Jorge, que estava concluindo o seu mestrado nesse instituto e era funcionária da Fundação Oswaldo Cruz (Fiocruz), assim como Solange Lisboa de Castro. A participação de Tania e Solange favoreceu a construção de uma parceria do Espaço Ciência Viva com a Fiocruz e a UFRJ. As duas instituições até hoje colaboram em diversas atividades do Espaço Ciência Viva (Araujo-Jorge, 2021).

Nos dias 18 e 19 de julho de 1983, o Espaço Ciência Viva promoveu o seu segundo evento (Figura 29) chamado *Noite do Céu*, realizado na Praça Saens Pena, com apoio da Associação de Moradores e Amigos da Praça Saens Pena e Arredores (Amoapra), do Observatório Nacional, do Clube de Astronomia do Rio de Janeiro e da Secretaria de Estado de Obras e Meio Ambiente (Espaço Ciência Viva, 1983b).

Durante o evento, as luzes da praça foram apagadas e o público pôde observar o céu com auxílio de telescópios; brincar com um modelo de sistema solar; participar de uma simulação sobre as fases da lua, movimento das marés, eclipses, formação do dia e da noite e estações do ano, usando bolas de isopor e lanternas; e assistir a uma palestra sobre o nascimento e morte das estrelas (Araujo-Jorge, 2021; Bazin et al., 1987). O grupo de Teatro *Tá na Rua* encenou a peça *A vida de Galileu* (Araujo-Jorge, 2021; Bazin et al., 1987; Bazin, 1990; Espaço Ciência Viva, 1986). O trecho a seguir explica os princípios considerados no planejamento das atividades desenvolvidas pela instituição:

> [...] a nossa prática pedagógica tem como ponto fundamental possibilitar às pessoas que vivenciem alguns momentos do processo de descoberta, através da satisfação da sua curiosidade. Tudo isso, utilizando materiais simples, do cotidiano, num lugar que também faz parte do cotidiano. Desse modo, é fácil a aproximação.
>
> A experimentação abre caminho para responder ao desconhecido. "Por que?", "Não sei", "Como podemos descobrir?", essa é uma sequência de questões que raramente ocorre no espaço de uma aula forma, é muito frequente nas atividades do ESPAÇO CIÊNCIA VIVA (Espaço Ciência Viva, 1986).

O terceiro evento ocorreu em 8 e 9 de outubro de 1983 na praça Saens Pena, em colaboração com a Amoapra (Espaço Ciência Viva, 1983b). Idealizada pela Tania, o *Dia da Célula* só foi possível devido à parceria com a Fiocruz e o Instituto de Biofísica. A Solange pediu apoio ao professor Carlos Chagas Filho, que entrou em contato com o presidente da Fiocruz para pedir autorização e liberação de microscópios para serem usados nas oficinas realizadas em plena praça pública (Costantin, 2001). O evento também teve apoio de empresas privadas, cujo recurso permitiu a distribuição de cartazes de divulgação (Figura 30), pôsteres com informações sobre as células e a organização da infraestrutura necessária, como a compra de cabos elétricos (Araujo-Jorge, 2021; Costantin, 2001).

Para elaborar as atividades e se preparar para mediá-las, o grupo reuniu-se semanalmente por cerca de três meses. Para *O Dia da Célula*, por exemplo, parte do tempo foi dedicado à desmontagem, limpeza e montagem de todos os microscópios cedidos. Isso exigiu o estudo da física para compreender o caminho percorrido pela luz, pois a maioria dos equipamentos não tinha um sistema de iluminação acoplada, sendo necessário montar um sistema de lâmpadas para ficar sobre as mesas para iluminar os espelhos que refletiam a luz para a lâmina a ser observada. Além disso, a equipe precisou estudar biologia para se preparar para a mediação do conteúdo a ser trabalhado na oficina (Araujo-Jorge, 2021).

Nesse evento os visitantes podiam utilizar lâminas previamente preparadas para observar células vegetais e animais fixadas e vivas50, além de poder prepará-las no módulo *Faça você mesmo* (Figura 31). A possibilidade de preparar lâminas e observar as próprias células atraiu uma grande multidão! Ali as pessoas podiam observar as próprias células sanguíneas, células da bochecha e até mesmo espermatozoides (Araujo-Jorge, 2021).

A visualização de células haploides (espermatozoides e óvulos) e diploides (zigotos), com auxílio do microscópio, marcou o início das atividades de sexualidade do museu. Importante ressaltar que, para os organizadores do evento, a atividade estava relacionada ao ensino de biologia celular e não de sexualidade ou educação sexual (Araujo-Jorge, 2021):

> E aí a ideia [...] de mostrar células embrionárias, células que iam ser fertilizadas – espermatozoides e óvulos – surgiu nesse momento. Então a questão da sexualidade... não é ainda a questão da sexualidade, a sexualidade é um outro tema, né? É a questão da fecundação, do conceito de célula haploide, do conceito de célula diploide, do conceito de fusão de células para formar um novo ser (Araujo-Jorge, 2021).

No entanto, segundo Bazin (1988) ao observar uma variedade de células sob o microscópio, a questão da reprodução naturalmente surge. O modelo experimental utilizado para essa atividade foi o ouriço. Para isso, ouriços foram coletados no mar, na Urca. A coleta dos animais, dos seus gametas e do processo de fecundação *in vitro* foi realizado com base nos protocolos desenvolvidos pela professora de biologia Maria de Nazaré Meirelles, que fazia uma série de práticas de ciências na escola51 (Araujo-Jorge, 2021). Como a fecundação dos ouriços é extracorpórea, o protocolo apenas simulava o que ocorria no mar:

> [...] a gente usou ouriços para coletar óvulos e espermatozoides porque a gente fez fecundação in vitro, ao vivo, na praça. Isso foi a coisa mais louca que a gente já fez na vida!
>
> [....] Enfim, não era complicado, né? É uma fecundação extracorpórea. Na realidade nada mais é do que simular o que acontece no mar mesmo. Você bota água do mar mistura um com outro e fica olhando no microscópio para ver o que

---

[50] Cultura de células cardíacas de embrião de galinha. Ao observá-las no microscópio era possível vê-las contraindo (Araujo-Jorge, 2021).

[51] Nessa época, o uso de animais no ensino de ciências era permitido (Araujo-Jorge, 2021).

> que dá. E a gente fez isso em plena praça pública e foi é uma das coisas mais lindas que a gente fez! (Araujo-Jorge, 2021).
>
> Usando ouriços-do-mar, que ainda habitam a península rochosa da Urca, perto de Copacabana, é possível testemunhar a reprodução sexual: os ouriços machos liberam esperma e os ouriços fêmeas liberam ovos. Em condições naturais, os ovos são fertilizados na água do oceano. Mas tanto os ovos quanto o esperma podem ser coletados dos ouriços, e as pessoas na praça podem misturar os dois líquidos e observar o processo de fertilização sob o microscópio. Elas veem o grande ovo marrom rodeado por uma multidão de espermatozoides minúsculos, e com um pouco de paciência, podem observar subitamente que o ovo, que antes era perfeitamente redondo, agora se tornou duas células. Então, uma das células pode se dividir novamente, mas até esse momento, a pequena gota provavelmente já secou sob o microscópio! (Bazin, 1988, p. 19, tradução nossa).

O evento contou com o apoio das associações de moradores do bairro. Além disso, foram distribuídos panfletos nas escolas do bairro. Cartas foram enviadas aos professores de escolas vizinhas, convidando-os a levarem seus alunos (Bazin, 1990). As atividades realizadas no *Dia da Célula* foram um sucesso e, por isso, foram repetidas inúmeras vezes na cidade do Rio de Janeiro e em cidades vizinhas (Espaço Ciência Viva, 1984; Espaço Ciência Viva, 1986). Nenhuma edição era igual a outra, pois amostras presentes em cada local, levadas muitas vezes pelos próprios visitantes, eram incluídas na oficina *Faça Você Mesmo* (Bazin *et al.*, 1987). Na edição realizada no Jardim Botânico do Rio de Janeiro, a convite da Associação de Moradores do Jardim Botânico (Espaço Ciência Viva, 1983b; Bazin *et al.*, 1987), por exemplo, os visitantes coletaram água do riacho (Neiva, 1984) e pólen para observarem no microscópio (Almeida, 1984). Essa oficina ainda é realizada pela instituição.

Segundo Bazin *et al.* (1987), o processo de descoberta e de satisfação da própria curiosidade são fundamentais para o desenvolvimento do pensamento crítico porque criam uma atmosfera favorável para a discussão do objeto ou fenômeno observado. Então, por meio de uma mediação dialógica o processo de construção do conhecimento pode ser realizado: "Por que isso acontece?" "Eu não sei" "Então como podemos descobrir?" (Bazin *et al.*, 1987, tradução nossa).

No relatório do evento realizado em janeiro de 1986 (Espaço Ciência Viva, 1986), no *Camping Club do Brasil* do Recreio dos Bandeirantes, há uma breve descrição do protocolo do *módulo reprodução ouriços* (Figura 32):

> Após a injeção de cloreto de sódio – sal de cozinha – a 10%, cada ouriço expelia seus gametas: óvulos ou espermatozoides identificáveis mesmo a olho nu pela diferença de coloração do líquido expelido: vermelho ou esbranquiçado, respectivamente. Uma pequena quantidade de ambos os gametas colocados sobre uma mesma lâmina de microscópio permite a observação da fecundação – constituição do ovo – as primeiras divisões celulares após alguns minutos; e da mesma maneira que os biólogos demonstraram pela primeira vez o papel ativo que o espermatozoide desempenha na fecundação (Espaço Ciência Viva, 1986).

Com a colaboração de Amir Haddad e o grupo *Tá na Rua* (Araujo-Jorge *et al.*, 2004; 2021), um esquete teatral sobre o processo de fecundação foi apresentado ao público no *Dia da Célula* (Araujo-Jorge, 2021; Espaço Ciência Viva, 1986). No esquete havia pessoas vestidas de espermatozoides e óvulos (Araujo-Jorge, 2021). Então, os espermatozoides faziam a grande corrida para chegar até o óvulo e fecundá-lo:

> Tinha toda uma discussão do que era, como é que era, como é que chegava. Então a questão da sexualidade começou a ser introduzida a partir daí. Em que a gente saiu do ambiente só biológico e começou a discutir com arte a questão da fecundação e da sexualidade (Araujo-Jorge, 2021).
>
> No DIA DA CÉLULA, a "célula como unidade de vida" também é trabalhada teatralmente, bem como a "geração de vida com 2 células, óvulo e espermatozoide". O resultado é uma atividade cultural ampla, visualmente bonita, criativa, e cujo público participa intensamente. É um exemplo de multidisciplinaridade pedagógica que leva a discussões com professores a respeito do que pode ser o método ativo de ensino (Espaço Ciência Viva, 1986).
>
> Existem milhões de espermatozoides sempre prontos para entrar em ação e procurar o raro óvulo produzido apenas uma vez por mês e sobrevivendo apenas um curto período. O óvulo aceita somente um desses milhões de espermatozoides (que os participantes se lembram de terem invadido cada óvulo de ouriço-do-mar sob os microscópios) e isso iniciará uma nova vida.

> A esquete termina com o aparecimento de uma criança da união da atriz/óvulo com um ator/espermatozoide – uma criança real, na verdade, emprestada pelas pessoas que participam dessa elaboração da vida.
>
> O tema da reprodução sexual, geralmente considerado tão delicado e sensível, se expande naturalmente a partir do material que está realmente presente sob o microscópio. O trabalho dos atores traz informações precisas para todos, sem mistificação e em uma atmosfera onde imaginação e realidade interagem livremente, sem distorções técnicas ou morais. O relacionamento que se estabelece entre o público, os cientistas e os atores força o envolvimento pessoal, a interação franca, uma linguagem comum e uma verdadeira participação.
>
> Não há limites de tempo, nem sinais de campainha. O desejo de aprender e discutir é suficiente; não há necessidade de "motivar". Na praça, os participantes de fato participam, adquirem experiência, e cada indivíduo permanece dono das informações e das verdades que ele ou ela encontrou. A ciência se torna uma experiência vivida em comum com os outros, não de forma desorganizada, mas em uma estrutura pedagógica na qual a abertura e as múltiplas interações substituem as formalizações puramente técnicas do alcance padrão.
>
> Os leitores deste arquivo têm acesso aos comentários e às sugestões (Bazin, 1988, p. 19, 32, tradução nossa).

Outra atividade artística era um módulo de desenho inusitado (Figura 33)! Homens-sanduíche caminhavam pela praça e perguntavam para o público: "Você quer desenhar aqui o que você viu?". Então as pessoas podiam deixar ali o seu registro (Araujo-Jorge, 2021).

Uma exposição de painéis atraía a atenção do público e amenizava o tempo de espera na fila (que durava em torno de uma hora!) para participar das oficinas de microscopia. Havia micrografias coloridas ampliadas e impressas, apresentação de conceitos científicos, explicação sobre escala:

> Então a motivação foi levar uma coisa bela para o público se encantar. Essa era a motivação! E aí a gente fazia as imagens mais bonitas que a gente tinha. levava as lâminas mais bonitas, fazia os painéis mais bonitos, porque sempre tinha que fazer uma correlação entre o que tava num microscópio e o que tava... A gente não tinha microscópio com câmera, né?

> [...] Então o painel eram fotos reveladas, as legendas eram... ou então eram desenhadas. A gente desenhou muito com pilot no cartaz, porque os painéis nada mais eram cartolinas com foto e papel, igual que se faz nas escolas. Isso também aproximava muito as pessoas porque professores que passavam por ali, eles viram que era um painel como eles faziam nas escolas. Se era cartolina ou se era papel pardo, a diferença não fazia, entendeu? Mas a gente nunca usou outro método que não fosse o método das escolas.
>
> A gente começou a desenvolver esses módulos para as atividades de praça, mas depois que a gente conseguiu um museu a gente tinha que povoar o museu de atividades, né?
>
> [...] Assim, a motivação era isso, era levar ciência para a praça, era popularizar... popularizar aquilo que a gente sabia fazer e que era um privilégio, né? É um privilégio poder fazer aquilo. Poder ser cientista nesse país é um privilégio. Então a gente sempre... aquele grupo de pessoas era um grupo de pessoas comprometidas com educação popular (Araujo-Jorge, 2021).

As imagens utilizadas nos painéis foram cedidas por cientistas a pedido da equipe do museu. Eram imagens de boa qualidade, de células de seres vivos de diferentes reinos, que evidenciavam diferentes estruturas celulares, obtidas por microscopia ótica e eletrônica (Araujo-Jorge *et al.*, 2004). Imagens obtidas de publicações acadêmica e sites também foram utilizadas, com a devida permissão (Araujo-Jorge *et al.*, 2004).

Durante todo o evento, havia música, inclusive durante a desmontagem de todas as estruturas utilizadas, que era acompanhada de dança e do bolero de Ravel (Araujo-Jorge, 2021). Também havia um homem sanduíche (Figura 34), que caminhava pela praça anunciando o evento. Assim como no evento anterior, uma palestra foi ministrada por um cientista, com direito a microfone, alto-falante e projetor. A cientista responsável por conversar com o público foi a própria Tania C. de Araújo Jorge (Figura 34), que convidou as pessoas para fazerem uma "viagem pelas células do corpo humano", tendo como ponto de partida o processo de fecundação. A sua fala era acompanhada pela projeção de micrografias, integrando o que foi visto na oficina de microscopia com as informações compartilhadas na palestra (Araujo-Jorge, 2021).

As atividades realizadas pelo Espaço Ciência Viva atraíram muitas pessoas e inspiraram o desenvolvimento de oficinas para professores com práticas lúdicas para o ensino de biologia celular (Araujo-Jorge *et al.*, 2004).

O sucesso das atividades realizadas nas praças públicas se deu, ao menos em parte, à parceria com as associações de moradores que desde o primeiro evento na Urca apoiaram a iniciativa do museu e divulgaram essas ações (Araujo-Jorge et al., 2004; Bazin em entrevista a Costantin, 2001). E foi justamente um representante de uma associação que idealizou o quarto evento. A Associação Pró-Melhoramento do Morro do Salgueiro, durante o *Dia da Célula* solicitou ao Espaço Ciência Viva uma ida ao Morro do Salgueiro (Castro em entrevista a Costantin, 2001; Espaço Ciência Viva, 1984):

> [...] para pedir que levássemos aqueles microscópios ao morro para os moradores olharem como havia bichinhos na água (Espaço Ciência Viva, 1985a).
>
> Dessa forma iniciou-se uma série de contatos com a população local no sentido de conscientizá-los a respeito do grave problema da contaminação da água (Espaço Ciência Viva, 1984).

O *Dia da Água* (Figura 35) foi realizado pela primeira vez em 11 de outubro de 1984 no Salgueiro (Espaço Ciência Viva, 1984). Nesse evento foram apresentados os seguintes assuntos: a poluição da água, a análise, o tratamento, a distribuição, os gastos relacionados à distribuição e doenças transmitidas pela água. Os próprios moradores levavam amostras de água para serem analisadas durante o evento (Espaço Ciência Viva, 1986). Ao longo do ano, a análise da qualidade da água, com apoio da Feema, permitiu a identificação de diversos pontos de contaminação por coliformes fecais (Bazin, 1984; Bazin et al., 1987; Espaço Ciência Viva, 1983b; Espaço Ciência Viva, 1985a). Até então muitos acreditavam que a contaminação era improvável, pois a água que saía dos furos dos canos não permitiria a entrada de sujeira (Saito; Bastos, 2018). O projeto durou cerca de um ano (Bazin et al., 1987).

Com o apoio do Espaço Ciência Viva, a Escola Municipal Bombeiro Geraldo Dias, situada no pé do morro, inseriu o tema água no currículo (Bazin et al., 1987; Espaço Ciência Viva, 1986). A equipe do museu ensinou para os professores como a água se contaminava, como era possível descontaminá-la e prevenir a sua contaminação. Isso motivou os professores a subirem o morro com as crianças para que juntos redescobrissem as fontes de água e o percurso dos encanamentos. Os professores prepararam uma feira de ciências na escola e a comunidade fez um mutirão para limpar caixas de água (Espaço Ciência Viva, 1985a; 1986).

Nos primeiros anos do Espaço Ciência Viva, as atividades dos eventos *Dia do Mar*, *Noite no céu*, *Dia da Célula* e *Dia da Água* foram realizados inúmeras vezes na capital do Rio de Janeiro, nas cidades vizinhas e até em outros estados brasileiros (Araujo-Jorge *et al.*, 2004; Araujo-Jorge, 2021), agregando diversos colaboradores, como o Robson Coutinho-Silva que chegou em uma das *Noite do céu* (Coutinho-Silva, 2021). A equipe acreditava que os cientistas deveriam ir ao encontro do povo (Saito; Bastos, 2018). Então eles iam até as comunidades, praças e parques urbanos, contando com a participação de cerca de três mil pessoas por evento (Bazin *et al.*, 1987; Kutenbach; Persechini; Coutinho-Silva, 2004). Eram eventos científicos e culturais a céu aberto, que além de popularizar a ciência, buscavam proporcionar prazer e satisfação (Araujo-Jorge, 2021; Bazin *et al.*, 1987). Curiosas, as crianças costumavam retornar inúmeras vezes nas mesmas atividades. Os adultos, apesar de hesitarem e dizerem que iam até o evento para acompanhar as crianças, também ficavam fascinados (Bazin *et al.*, 1987).

Na expedição para Brasília, em novembro de 1985 (Espaço Ciência Viva, 1985b) à convite da Capes e do Ministério da Educação e Cultura, a equipe com mais de 30 pessoas, formada por cientistas e de artistas do grupo *Tá na rua*, levou os módulos desenvolvidos, incluindo o de reprodução dos ouriços, para a realização da atividade de observação de gametas e do processo de fecundação e a esquete sobre fecundação (Araujo-Jorge, 2021; Bazin, 1990; Kutenbach; Persechini; Coutinho-Silva, 2004; Espaço Ciência Viva, 1986).

> E quando diziam pro Maurice assim: "Mas vai custar muito caro isso. Olha quantas passagens!" Ele dizia assim: "Quanto custa vir à sinfônica de Hamburgo para tocar no Rio de Janeiro? E por que ninguém pergunta se vai ser caro ou se vai ser barato? Isso é parte da cultura. Se a ciência não for parte da cultura, a gente vai achar que é tudo caro". Não é? A ciência é parte da cultura. Fazer da ciência, de fato, parte da cultura significa você ter noção de que tem custos culturais, tem investimentos culturais que devem ser feitos pelo Estado. E todo o dinheiro que a gente tinha, era do Estado. A gente nunca teve um investimento privado, com exceção do projeto Ford que foi a fundação Ford que pagou as horas dos pesquisadores. O resto era projeto CAPES. Que a gente teve o CAPES do PADCT52 que foi o seminal nosso, né? E depois foi CNPQ, foi FAPERJ. (Araujo-Jorge, 2021).

---

[52] Programa de Apoio ao Desenvolvimento Científico e Tecnológico – PADCT / Subprograma Educação para a Ciência / Programa para Melhoria do Ensino de Ciências e Matemática. Subprojeto Espaço Ciência Viva / Convênio PI 348/84 – Contrato Capes / PADCT 29/84.

Figura 29 — *Noite do Céu*, realizado em julho de 1983

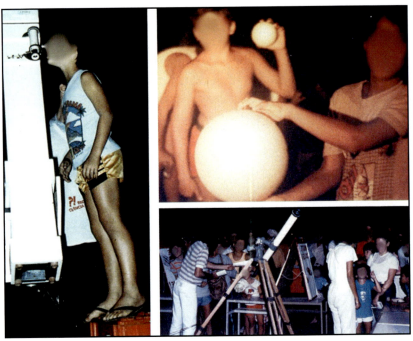

Fonte: imagens do arquivo pessoal de Tania C. Araujo Jorge

Figura 30 — Cartazes de divulgação do evento *Dia da Célula*

Fonte: imagens do arquivo pessoal de Tania C. Araujo Jorge

Figura 31 — Oficina *Faça você mesmo*. Note que a maioria dos microscópios era com espelho e não com lâmpadas, por isso há um sistema de lâmpadas sobre a mesa, iluminando os espelhos

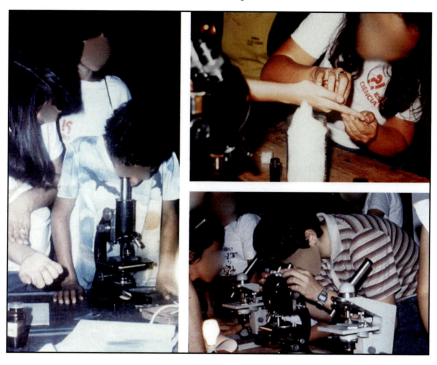

Fonte: imagens do arquivo pessoal de Tania C. Araujo Jorge

Figura 32 — Módulo *Reprodução de Ouriços*

Fonte: imagens do arquivo do Espaço Ciência Viva

Figura 33 — A – Crianças participando do módulo de desenho; B – Desenho de uma criança

Fonte: imagens do arquivo pessoal de Tania C. Araujo Jorge

Figura 34 — Homem-sanduíche anunciando as atividades do evento *Dia na Célula* e palestra da cientista Tânia C. Araújo-Jorge

Fonte: imagens do arquivo pessoal de Tania C. Araujo Jorge

Figura 35 — Cartaz de divulgação e módulo de microscopia no *Dia da Água*

Fonte: imagens do arquivo pessoal de Tania C. Araujo Jorge

4.3.3 A CONQUISTA DA SEDE

Durante os seus primeiros anos de existência, o Espaço Ciência Viva não tinha um espaço físico próprio. O acervo e os livros eram guardados em uma pequena sala na Fundação Escola de Serviço Público do Estado do Rio de Janeiro (Fesp) — uma sede temporária onde a equipe multiprofissional costumava se reunir para estudar, preparar as atividades e redigir projetos para a solicitação de financiamento (Araujo-Jorge, 2021). Outros espaços como o Observatório Nacional, o Centro Brasileiro de Pesquisa Física (CBPF), a sede do Sindicato dos Professores, a Pontifícia Universidade Católica do Rio de Janeiro (PUC) e a UFRJ também eram utilizados para as reuniões (Araujo-Jorge, 2021; Costantin, 2001).

Em 1986, durante a busca por uma sede permanente, a equipe se deparou com espaços abandonados que pertenciam ao Estado, entre eles um terreno com um galpão de 800 m² utilizado durante a construção da estação de Metrô da Saens Peña, no bairro da Tijuca, Rio de Janeiro (Costantin, 2001; Espaço Ciência Viva, 2019a). A Associação de Moradores e Amigos da Praça Saens Peña (Amoapra), a Associação de Moradores e Amigos da Praça Afonso Peña e Arredores (Amapapa), a Associação de Moradores e Amigos da Usina e Muda (Amaum), a Associação Pró-Melhoramento do Morro do Salgueiro, a Federação de Associações de Moradores do Estado do Rio de Janeiro (Famerj), o Sindicato dos Professores do Município do Rio de Janeiro, o Centro de Professores do Rio de Janeiro (CEP/RJ), a Secretaria Municipal de Cultura e a Secretaria Estadual de Educação e a impressa se juntaram na luta pelo espaço (Espaço Ciência Viva, 1985b). Em outubro de 1986, o Governador Leonel Brizola, por meio da Secretaria de Planejamento do Estado do Rio de Janeiro, concedeu a cessão do terreno e galpão para a instalação do museu (Araujo-Jorge, 2021; Espaço Ciência Viva, 1985b; Espaço Ciência Viva, 2019a; Rio de Janeiro, 1986). Durante os meses seguintes, os colaboradores tiveram que colocar a mão na massa para transformar o galpão abandonado em um museu interativo de ciências (Costantin, 2001).

Em 3 de outubro de 1987 o Espaço Ciência Viva abriu as suas portas para o público:

> Então tinha atividade física, atividade de astronomia, atividade de biologia, atividade de... aí os vários campos da ciência... ah de matemática... começaram a ocupar o museu.

> No início ele era só física e um pouquinho de biologia, eu tinha uma bancada "faça você mesmo" de biologia. Depois ele foi crescendo começaram a ter os módulos... aquele módulo do Sistema Solar que eu não sei se ainda tá lá, ele foi construído para a noite do céu. A gente esticou um sistema solar inteiro na praça Saens Pena, do Sol até Urano, entendeu? Em escala. Então foi bem bacana (Araujo-Jorge, 2021).

O Espaço Ciência Viva se tornou o primeiro museu interativo de ciências do Rio de Janeiro e o segundo do Brasil[53]. A exposição disposta em seu enorme galpão, sem divisórias, permite que o visitante se desloque livremente pelo museu, sem um percurso pré-determinado (Espaço Ciência Viva, 2021). A instituição também apoiou a construção de outros centros de divulgação científica como a Praça da Ciência, a Experimentoteca do Serviço Social do Comércio (Sesc) e o Museu da Vida (Fiocruz) (Costantin, 2001).

O Espaço Ciência Viva já contava com o apoio financeiro da Capes desde 1984 (Espaço Ciência Viva, 1985b) e, com isso, já podia remunerar seus colaboradores, possibilitando que esses dedicassem mais tempo ao museu (Costantin, 2001). Outros convênios foram estabelecidos, incluindo com a Fundação Ford, que permitiu o desenvolvimento do projeto de implantação do museu (Araujo-Jorge, 2021). Já o convênio com a Secretaria de Estado de Ciência e Tecnologia permitiu que o Espaço Ciência Viva pudesse atuar com o Centro de Ciências do Rio de Janeiro em um programa de formação continuada de professores, resultando na liberação de Bazin da PUC em 1988 para que pudesse trabalhar integralmente no museu. Dessa forma foi possível receber regularmente o público — grupos escolares durante a semana e público geral nos fins de semana (Costantin, 2001).

Com a conquista da sede, a dinâmica de trabalho mudou e exigia muito mais tempo dos colaboradores, já que além do trabalho de divulgação científica, para manter o museu funcionando era preciso lidar com questões burocráticas, investir tempo na redação de projetos para pedir financiamento e/ou articular parcerias com comerciantes locais (Araujo-Jorge, 2021). Com isso, muitos colaboradores-fundadores foram se afastando ao longo do tempo, incluindo o próprio Bazin em 1990 (Cos-

---

[53] O primeiro museu interativo do Brasil foi o Centro de Divulgação Científica e Cultural da Universidade de São Paulo, fundado em 1980 (Ferreira; Santos, 2016). Embora muitas pessoas considerem o Espaço Ciência Viva como um museu interativo, a instituição não possui objetos históricos, acervo catalogado, plano museológico e museólogos. Por isso, muitas vezes é classificado como um centro de ciências.

tantin, 2001). Além disso, o Espaço Ciência Viva deixou de promover com regularidade os eventos em espaços públicos, devido à indisponibilidade de recursos financeiros para manter essa linha de trabalho:

> Não podemos ter a ilusão de que basta ter um Museu funcionando diariamente para sermos procurados, devemos ter uma "linha" de trabalho nessa direção. Não fomos capazes de manter esta "linha" funcionando simultaneamente com o próprio museu pois ela exige que trabalhemos fora do museu, nos próprios locais, nas comunidades, nas ruas (Espaço Ciência Viva, 1989a).

Apesar disso, a parceria com a Secretaria de Estado de Ciência e Tecnologia permitiu a realização de eventos em Laje do Murieaé, Cachoeiras de Macacu, Barra do Piraí e Cambuci, entre dezembro de 1987 e junho de 1988 (Espaço Ciência Viva, 1989a). Até hoje a instituição realiza algumas atividades externas.

4.3.4 O OLHAR ATENTO PARA O PÚBLICO E A IDENTIFICAÇÃO DA NECESSIDADE DE REALIZAR ATIVIDADES DE EDUCAÇÃO SEXUAL

Os relatórios das atividades itinerantes realizadas em 1987 e 1988 nos dá pistas de como o museu olha atentamente para as necessidades do público desde o início da sua história. Paulo Henrique Colonese, no relatório do evento de Cambuci, destacou que as pessoas permaneciam muito tempo no microscópio devido à dificuldade de manipulá-lo e sugere uma explicação prévia sobre o seu funcionamento, antes do momento da observação, para otimizar o fluxo de visitantes. Já no relatório do evento em Barra do Piraí ele disse: A ausência de espermatozoides vivos foi bastante sentida, principalmente ao anoitecer quando o grupo de jovens adolescentes visitaram a exposição. Devemos levar algo sobre sexualidade nos eventos para atender este público específico (Espaço Ciência Viva, 1989a). Isso mostra que apesar da inclusão da observação do processo de fecundação na oficina *Faça você mesmo* ter tido como objetivo inicial a exploração de conceitos relacionados à biologia celular, o público levou ao museu a demanda de abordar a sexualidade, como mostra um trecho do relatório escrito por Miguel Cantanhede Sette e Camara no evento realizado em Laje do Muriaé:

> Os microscópios e participação/envolvimento foi bastante bom. As lâminas de espermatozoides humanos vivos fizeram muito sucesso com elemento motivador de questões e dis-

cussão sobre "Sexualidade" (reprodução, fecundação, ciclo menstrual, período fértil, métodos contraceptivos, doenças venéreas, e a AIDS em particular). Nesta questão chega a ser crítica a desinformação e desconhecimento de alguns jovens e até mesmo adultos. Esta é uma área que deve evoluir dentro da equipe de Biologia (Espaço Ciência Viva, 1989a).

4.3.5 A PRIMEIRA EXPOSIÇÃO SOBRE SEXUALIDADE

Em 1987, a instituição promoveu a exposição *História da Sexualidade — do natural ao cultural* (Figura 36), oriunda do Museu Nacional de História Natural de Paris (Muséum National d'Histoire Naturelle) (Jornal do Brasil, 1987; Pereira *et al.*, 2009), provavelmente devido ao grande interesse do público pelo tema.

Figura 36 — Cartaz de divulgação da mostra *História da Sexualidade: do natural ao cultural*

Fonte: imagem do arquivo do Espaço Ciência Viva

A mostra era composta por 54 painéis que mostravam diferentes aspectos da sexualidade no Reino Vegetal e Animal, tais como os rituais de acasalamento, as estruturas sociais, estratégias reprodutivas e a influência do sexo na sociedade humana (Jornal do Brasil, 1987). No entanto, a exposição era composta apenas por painéis sobre sexualidade humana (Araujo-Jorge, 2021; Coutinho-Silva, 2021), o que não representava a essência do museu interativo. Ademais, em uma visita à seção de biologia humana do Museu de História Natural (Natural History Museum) em Londres, Tania já havia notado que os painéis despertavam pouca atenção dos visitantes e que eles investiam mais tempo na interação com os experimentos expostos (Araujo-Jorge, 1987). Então, a equipe do museu, além de traduzir os painéis, criou módulos interativos (Figura 37) para compor a mostra (Araujo-Jorge, 2021; Coutinho-Silva, 2021). O texto traduzido pela equipe foi datilografado e colado em cima do texto original (Araujo-Jorge, 2021). Além disso, incorporou a sexualidade das plantas e animais à exposição (Coutinho-Silva, 2021).

Figura 37 — Mostra *História da Sexualidade: do natural ao cultural*

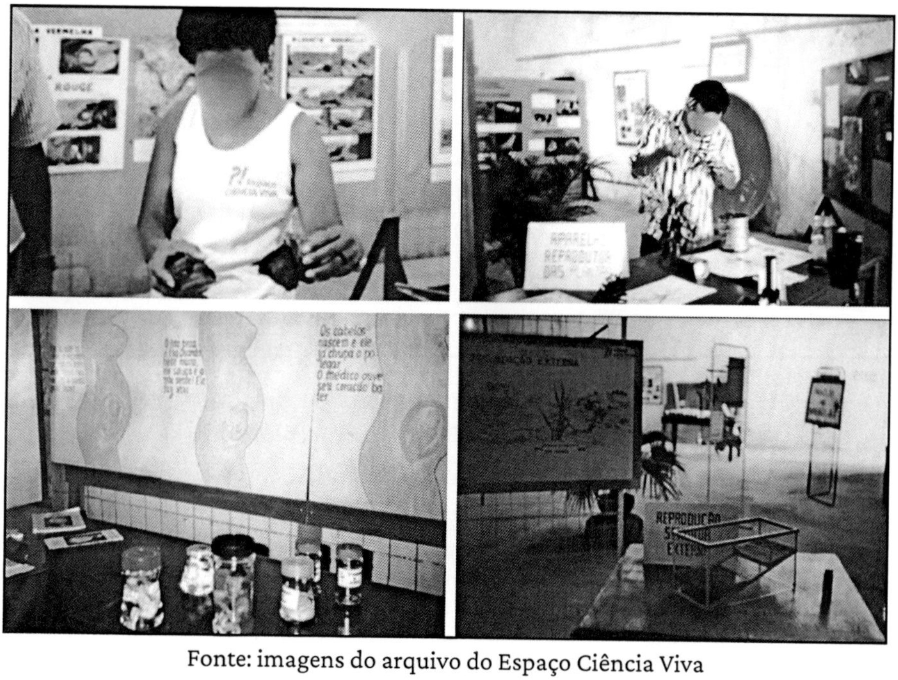

Fonte: imagens do arquivo do Espaço Ciência Viva

A estreia da mostra contou com a participação do sociólogo Herbert de Souza que proferiu a palestra *Aids, hoje*. O evento foi noticiado pela imprensa. A chamada do Jornal O Globo, intitulada *Mostra desmistifica a sexualidade*, foi publicada em 17 de novembro de 1987 (O Globo, 1987). Na matéria, Ruth Almeida, coordenadora do Espaço Ciência Viva na ocasião, disse que muitos adolescentes não tinham acesso à informação correta e, por isso, o museu decidiu receber a exposição para desmistificar a sexualidade. Ela disse que a exposição apresentava todos os aspectos da sexualidade e que haveria especialistas para esclarecer dúvidas. A reportagem também descreveu a mostra:

> Nos belos painéis de 1,2 metro por 2 metros, são apresentados desde os processos de reprodução mais simples – como das amebas – até os sofisticados jogos de sedução realizados por borboletas, minhocas, albatrozes e morcegos, entre muitas outras espécies.
>
> [...] Dividida em seis módulos, a exposição aborda a diferenciação sexual em animais e vegetais, ciclo menstrual e gestação, contracepção, sedução vida em sociedade e reprodução em textos simples, onde o humor está presente (*O Globo*, 1987).

Segundo o texto do projeto de pesquisa *Sexualidade e maternidade: divulgação científica para educação popular*[54]:

> O público jovem discutiu animadamente com nossos monitores os problemas da reprodução e controle de natalidade, demonstrando uma enorme falha no sistema educacional relativo a esse tema. A atmosfera ao mesmo tempo livre e científica de nosso Espaço fez com que as pessoas de diferentes idades, homens e mulheres, pudessem perguntar e tirar suas dúvidas com nossos monitores sem constrangimento (Espaço Ciência Viva, [1997 ou 1998], p. 4).

Outras palestras também foram proferidas durante o período da mostra (11/11 a 12/12/1987) na Casa da Cultura, que se localizava ao lado do museu: *A sexualidade na escola* (Elizabeth Petersen); *Educação sexual e violência sexual* (Solange Dacach); *A sexualidade na cabeça* (Cecília Thumim). A mostra foi um sucesso! Despertou interesse do público e destacou a

---

[54] No documento do projeto não há informações sobre o autor, o ano de elaboração e a sua finalidade. Mas segundo Tania C. Araujo Jorge, o projeto provavelmente foi elaborado em 1987 ou 1988, a partir do Projeto Ford, no qual serviu de base para muitos outros projetos. Provavelmente foi produzido para captar recursos de custeio e/ou bolsas.

relevância do tema, apontando para a necessidade de manter de maneira contínua atividades sobre sexualidade no museu.

4.3.6 O PLANEJAMENTO DA PRIMEIRA EXPOSIÇÃO PERMANENTE DO SETOR DE SEXUALIDADE

Após a exposição *História da Sexualidade: do natural ao cultural*, o setor / área temática de sexualidade se desenvolveu (Coutinho-Silva, 2021), como destaca o trecho abaixo, extraído do projeto de pesquisa *Sexualidade e maternidade: divulgação científica para educação popular*:

> No presente projeto, pretendemos dar continuidade aos temas abordados naquela exposição e não perder o momento trabalhado pelo grupo. E pretendemos também interagir com o público preferencial (não exclusivo) de comunidades carentes e escolas (algumas inclusive expressaram uma extrema necessidade de um maior suporte metodológico e de conteúdo para trabalhar essas questões, sobretudo com adolescentes), com vistas a despertar o interesse de professores para uma ação multiplicadora.
>
> Não é pretensão transformar o sistema de educação sexual da sociedade como um todo, mas criar um espaço permanente aberto a dúvidas e indagações, onde qualquer pessoa possa interagir com os experimentos e modelos; propiciar a troca de experiências; facilitar o acesso ao conhecimento do próprio corpo, seus órgãos sexuais, estrutura e funcionamento; visualizar os fenômenos e transformações que ocorrem nos corpos masculino e feminino e as respectivas implicações com a sexualidade; perceber os fatores que interferem no processo; enfim, redescobrir sua sexualidade de forma a poder optar conscientemente pelos atos pertinentes a mesma e assim ser livre e responsável por cada escolha (Espaço Ciência Viva, [1997 ou 1998], p. 4).

Nesse projeto, o Espaço Ciência Viva incorporou a experiência adquirida na mostra *História da Sexualidade — do natural ao cultural* para planejar a exposição permanente do museu:

> Peças anatômicas, sobretudo úteros e ovários com patologias comuns (miomas, cistos, etc.) auxiliam o esclarecimento e a desmistificação sobre partes inacessíveis e desconhecidas pela mulher sobre seu próprio corpo. Muitas

vezes durante a exposição História Natural da Sexualidade, nossos monitores surpreenderam intervenções como: "Isso é um mioma? Sempre pensei que fosse um bicho que comesse o útero por dentro".

[...] Pretendemos realizar periodicamente debates abertos ao público, tais como o ciclo de palestras realizado durante a exposição sobre História Natural da Sexualidade (Espaço Ciência Viva, [1997 ou 1998], p. 9).

O projeto previa o desenvolvimento de dois módulos: *Aparelho reprodutor, concepção e anticoncepção* e *Desenvolvimento embrionário*. Para o primeiro estavam previstos os experimentos participativos: 1) *Conhecendo as células reprodutoras*, que consistiria na visualização de gametas de ouriço, de codorna e de humanos sob microscópio ótico; 2) *Conhecendo os órgãos reprodutores*, com o uso de modelos tridimensionais dos aparelhos reprodutores humanos; 3) *Conhecendo a concepção e reinventando a anticoncepção*, com modelos de aparelhos reprodutores submetidos à vasectomia e à laqueadura, exposição de métodos contraceptivos (pílulas contraceptivas, diafragmas, dispositivos intrauterinos — DIU —, preservativos masculinos, pastas e óvulos espermicidas com seus respectivos aplicadores) e observação da redução da motilidade dos espermatozoides no microscópio após uso do espermicida. Ao apresentar o preservativo, a sua importância na prevenção de infecções sexualmente transmissíveis, como a Aids, seria destacada. Peças anatômicas do aparelho reprodutor feminino, conservadas em formal-etanol em situações normais e patológicas (exemplo: mioma, câncer no colo de útero, ciscos foliculares de ovário ou teratoma) também seriam utilizadas. Elas estariam disponíveis ao público em cubas abertas para serem manipuladas. Cortes histológicos e esfregaços citológicos poderiam ser utilizados para que o visitante pudesse compreender a importância do exame preventivo. Os modelos e peças de demonstração seriam utilizados para auxiliarem na construção da percepção tridimensional de estruturas. Ademais, os modelos também poderiam ser utilizados para demonstrar como usar os métodos contraceptivos.

O módulo também contaria com painéis sobre "fenômenos básicos ligados à sexualidade"; a participação dos hormônios no desenvolvimento de caracteres sexuais secundários, sua relação com o comportamento e a atividade sexual e com o ciclo ovariano e endometrial, correlacionado com os métodos naturais de contracepção. Apesar dos painéis serem estáticos e proporcionarem pouca participação do visitante, acreditava-se que eles facilitariam a compreensão e a sistematização do conhecimento. Para elaborá-los seriam utilizados fotografias, esquemas e ilustrações que pudessem ser compreendidas por leigos. Os conceitos científicos, quando inseridos, deveriam acompanhar o seu significado e, sempre que possível, seria colocado "um painel específico sobre a evolução do conhecimento sobre um dado tema abordado numa experiência, ressaltando quando a questão foi inicialmente colocada, quem se dispôs a responder e como o fez".

Jogos também fariam parte desse módulo, sendo usados em grupo, em horários programados e divulgados para o público. O *Jogo do acasalamento*, por exemplo, envolveria a participação de oito a 20 crianças acima de quatro anos, que de olhos vendados simulariam rituais de acasalamento de duas a quatro espécies de animais. O objetivo era explorar outros sentidos (olfato, audição e tato) para encontrarem seus parceiros. Para isso, utilizariam sucatas para fazerem barulho e as fêmeas usariam um laço na mão com um perfume. Após a explicação e realização da dinâmica, haveria um bate-papo sobre a situação vivenciada.

Já o planejamento do módulo *Desenvolvimento embrionário* previa o experimento participativo *Sala-útero (Retornando no tempo)* e recursos audiovisuais (painéis, filmes e vídeos): *Rituais de corte e acasalamento animal, Desenvolvimento embrionário* e *Parto normal e parto cesáreo*. A *Sala-útero* deveria "simular o ambiente uterino e os estímulos luminosos, auditivos e sensoriais exercícios sobre um suposto feto de sete meses". A sala seria construída com textura nas paredes, chão e teto (usaria um material acolchoado); luminosidade, som ("ruídos maternos presumidamente audíveis pelo feto de sete meses tais como voz, riso, choro, circulação sanguínea e gases intestinais), temperatura (+/- 37°C) e movimentos semelhantes àqueles presentes no interior do útero gravídico. Para sair do útero, o visitante deveria escolher o tipo de parto: normal ("com luminosidade e ruídos naturais amenizados") ou cesárea. Mas nas duas situações ele passaria pelo canal vaginal, projetado como um "túnel circular com espessas paredes esponjosas e revestidas de modo a acomodarem-se ao formato do bebê". O público da sala deveria ter mais de três anos de idade, mas crianças menores de dez anos deveriam estar acompanhadas por um responsável. O projeto destacava a relevância dos experimentos participativos e trazia orientações para o seu desenvolvimento:

São nossa primeira escolha. É o tipo de abordagem mais interessante sobre os problemas propostos e a que permite o melhor desenvolvimento do raciocínio lógico, crítico e analítico) e a participação direta do visitante. É o que gera o ambiente lúdico, prazeroso, quando o prazer de descobrir e conhecer se junta ao prazer de brincar a partir da motivação. Portanto as experiências no Espaço Ciência Viva deverão ter sempre um título provocador, desafiante, motivador, que puxe o visitante da inércia habitual da simples observação para a posição ativa de mexer, pegar, se questionar, testar diferentes condições experimentais. Devem também ter um roteiro, que coloque ordenadamente algumas questões ao visitante, sem lhe dar as respostas, mas direcionando-a a encontrá-las, de modo a "evitar ordens" que caracterizem uma "receita de bolo" pronto e acabada. Ao contrário, os roteiros deverão lançar questões de modo ordenado para que a sua própria coerência seja percebida pelo visitante de maneira natural. Além disso, as experiências deverão ter indicações de outros experimentos correlatados disponíveis no Espaço, e um convite à busca de relação com monitores e uma indicação sobre possibilidades de aprofundamento do tema com recursos bibliográficos e/ou audiovisuais disponíveis no Espaço ou em outros locais (Espaço Ciência Viva, [1997 ou 1998], p. 8).

Nesse módulo também haveria painéis. Nos painéis haveria desenhos e fotografias do desenvolvimento embrionário e fetal, desde a concepção até o nascimento. Por fim, os filmes poderiam ser utilizados, na sala de projeção, para complementar as informações, como os filmes já preparados pelo Museu de História Natural de Paris e outros que poderiam ser solicitados às filmotecas e videotecas que o Espaço Ciência Viva estava cadastrado.

4.3.7 AS LIMITAÇÕES FINANCEIRAS ENFRENTADAS, AS ESTRATÉGIAS REALIZADAS PARA ENFRENTÁ-LAS E ATUAÇÃO DO SETOR DE SEXUALIDADE DO MUSEU

Em 1987, o Espaço Ciência Viva recebeu dois financiamentos importantes, um da Fundação Ford e outro da Financiadora de Estudos e Projetos (Finep). Eles permitiram a *Implantação dos Setores de Matemática, Artes e Percepção* e a *Implementação do Setor Administrativo do Museu*, respectivamente. Já a *Implementação dos setores de Biologia*

Molecular e de Saúde foi financiada pela InterAmericana Foundation. Apesar da aprovação do projeto ter se dado em 1988, a liberação do dinheiro (cerca de 15 mil dólares anuais) sofreu grande atraso devido a mudanças na gestão da fundação. No relatório de 1989 dizia que sua chegada estava prevista para junho daquele mesmo ano. Isso atrasou o desenvolvimento dos projetos de Biologia (*Moléculas da Vida* e *Saúde e Educação*). Além desses financiamentos, o museu contava com o convênio que já havia sido estabelecido com a Capes (Espaço Ciência Viva, 1989b). Mas já no segundo semestre de 1988 o museu se deparou com um grande desafio:

> [...] caracterizado por uma série de irregularidades de ordem financeira que não permitiram a execução e continuidade dos planos estabelecidos. [...] Saímos de um processo de formação e pesquisa internas para "quase" um período de simples (e árdua) sobrevivência.
>
> [...] Essa situação se agrava mais ainda quando consideramos o momento histórico e político que o país atravessou e ainda atravessa. E a própria Educação dentro deste contexto (Espaço Ciência Viva, 1989a).
>
> Nossa instituição [...] necessita organizar e planejar muito bem cada etapa de crescimento. É preciso saber quando é momento de expansão, de retração ou de manutenção de seu ritmo de funcionamento. Não somos mais um grupo de professores e de estudantes que se reuniam em praças públicas trocando seus conhecimentos científicos com a receptividade da população em geral. Somos um grupo de profissionais, na maioria professores de 1.º e 2.º graus, que se empenham em manter um trabalho de pesquisa e de ação na área de POPULARIZAÇÃO da Ciência. Isto traz um compromisso político e ideológico que cresce frente às enormes necessidades do país e ao desrespeito com que a Educação é tratada neste país. Num estado onde durante dois terços do período escolar é marcado pela greve e integralmente pelos baixos salários fica a questão: Como estarão estes jovens que passam pela escola primária hoje daqui a dez anos? Como estão os índices de analfabetismo dos últimos dois anos? Estas questões são alarmantes e preocupantes. Não podemos esperar dez anos para sabermos, na verdade nem precisamos, já temos a resposta hoje. E como alternativa só resta uma coisa: AÇÃO (Espaço Ciência Viva, 1989b).

O trecho supra mostra que apesar das dificuldades enfrentadas a instituição mantinha o seu propósito. Nesse mesmo ano, o Espaço Ciência Viva e o Exploratorium promoveram o *I Simpósio Internacional sobre Pesquisa e Métodos para a Popularização da Ciência*, na sede do Espaço Ciência Viva no qual representantes de diversas instituições nacionais e internacionais estiveram presentes (Costantin, 2001; Espaço Ciência Viva, 1989a). O evento foi financiado por: IBM-Brasil, Fundação de Amparo à Pesquisa do Estado do Rio de Janeiro (Faperj) e Conselho Nacional de Desenvolvimento Científico e Tecnológico (CNPq). Nessa época, a Divulgação Científica existia apenas como campo de prática e inovação e não como uma área de investigação (Araujo-Jorge, 2021).

Em 1990, o Espaço Ciência Viva se integrou a Rede de Tecnologia do Rio de Janeiro e Rede de Popularização da Ciência da América Latina e Caribe (Costantin, 2001). No mesmo ano, foi reconhecido como uma instituição de utilidade pública pela Lei Estadual n.º 560/90 de 1990 (Espaço Ciência Viva, 2019a). Apesar disso, durante essa década houve uma redução no processo de desenvolvimento de novas oficinas e no oferecimento de palestras conduzidas por cientistas. Como consequência, o número de visitantes reduziu consideravelmente. Isso ocorreu porque muitos colaboradores se afastaram do museu para se dedicarem às suas dissertações e teses (Coutinho-Silva *et al.*, 2005).

Em 1994, o Espaço Ciência Viva passou a atuar em colaboração com a Praça da Ciência Itinerante (PCI), hoje coordenada pela Fundação Centro de Ciência e Educação Superior a Distância do Rio de Janeiro (Cecierj). Juntos oferecem oficinas de sexualidade em cursos de formação continuada de professores das escolas públicas do estado do Rio de Janeiro e levavam para diversos municípios do estado suas atividades sobre o tema para estudantes e o público em geral (Pereira *et al.*, 2009; Bandeira, 2021). A principal responsável por isso foi Sônia Simões Camanho, que atua na PCI desde a sua inauguração (Camanho, 2020). Ela criou e adaptou diversas atividades para serem utilizadas tanto no Espaço Ciência Viva quanto na Praça da Ciência. Por ser psicóloga, compreendia a sexualidade de uma maneira distinta daqueles que já atuavam no museu e passou a explorar os aspectos psicossociais durante a mediação das atividades (Coutinho-Silva, 2021), trazendo uma enorme contribuição ao museu, sendo considerada por muitos a pessoa mais importante do setor de sexualidade do Espaço Ciência Viva (Bandeira, 2021) por criar e adaptar diversas atividades para o museu (Coutinho-Silva, 2021).

O Espaço Ciência Viva, por não receber verba de forma regular, sempre precisou lutar por recursos e fazer parcerias com outras instituições. Nesse contexto, a PCI contribui de maneira significativa com a manutenção do setor de sexualidade (Bandeira, 2021). Sônia já conhecia o museu antes mesmo de ingressar na graduação e chegou até lá por indicação da psicóloga Gisele Santana. Ao se deparar com o módulo de sexualidade se encantou e decidiu colaborar. Foi recebida de braços abertos pela equipe do museu e foi constantemente incentivada por Dilma Viana Luiz, uma professora de biologia que já atuava no museu. Então estudou muito sobre o tema, tendo como principal referência os livros de Marta Suplicy e Marcos Ribeiro. Além disso, ela cursou a pós-graduação em sexualidade humana. Sônia se dedicou por cerca de três décadas ao museu. No entanto, em 2015 assumiu a coordenação da PCI e isso consumiu muito do seu tempo. Então, precisou se afastar do trabalho como mediadora (Camanho, 2020). Apesar disso, ainda contribui com a formação dos novos colaboradores mediando oficinas sobre sexualidade nos cursos ofertados pela instituição.

Em 1998, Pedro Muanis Persechini assumiu a direção do museu e o reaproximou da universidade e da comunidade científica. Um ano depois, a instituição estabeleceu uma parceria com o Instituto de Biofísica Carlos Chagas Filho (IBCCF) e o Instituto de Ciências Biomédicas (ICB), ambos da UFRJ para juntos desenvolverem atividades de divulgação científica, estratégias de formação continuada para professores da educação básica e de capacitação para seus estudantes. Essas práticas eram desenvolvidas por docentes e discentes da graduação e pós-graduação da UFRJ e pela equipe do Espaço Ciência Viva. Tudo isso resultou no desenvolvimento de novas oficinas, promoção de palestras com especialistas e, consequentemente, na recuperação do público do museu; reafirmando a necessidade da parceria entre instituições de pesquisa e centros de divulgação científica (Pereira *et al.*, 2009). Em 1999, o museu deu início ao projeto *Ciência Viva Virtual*, que culminou no desenvolvimento do site institucional[55] com diversas matérias de divulgação científica (Espaço Ciência Viva, 2019a).

Sob a orientação de Roberto Lent e Pedro Muanis Persechini, a recém-doutora Fabiana Bandeira propôs um projeto de divulgação científica

---

[55] Site do Espaço Ciência Viva. Disponível em: www.cienciaviva.org.br. Acesso em: 1 jun. 2023.

para ser realizado no museu em seu pós-doutorado. Enquanto aguardava a aprovação do projeto, passou a atuar como bolsista na Praça da Ciência, instituição parceira do Espaço Ciência Viva. Chegou entusiasmada, porém muito apreensiva por considerar a sexualidade um tema muito delicado, mas foi constantemente encorajada por Sônia. Durante as viagens da Praça da Ciência, que duravam em torno de três dias, aproveitava para conversar com Sônia, que a orientava sobre como abordar o tema. Sônia também lhe sugeriu a leitura dos livros da Marta Suplicy, que a ajudou a se preparar para o trabalho como educadora sexual (Bandeira, 2021).

Fabiana e Sônia, sob a orientação de Robson Coutinho-Silva (Bandeira, 2021), escreveram o projeto *Sexualidade, Arte e Ciência na Sociedade* para o edital *Difusão e Popularização da Ciência & Tecnologia*, da Faperj, que culminou no recebimento de financiamento nos anos de 2007 e 2008 para o Espaço Ciência Viva (Fundação de Amparo à Pesquisa do Estado do Rio de Janeiro, 2017). A parceria com a Universidade Federal do Rio de Janeiro (UFRJ) viabilizou o desenvolvimento do projeto, pois possibilitou o pedido de bolsas do Programa Institucional de Bolsas de Extensão (Pibex) na UFRJ[56]. Esses estudantes foram orientados por Robson. Assim como eles, muitos outros graduandos da área da saúde da UFRJ, atuaram no museu sob sua orientação. Isso porque ele costuma convidá-los, após concluírem a disciplina de Divulgação Científica ministrada por ele (Coutinho-Silva, 2021).

O projeto *Sexualidade, Arte e Ciência na Sociedade* contribuiu com o aprimoramento do módulo de sexualidade, incluindo o desenvolvimento de novas oficinas (Pereira *et al.*, 2009). Além disso, a equipe desenvolveu materiais didáticos para subsidiar ações educativas no ensino formal; escreveu artigos científicos e resumos para eventos; e produziu textos de divulgação científica para o site da instituição. Os textos do site foram redigidos por Fabiana, que também foi coautora de muitos dos trabalhos apresentados no Quadro 6 e orientadora de muitos estudantes que por ali passaram (Bandeira, 2021; Pereira *et al.*, 2009).

---

[56] Bolsistas do projeto: Fernanda Rabello Sergio, Juliana Folz, Kelly Messias Martins, Laís Araújo Pereira, Laís Pimenta Ribeiro dos Santos, Luana Lima Riba Andrieto Fernandes, Patrícia Siqueira Alexandre, Ronald Rodriguez Costa e Vanessa Silveira Faria. Fonte: Currículo lattes de Robson Coutinho-Silva. Disponível em: http://lattes.cnpq.br/8122711583232739. Acesso em: 11 ago. 2021.

Quadro 6 — Trabalhos produzidos pela equipe de sexualidade no período de desenvolvimento do projeto *Sexualidade, Arte e Ciência na Sociedade*

Referências
1) ANDRIETO, L. L. R.; MARTINS, K. M.; FOLZ. J.; CAMANHO, S. S.; COUTINHO-SILVA, R. Discutindo a sexualidade em todas as idades. *In:* **Anais [...]** VI Congresso de Extensão da UFRJ, 2009, Rio de Janeiro. 2009. Rio de Janeiro: Universidade Federal do Rio de Janeiro – Pró Reitoria de Extensão, 2009. p. 148-148.
2) CUSTÓDIO, J. C.; COUTINHO-SILVA, R.; CAMANHO, S. S.; SILVA, T. A. V.; WENJUN, A. Y.; GOMES, I.; COELHO, B. B.; FONSECA, E. L. **Sexualidade, arte e ciência na sociedade**: aproximando o público do tema de forma lúdica e interativa. *In:* 8.ª Semana de Integração Acadêmica da UFRJ, 2007.
3) DOS SANTOS, L. P.; SÉRGIO, F. R.; BANDEIRA, F. C. S.; CAMANHO, S. S.; COUTINHO, R. **Sexualidade? Discussão que vai além dos seres humanos.** *In:* 5.º Congresso de Extensão da UFRJ, 2008, Rio de Janeiro. 5.º Congresso de Extensão da UFRJ, 2008.
4) FARIA, V.; PEREIRA, L.; COUTINHO, R.; BANDEIRA, F. C. S.; CAMANHO, S. S. **Quem disse que sexualidade não é coisa de criança?** *In:* 5.º Congresso de Extensão da UFRJ, 2008, Rio de Janeiro. 5.º Congresso de Extensão da UFRJ, 2008.
5) FOLZ. J.; ANDRIETO, L. L. R.; MARTINS, K. M.; RAMALHO, C. R. A. C.; CAMANHO, S. S.; KURTENBACH, E.; COUTINHO-SILVA, R. **Sexualidade na natureza.** *In:* VI Congresso de Extensão da UFRJ, 2009, Rio de Janeiro. Anais 2009. Rio de Janeiro: Universidade Federal do Rio de Janeiro- Pró- Reitoria de Extensão, 2009. p. 213-213.
6) MARTINS, K. M.; ANDRIETO, L. L. R.; FOLZ. J.; CAMANHO, S. S.; COUTINHO-SILVA, R. **Discutindo de forma lúdica, sexualidade com crianças.** *In:* VI Congresso de Extensão da UFRJ, 2009, Rio de Janeiro. Anais 2009. Rio de Janeiro: Universidade Federal do Rio de Janeiro / Pró-reitora de Extensão, 2009. p. 149-149.
7) PEREIRA, L.; FARIA, V.; PIMENTA, L.; ANDRIETO, L.; BANDEIRA, F.; CAMANHO, S. S.; COUTINHO-SILVA, R. **Ciência e educação para uma sexualidade consciente e responsável.** Saúde e Educação para a Cidadania, v. 5, p. 1-13, 2009.
8) PEREIRA, L.; FARIA, V.; BANDEIRA, F. C. S.; CAMANHO, S. S.; COUTINHO, R. **Sexualidade**: muito além da primeira vez... *In:* 5.º Congresso de Extensão da UFRJ, 2008, Rio de Janeiro. 5.º Congresso de Extensão da UFRJ, 2008.
9) PEREIRA, L. A.; FARIA, V. S.; SERGIO, F. R.; ALEXANDRE, P. S.; VITIELLO, P.; BANDEIRA, F. C. S.; CAMANHO, S. S.; COUTINHO SILVA, R. **Discutindo Sexualidade e Ciência no Ensino Não-Formal.** *In:* XXX Jornada Giulio Massarani de Iniciação Científica, Artística e Cultural UFRJ. 2008.
10) RABELLO, F.; PEREIRA, L.; SIQUEIRA, P.; FARIA, V.; BANDEIRA, F. C. S.; CAMANHO, S. S.; COUTINHO, R. **Sexualidade, Arte e Ciência na Sociedade.** *In:* III Encontro Saúde e Educação para a Cidadania, 2008, Rio de Janeiro. III Encontro Saúde e Educação para a Cidadania, 2008.

11) REIS, P. O. S.; WENJUN, A. Y.; COUTINHO-SILVA, R.; CAMANHO, S. **O tema sexualidade tratado de forma lúdica num museu de ciências**. *In:* 9.ª Semana de Integração Acadêmica da UFRJ, 2008.

12) SILVA, T. A. V.; COUTINHO-SILVA, R.; WENJUN, A. Y.; CAMANHO, S. S.; CUSTÓDIO, J. C.; FONSECA, E. L.; COELHO, B. B.; GOMES, I. **Dançando no escuro**: brincando, informando e discutindo sexualidade e prevenção. *In:* 8.ª Semana de Integração Acadêmica da UFRJ, 2007.

Fonte: a autora

O trabalho apresentado por Fernanda Rabelo, Lais Araújo Pereira, Patrícia Siqueira, Vanessa Faria; Fabiana Bandeira, Sonia Camanho e Robson Coutinho-Silva, intitulado *Sexualidade, arte e Ciência na Sociedade* recebeu destaque no Salão de Extensão do CCS 2008 e recebeu o convite para publicar um artigo na *Revista Saúde e Educação* para a Cidadania — CCS/UFRJ –, resultando no artigo *Ciência e educação para uma sexualidade consciente e responsável*, publicado em 2009 (Araujo, 2021).

Só no ano de 2008, 3.334 crianças e adolescentes participaram das atividades do projeto *Sexualidade, Arte e Ciência na Sociedade*, além das pessoas presentes em eventos gratuitos abertos a todo o público (Pereira *et al.*, 2009). Com a conclusão do projeto e a saída das pessoas que nele atuaram, especialmente a Sônia e a Fabiana, o setor de sexualidade enfraqueceu, pois só contava com a participação dos estudantes de graduação, sem a presença de mediadores mais experientes nessa área de maneira sistemática no museu. Aos poucos as atividades relacionadas à sexualidade foram sendo reduzidas e as atividades se limitaram à apresentação dos módulos do galpão e a realização das oficinas *Barriga da empatia* e *Dançando no Escuro*.

4.3.8 OS MÓDULOS EXPOSITIVOS E AS PRIMEIRAS OFICINAS DESENVOLVIDAS PELO SETOR DE SEXUALIDADE

A data exata da produção dos módulos do setor de sexualidade do Espaço Ciência Viva é desconhecida, mas a lista dos 12 módulos temáticos que compunham a exposição permanente em 1988 já mencionava o *Módulo: Sexualidade: Sexualidade humana e reprodução humana* (Espaço Ciência Viva, 1988). No entanto, o relatório[57] destinado à Fundação Banco

---

[57] O documento cita alguns dos monitores que atuaram na área de sexualidade: Alberto J. C. Tornaghi; Ana Cristina Chaves; Cláudia M. L. Coutinho; Dilma V. Luiz; Enedina Martins; Lilian Maria Bertini; Maria Helena P. Gonsalves; Maria de Lourdes Barreto; Paulo Henrique Colonese e Robson S. Coutinho.

do Brasil de 1990, menciona a "confecção de nove painéis (tamanho 113 cm x 77 cm cada) sobre fecundação e evolução da gravidez" e o "planejamento de um painel sobre doenças dos órgãos sexuais", sugerindo que a construção dos módulos durou alguns anos (Espaço Ciência Viva, 1990).

Atualmente, o módulo de sexualidade é composto por seis painéis: 1) *Sexualidade — A Relação Sexual*, o qual apresenta a imagem de uma atividade sexual heterossexual (Figura 38), com um texto explicativo sobre como ocorre o processo de concepção; 2) *A concepção*, que apresenta as gônadas e os gametas; 3) *A Fecundação e a Divisão Celular*, que explica o processo de fecundação e clivagem; 4) *O Desenvolvimento Embrionário*, o qual descreve o processo de nidação, desenvolvimento embrionário e fetal; 5) *Conheça um pouco sobre as DSTs*[58], que expõe algumas infecções causadas por vírus (Aids, condiloma acuminado, hepatite B e herpes genital), bactérias (sífilis, gonorreia, clamidíase e cancro mole), fungo (candidíase) e protozoário (tricomoníase); 6) *Métodos contraceptivos*, que descreve e exemplifica os diferentes tipos de métodos contraceptivos (natural, barreira, hormonal e definitivo).

Figura 38 — Ilustração presente em um dos painéis do módulo de sexualidade

Fonte: imagem do arquivo do Espaço Ciência Viva

---
[58] Atualmente nomeada de Infecções Sexualmente Transmissíveis (IST).

A imagem supra foi provavelmente idealizada por Dilma Viana Luiz, professora de biologia, que se interessava pelos aspectos biológicos da sexualidade. A figura apresenta uma pessoa introduzindo o seu pênis em uma vagina. Ela tem o propósito de desmistificar a atividade sexual heterossexual e costuma provocar certo desconforto no público. Apesar disso, tem sido mantida, pois segundo Robson Coutinho-Silva, que por muito tempo coordenou a área de sexualidade, o museu é uma instituição que presta serviço à população e se propõe a tratar inclusive de assuntos considerados tabus em nossa sociedade. Para ele, esses assuntos precisam ser discutidos, pois a compreensão é necessária para o rompimento dos tabus associados ao tema e consequentemente, para o desenvolvimento da sociedade (Coutinho-Silva, 2021).

Junto aos painéis há objetos que compõem o módulo que deveria ficar permanentemente exposto no galpão, tais como: modelos do sistema reprodutor feminino e masculino; lâminas com gametas femininos e masculinos fixados que podem ser observadas com auxílio do microscópio; modelos didáticos dos gametas, embriões e fetos em diferentes fases de desenvolvimento no interior do útero; cartazes com ilustrações; placas com informações e imagens relacionadas às infecções sexualmente transmissíveis e aos métodos contraceptivos; e métodos contraceptivos.

Os modelos dos sistemas reprodutores e pranchas com ilustrações são usados para mostrar as principais diferenças entre pessoas do sexo masculino e feminino nas diferentes fases da vida (infância, adolescência e vida adulta); a anatomia dos seus sistemas genitais; o ato sexual; a fecundação; a gestação e os tipos de parto. Elas foram desenvolvidas a partir do livro "Papai, mamãe e eu — conversando sobre sexo para crianças de 2 a 6 anos", de Marta Suplicy, publicado pela Editora FTD em 1990 (Rabello *et al.*, 2008). Segundo Thatiana Antunes Vieira da Silva, que atuou como mediadora no módulo de sexualidade, o uso dos modelos de embriões e fetos motivava a discussão sobre os casos de gestação gemelar, pois o público questionava por que em alguns casos os gêmeos são idênticos e em outros não (Silva, 2020).

Parte dos materiais descritos acima já estavam previstos no projeto *Sexualidade e maternidade: divulgação científica para educação popular*. O projeto previa o uso de modelos e peças anatômicas dos sistemas genitais, além de lâminas histológicas. As peças utilizadas por muitos anos no

Espaço Ciência Viva foram doadas por Dilma Viana Luiz, que trabalhava em um hospital. Havia ovário policístico com cabelo e dente; útero com tumor; útero com mioma e fetos. Elas desafiavam os visitantes a entenderem como se inicia a vida e motivavam muitas discussões. Tudo isso complementava a atividade de observação do processo de fecundação dos gametas do ouriço e da clivagem do zigoto. No entanto, devido às mudanças na legislação brasileira, as peças foram devolvidas ao hospital (Coutinho-Silva, 2021).

O exercício de observação dos gametas dos ouriços esteve presente por muito tempo no museu, antes mesmo da elaboração do projeto de desenvolvimento do módulo de sexualidade, como mencionado ao longo deste texto. No entanto, a atividade foi suspensa e passou a ser realizada apenas de maneira esporádica, em alguns *Sábados da Ciência*, intitulada como *Gametas ouriçados*. Também não há relatos sobre o uso de células reprodutoras de codornas, como previa o projeto. A observação de espermatozoides frescos também foi interrompida.

Os visitantes costumam ficar empolgados para usar o microscópio, já que para muitos é o primeiro contato com o equipamento (Silva, 2020). Segundo Sônia, a oportunidade de observar gametas humanos, com auxílio do microscópio, empolgava o público, que parecia não se importar por ter que aguardar por muito tempo na fila. Por vezes, a pedido dos adolescentes, com autorização da coordenação das escolas e do museu, também era possível observar a movimentação dos espermatozoides frescos. Para atender o grande público dos *Sábados da Ciência*, uma câmera era utilizada para capturar as imagens do microscópio, que eram então projetadas em uma televisão (Camanho, 2020).

A exposição dos métodos contraceptivos existe, mas como o museu interrompeu o uso de espermatozoides frescos, a atividade de observação da redução da mobilidade desses gametas após o uso de espermicida já não é realizada. Também não há modelos que representem os sistemas genitais após a laqueadura e a vasectomia como previa o projeto, mas há pranchas sobre esses e outros métodos, inclusive métodos mais recentes que não haviam sido citados no projeto (exemplos: "camisinha feminina", anel vaginal e implante subcutâneo). As pranchas foram desenvolvidas pela equipe do projeto *Sexualidade, Arte e Ciência na Sociedade* (Rabello *et al.*, 2008). No módulo não há um painel sobre as alterações hormonais, mas há placas com essas informações.

A sala do útero também nunca existiu. Provavelmente a sua inserção no projeto se deu a experiência vivenciada pela Tania em sua visita a um museu em Londres, que tinha um módulo semelhante. Ela ficou impressionada e isso a inspirou a criar a célula gigante que hoje faz parte do Parque da Ciência do Museu da Vida, na Fiocruz (Araujo-Jorge, 2021).

Não há relatos sobre o uso do *Jogo do acasalamento*, mas o museu desenvolveu e utilizou outros jogos, como o jogo da memória sobre métodos contraceptivos e *Jogo das DST*. O primeiro jogo é composto por 24 cartas. Já o segundo possui três cartas com perguntas fáceis, três com perguntas intermediárias e três com perguntas difíceis para cada uma das IST abordadas (Aids, herpes, sífilis e gonorreia), além de cartas *Proteja-se*, sobre assuntos variados. Segundo Thatiana, era difícil de utilizá-lo, pois incitava muitas discussões e não havia tempo para concluí-las (Silva, 2020). O museu desenvolveu outros jogos sobre as infecções sexualmente transmissíveis, como o *Pega? Ou não Pega?* e o *Jogo da sexualidade*. Recentemente outros jogos foram desenvolvidos como *As superbactérias*, que fez parte da oficina *As superbactérias causadoras de gonorreia* que ocorreu em um *Sábado da Ciência* (Oliveira et al., 2022), *Colonizando* (Oliveira et al., 2023) e *Direitos Sexuais e reprodutivos*.

O projeto também previa o uso de vídeos. Os vídeos da série produzida pela Fundacion Mexicana para la Planeacion Familiar foram utilizados por muito tempo no museu. Após a exibição era realizado um debate. O vídeo *Música para dois* conta a história de uma jovem e as expectativas relacionadas à escolha de um namorado e era exibido principalmente para crianças do Ensino Fundamental I. Já o vídeo *La paloma azul* explora as diferenças anatômicas entre pessoas do sexo feminino e masculino, a relação sexual, a fecundação e o nascimento, sendo exibido para os adolescentes do Ensino Fundamental II e Ensino Médio. *Melhores Momentos*, é um vídeo que explora o dia a dia da vida de um casal heterossexual, como a divisão de trabalho e o planejamento familiar (Camanho, 2020).

Quando o museu utilizava esses vídeos, os visitantes eram direcionados para as oficinas após a exibição. Uma das famosas oficinas do Espaço Ciência Viva é o *Teatro dos bonecos*, adaptada por Sônia Camanho (Coutinho-Silva, 2021) e publicada no Caderno de Mediação da instituição (Espaço Ciência Viva, 2011). Durante a mediação dessa oficina (Figura 39), as diferenças entre o corpo de uma pessoa do sexo feminino e masculino são exploradas, seja na infância, na adolescência ou na vida adulta. Para isso, Sônia costumava inserir situações presentes no dia a dia das crianças, como a hora do banho na história:

> [...] Quem aqui que toma banho papai com a mamãe? Então vamos ver agora o corpo da mamãe. Vamos ver se é diferente do bonequinho que é parecido com corpinho de vocês... (Camanho, 2020).

Também é possível utilizá-los para ensinar sobre a gestação e o parto (Espaço Ciência Viva, 2011). Mas os bonecos não ensinam nada sozinhos! Em entrevista, Camanho (2020) ressaltou a importância de abordar o tema com naturalidade e de realizar a adequação da linguagem para o público que está sendo recebido:

> [...] esses bonequinhos. Eu trabalhei intensamente com eles. Não só dentro do ECV, como na Praça da Ciência. [...] eu sempre trabalhei com esse material independente do público. Por quê? Porque a gente tem que ter sempre essa preocupação com o linguajar. Nós vamos abordar esse tema, né!? Que é muito complicado! [...] e muita das vezes quando eu ia fazer esse trabalho com as crianças dentro do Ciência Viva ou em exposições, tinha pais que ficavam meio apavorados e depois iam relaxando... Iam relaxando e viam que o que estava sendo falado e a forma como estava sendo dado não era nada agressivo e nada que chocasse [...] a criança. [...] depois eu ia tirando a roupa dos bonequinhos e ia falando com eles sobre a questão da diferença das genitálias dos bonequinhos e as mudanças que esse corpo vinha sofrendo... e que isso era uma coisa normal... que certamente vocês já tiveram a oportunidade de ver papai ou mamãe no banho. [...] A gente ia conversando isso de uma forma muito natural, porque isso é uma coisa bacana, que nós temos que ter. Quem trabalha com a sexualidade [...] tem que ter normalidade no conversar. Porque quem tá trabalhando, se na hora que você vai falar alguma coisa, tua "bochechinha" já começar a ficar rosadinha já não tá legal [...]. Eu sempre tive essa forma muito à vontade de abordar. Eu sempre brinquei. Tanto com as crianças, os adolescentes ou os adultos eu sempre brincava. E até hoje... quando tenho que abordar, eu trago esse meu lado alegre para poder o quê? Criar uma forma de descontrair (Camanho, 2020).

Segundo Camanho (2020), mesmo após passarem cerca de três a quatro horas nas oficinas, era comum haver uma fila com estudantes e professores querendo conversar sobre assuntos relacionados à sexualidade. Alguns até relatavam histórias particulares. Possivelmente isso ocorria porque havia (Como ainda há!) poucos locais com pessoas com conhecimento científico acerca dos assuntos relacionados à sexualidade, que estão disponíveis para conversar.

Figura 39 — Discussão sobre a oficina *Teatro dos Bonecos*

Fonte: imagem do arquivo do Espaço Ciência Viva. O homem a direita da foto é Pedro Vitiello de e ao seu lado está Maurice Bazin

Outras oficinas com os mesmos objetivos são: *Corpo de barro* e *Teatro Improvisado* ou *Amigos da Sucata*. Na primeira, as crianças recebem pedaços de barro e são convidadas a representar a forma dos seus próprios corpos e como acreditam que eles serão quando forem adultas. Já na segunda, elas confeccionam, em grupo, dois personagens com sucatas recebidas: um do sexo feminino e outro do sexo masculino (Camanho, 2020; Pereira, 2021). À medida que as crianças criam os personagens, os mediadores tiram as suas dúvidas (Pereira, 2021), discutindo questões relacionadas à higiene do corpo, incluindo das partes íntimas (Camanho, 2020). As crianças levam os bonecos produzidos para casa, mostrando aos responsáveis que colocaram a "mão na massa", o que pode estimular o diálogo entre os familiares sobre os assuntos discutidos no museu (Camanho, 2020; Pereira, 2021).

Fabiana também idealizou algumas atividades, sendo a mais famosa delas criada para superar a sua própria dificuldade no processo de mediação. Diferente da Sônia que sempre abordou o tema com muito humor, Fabiana sentia dificuldade de iniciar o diálogo com os professores nos cursos de formação continuada oferecidos pela Praça da Ciência. Então elaborou a dinâmica para "quebrar o gelo" inicial e abrir o caminho para o diálogo com os professores. Para isso, entregava para cada professor um pedaço de papel e pedia para que eles escrevessem três perguntas sobre sexualidade que gostariam que fossem respondidas. Após preencherem, eles colocavam dentro de um saco que nomeou de *Saco sem vergonha*. As perguntas sempre eram respondidas no final do encontro. Com isso, pôde perceber que além das dúvidas, havia muitos erros conceituais. Alguns acreditavam inclusive que o uso da pílula anticoncepcional também era capaz de prevenir infecções sexualmente transmissíveis. Então passou a solicitar, além das três perguntas, três afirmações sobre o tema (Bandeira, 2021).

A oficina *Saco sem vergonha* foi adaptada para ser utilizada no museu (Pereira, 2021) e está descrita no Caderno de Mediação (Espaço Ciência Viva, 2011). Na época que o projeto *Sexualidade, Arte e Ciência na Sociedade* foi desenvolvido, uma pergunta recorrente feita pelas crianças era "De onde vêm os bebês?" Já os adolescentes costumam perguntar sobre masturbação; métodos contraceptivos; a eficácia do coito interrompido; se era necessário utilizar preservativos durante o sexo oral e anal e se era possível adquirir alguma IST nessas relações (Pereira, 2021). Por vezes, os adolescentes deixavam de fazer perguntas durante a visita com o grupo escolar, mas visitavam o museu no *Sábado da Ciência* e procuravam a equipe para esclarecer as suas dúvidas sobre assuntos relacionados à sexualidade (Pereira, 2021). Isso evidencia a importância da educação sexual nos museus, que podem se tornar uma referência para os visitantes, que ali encontram um lugar seguro para conversar e esclarecer as suas dúvidas (Pereira, 2021). Ao esclarecer as dúvidas sobre sexo, a equipe costumava destacar o que o ato sexual pode representar para cada pessoa; que ninguém deve se sentir obrigado a fazer sexo; que cada um tem o seu momento e que antes de iniciar a vida sexual é importante se conhecer (Pereira, 2021).

Nos cursos de formação continuada, Sônia também utilizava um baralho, que vinha com uma coletânea de livros, com diversas perguntas relacionadas à sexualidade. Ela pedia para tirarem uma carta, lerem a pergunta e a responderem. Quando havia muitas dúvidas sobre o tema da pergunta a ser respondida, era feita uma breve explanação do tema (Camanho, 2020). O *pênis de vela* também foi utilizado nos cursos de formação continuada. Os professores esculpiam um pênis em uma vela, removiam o pavio e inseriam um cateter e por meio dele saía um mingau com purpurina. O mingau representava o sêmen e a purpurina agentes causadores de IST, que eram contidos quando o preservativo era inserido no pênis (Bandeira, 2021).

A equipe de sexualidade sempre buscou desenvolver atividades multidisciplinares, como por exemplo a *Oficina vírus de canudinho* ou *Oficina de poliedros*, que consiste na produção de modelos do vírus HIV com canudos, criada em parceria com Paulo Colonese, responsável pelo setor da matemática (Camanho, 2020; Colonese, 2021). A construção do modelo poliédrico do vírus era o ponto de partida para discussões relacionadas à sexualidade humana, como a relação entre a infecção pelo vírus HIV e a Síndrome da Imunodeficiência Adquirida (Aids), a diferença entre infecção e doença, as formas de transmissão, de prevenção e tratamento. Já a mediação da *Barriga da empatia* (The Empathy Belly Pregnancy simulator)[59] explorava a física, ao trabalhar a questão do equilíbrio e permitia discutir questões relacionadas à gestação (Camanho, 2020):

> Ao vestir um avental-barriga, com massa correspondente a uma gestação de 8 meses, o (a) participante "grávido(a)" deve readaptar seu equilíbrio corporal àquele novo peso, aprender a caminhar, sentar, abaixar e levantar nessa nova situação. Assim ele vivência novas sensações e, com base nessa experiência, reabre-se a discussão com o grupo (Paixão *et al.*, 2004, p. 224).
>
> [...] possibilitando àqueles que nunca experimentaram uma gestação a vivência de algumas transformações físicas que ocorrem na gravidez, tais como a compressão do diafragma, o aumento de peso, a compressão da bexiga e a redução da mobilidade (Mattos; Coutinho-Silva, 2012, p. 2).

---

[59] Site da empresa que comercializa "The Empathy Belly Pregnancy Simulator": https://www.empathybelly.org/about-the-belly. Acesso em: 1 jun. 2023.
[R°]teiro de mediação disponível em: http://educapes.capes.gov.br/handle/capes/737458. Acesso em: 1 jun. 2023.

A *Barriga da empatia* era utilizada com frequência no fechamento das atividades do módulo de sexualidade, presente no galpão (Camanho, 2020) e nos eventos externos (Silva, 2020). Ela era colocada principalmente em pessoas do sexo masculino, para sensibilizá-los e promover a empatia com as gestantes (Bandeira, 2021; Camanho, 2020; Colonese, 2021), além de mostrar que a gravidez não é algo fácil e precisa ser planejada (Pereira, 2021), por isso também ficou conhecida por *Homem grávido*.

O simulador de gravidez foi desenvolvido pela professora Linda Ware, no final dos anos 1980 e seu uso no museu foi autorizado por ela, após solicitação do Bazin (Colonese, 2021). Foi desenvolvida para simular mais de 20 desconfortos presentes na gestação, para discutir sobre os cuidados que a sociedade deveria ter para promover o bem-estar das gestantes. No entanto, o simulador também tem sido utilizado com outras finalidades, como no processo de produção de itens para gestantes e na formação de profissionais de saúde (Oliveira *et al.*, 2024a).

A oficina *Dançando no Escuro* também foi realizada com regularidade no museu (Silva, 2020). Foi idealizada pela Sônia Simões Camanho (Camanho, 2020), aperfeiçoada por Natanny Cunha (Cunha, 2014), durante o desenvolvimento do seu trabalho de conclusão de curso da graduação em Ciências Biológicas, e por mim, durante a realização da minha tese. A oficina tem como objetivo promover a sensibilização dos visitantes acerca do risco de transmissão de IST. Para isso, ocorre a simulação de uma festa, para criar um ambiente de descontração, no qual os visitantes podem conhecer pessoas, inclusive potenciais parceiros sexuais. Os visitantes dançam e trocam objetos sem saber o que isso significa. Então, inicia-se uma roda de conversa para revelar o que a dança representou e iniciar a discussão sobre temas relacionados à sexualidade, tais como gênero, estigmas sociais, respeito, empatia, risco e prevenção de IST (Oliveira; Vitiello; Coutinho-Silva, 2019; Oliveira *et al.*, 2024b).

A oficina *Sexualidade das Plantas* também está descrita no Caderno de Mediação. Durante a oficina, as estruturas reprodutivas presentes nas flores das plantas angiospermas são apresentadas. Em seguida, os mediadores desafiam os visitantes a compararem essas estruturas reprodutivas com os órgãos reprodutivos dos seres humanos (Espaço Ciência Viva, 2011)[60].

---

[60] A oficina "Reprodução das plantas com flores (Angiospermas)" foi desenvolvida durante a pandemia e destina-se aos estudantes do Ensino Fundamental II. É constituída por dois vídeos, uma cruzadinha e um quiz. Disponível em: https://educapes.capes.gov.br/handle/capes/601054. Acesso em: 13 out. 2023.

Gametas ouriçados e *Sexualidade das plantas* foram as oficinas relacionadas à sexualidade mais ofertadas nos eventos dos *Sábados da Ciência*.

O museu também possuía uma oficina intitulada *Mãe Fumante* (Figura 40), cujo objetivo era conscientizar o público sobre os efeitos do cigarro para a sua saúde e o desenvolvimento do bebê. No entanto, ela exige que um cigarro seja acesso, e por isso, ela não tem sido utilizada. Atualmente, o museu está desenvolvendo um vídeo sobre essa oficina para disponibilizar no site institucional. Assim, o material poderá atingir seu objetivo educacional de maneira segura e poderá ser utilizado por instituições de educação formal e não formal.

Figura 40 — Material utilizado na oficina *Mãe fumante*

Fonte: a autora

A oficina *Mapa Semântico* foi desenvolvida por Luana Lima Riba Andrieto Fernandes, bolsista do projeto *Sexualidade, Arte e Ciência na Sociedade*. É destinada aos idosos e tem como proposta estimular a discussão sobre os fatores que influenciam na sexualidade na terceira idade como a menopausa e o câncer de próstata. Durante a oficina, os participantes elaboram um mapa semântico em um quadro imantado com palavras relacionadas à sexualidade (Pereira, 2021). Já a oficina *Falando sobre folclore, pensando em sexualidade* discutia sobre os aspectos relacionados à sexualidade existentes em algumas lendas do folclore brasileiro, tais como o Boto Rosa, a Iara, a Mula-sem-cabeça, a Mãe-de-ouro, evidenciando o tabu e o preconceito acerca de determinados comportamentos sexuais (Enne, 2010).

Há oficinas relacionadas à sexualidade que só foram oferecidas durante os *Sábados da Ciência*, tais como: *Gêmeos & genética & ambiente; Determinação dos laços genéticos; Heredograma é coisa de família; Literatura e genética: Viajando com Dom Casmurro; O teste de paternidade para resolução do enigma Capitu; Genética, mutação e câncer de mama; Reproduzindo clones a partir de brotos de plantas, As mulheres na descoberta das substâncias radioativas e suas aplicações; Meninas na nanotecnologia; Qual mulher cientista que te inspira?; de frente com as cientistas: passado e presente; Vozes mulheres; O papel feminino na ciência e cultura POP: as super cientistas; Mulheres negras fazendo ciência; Saberes tradicionais do corpo feminino; O meu coração bate por você*, que utiliza um embrião de galinha para mostrar o coração em pleno funcionamento; entre outras.

4.3.9 O TABU RELACIONADO À SEXUALIDADE E A CENSURA NO MUSEU

O museu promoveu alguns *Sábados da Ciência* sobre sexualidade ao longo da sua história, tais como o *Em dia com a sexualidade*, realizado em novembro de 2006; *Sexualidade, arte e ciência na sociedade*, em novembro de 2008 e outubro de 2009; *Sexualidade na natureza*, em agosto de 2013 (Paula *et al.*, 2014); *As incríveis mulheres cientistas*. No entanto, a temática sexualidade atraiu poucas pessoas quando comparada à média de visitação, um possível reflexo da falta abertura do público para discutir sobre o tema[61] (Paula *et al.*, 2014). Talvez uma alternativa para apresentar o tema ao público visitante, sem "assustá-lo", seja a inserção de atividades

---

[61] *Em dia com a sexualidade* atraiu 87 pessoas / Média de público de 2006: 87 pessoas / Média de público nos meses de novembro no período de 2006 a 2013: 98; *Sexualidade, arte e ciência na sociedade* atraiu 56 pessoas / Média de público de 2008: 110 pessoas / Média de público nos meses de novembro no período de 2006 a 2013: 98; *Sexualidade, arte e ciência na sociedade* atraiu 108 pessoas / Média de público de 2009: 153 pessoas / Média de público nos meses de outubro no período de 2006 a 2013: 175; Sexualidade na natureza atraiu 122 pessoas, / Média de público de 2013: 243 pessoas / Média de público nos meses de agosto no período de 2006 a 2013: 152.

sobre sexualidade contextualizando com outras temáticas. Essa estratégia foi utilizada em diversos eventos, em junho de 2019, por exemplo, ao oferecer a oficina *Dançando no Escuro* no *Sábado da Ciência — Por Dentro do Corpo Humano* e em setembro de 2019, com a oficina *As superbactérias causadoras da gonorreia*[62] no *Sábado da Ciência — Vida: há bilhões de anos se diversificando* (Oliveira et al., 2022).

Como já mencionado, o módulo de sexualidade deveria permanecer exposto no galpão. No entanto, alguns responsáveis pelos grupos escolares se sentem incomodados com o fato de os estudantes terem acesso ao módulo. Alguns pedem até para cobrirem os painéis (Camanho, 2020; Silva, 2020). Em entrevista, Sônia (Camanho, 2020) relatou o caso de uma visita de estudantes de uma escola católica, cuja responsável pelo grupo pediu para ela virar os painéis. Então ela propôs o seguinte acordo: manter a exposição, mas sem explorar o módulo. Disse também que se a responsável desejasse, ela mesma poderia orientar seus alunos para não passarem por ali. Então, alguns passaram livremente pelo módulo e no final a responsável pelo grupo explicou a Sônia que havia feito o pedido porque temia a reação dos pais (Camanho, 2020). Situações como essa aconteceram muitas vezes e de tanto pedirem para cobri-lo, o museu parou de expor o módulo (Silva, 2020). Essa informação foi confirmada por Mariana Elysio, coordenadora do Espaço Ciência Viva desde 2019. Uma grande perda, pois mesmo quando o módulo de sexualidade não era solicitado, por estar ali exposto os visitantes paravam para observá-lo (Camanho, 2020; Silva, 2020).

As oficinas realizadas com os grupos escolares são escolhidas previamente pela pessoa responsável pelo agendamento da visita. As oficinas de sexualidade costumam ter uma procura menor que as demais (Bandeira, 2021; Silva, 2020) e parece ter reduzido ainda mais. Foram nove atendimentos em 2016, dez em 2017, quatro em 2018 e um em 2019. Entre 2020 e abril de 2022, devido à pandemia, não houve oficinas sobre sexualidade para o público. No entanto, isso também se deve aos outros desafios enfrentados pelo museu. Em março de 2019, o Espaço Ciência Viva sofreu um assalto, que envolveu a destruição do teto de uma das salas e roubo

---

[62] A oficina "As superbactérias causadoras da gonorreia" foi adaptada para o contexto escolar e pode ser encontrada em: OLIVEIRA, S.; LOPES, L. H.; VITIELLO, P.; TOLENTINO, A. F.; SANTOS, T. V.; NÓBREGA, R.; KURTENBACH, E.; COUTINHO-SILVA, R. As superbactérias causadoras da gonorreia. *CienciArte* no Ensino--Coleção Saúde e Ambiente/fascículo 5, LITEB/IOC/Fiocruz, Rio de Janeiro, 11 p., 2021. Disponível em: http://www.fiocruz.br/ioc/media/2021%20CAECol3Fasc05%20Superbacterias.pdf. Acesso em: 20 abr. 2023.

de cabos de eletricidade do galpão, deixando o museu no escuro. Assim, precisou-se interromper o atendimento externo. Para reparar os danos, foi necessário conseguir recursos financeiros. Isso foi feito por meio da campanha "#recuperaECV", promovida nas redes sociais. Com a doação de muitas pessoas, o Espaço Ciência Viva se recuperou e em novembro, após reforma, a antiga biblioteca foi transformada em um auditório, que recebeu o nome de Professor Pedro Muanis Persechini (Espaço Ciência Viva, 2019b).

Até 2020, o museu atendia o público escolar ou grupos específicos (exemplos: educadores, estudantes de graduação e pós-graduação), de segunda a sexta-feira (das 9h30 às 16h), no qual o responsável pelo agendamento da visita podia escolher as áreas temáticas de interesse (Espaço Ciência Viva, 2021). Além das visitas escolares, a instituição realizava mensalmente o evento chamado *Sábado da Ciência* que atendia o público espontâneo gratuitamente, abordando temas distintos a cada evento realizado. As atividades desses eventos eram desenvolvidas e conduzidas por uma equipe heterogênea e multidisciplinar (Kutenbach; Persechini; Coutinho-Silva, 2004), oriunda de diversas instituições de ensino e/ou pesquisa. Em parceria com a PCI, o museu desenvolvia eventos de divulgação científica em diversas cidades do estado do Rio de Janeiro. Também promovia as *Noites da Ciência*, com observação do céu e colaborava com os cursos de formação continuada oferecidos aos professores, em parceria com o Espaço Ciência InterAtiva do Instituto Federal do Rio de Janeiro (Espaço Ciência Viva, 2019a). Com a pandemia da Covid-19 as atividades presenciais foram suspensas e só retornaram em 2023.

4.3.10 O ESPAÇO CIÊNCIA VIVA NAS REDES SOCIAIS

O museu também está presente nas redes sociais Facebook[63], Twitter[64], Instagram[65] e YouTube[66]. O uso das redes sociais se intensificou durante o período da pandemia da Covid-19, quando todas as atividades presenciais foram suspensas. Por meio delas foi possível manter as atividades de divulgação científica e o diálogo com o público. Nesse sentido, o

---

[63] Facebook do Espaço Ciência Viva: https://www.facebook.com/espacocienciaviva. Acesso em: 1 jun. 2023.
[64] Twitter do Espaço Ciência Viva: https://twitter.com/ciencia_viva. Acesso em: 1 jun. 2023.
[65] Instagram do Espaço Ciência Viva: https://www.instagram.com/espacocienciaviva/. Acesso em: 1 jun. 2023.
[66] YouTube do Espaço Ciência Viva: https://www.youtube.com/channel/UCNAHEh7C4a_galzN9C4PQ7w. Acesso em: 1 jun. 2023.

museu promoveu webinários mensais sobre temas diversos com especialistas no YouTube, inclusive na área de sexualidade (Oliveira *et al.*, 2021).

Durante a pandemia, a equipe de comunicação também produziu diversas postagens no Instagram sobre assuntos relacionados à sexualidade, tais como: "DESMISTIFICANDO O HIV/AIDS: AME + CUIDE + VIVA +"; "MÊS DO ORGULHO LGBTQIA+" e "UM POUCO SOBRE CÂNCER de MAMA". O Espaço Ciência Viva também divulgou resultados de estudos científicos, como um que falava sobre o cromossomo Y das moscas drosófilas. Também inseriu o tema em datas comemorativas, como uma postagem realizada no Dia dos Pais que explicava o processo de fecundação, de determinação do sexo e de heranças restritas ao cromossomo Y. Houve outra no Dia dos Namorados que descreveu o que ocorre no corpo durante o beijo.

Figura 41 — Imagem postada no Instagram do Espaço Ciência Viva para divulgar um dos eventos promovidos pela instituição

Fonte: Instagram do Espaço Ciência Viva. Disponível em: https://www.instagram.com/p/Cry-fmspqbI/?img_index=1. Acesso em: 28 ago. 2024. Durante o evento *Viralizando a Ciência*, a equipe de *Educação Sexual Integral* promoveu a exposição *Direitos Sexuais e Reprodutivos* e a partida de jogos, incluindo um sobre as principais viroses transmitidas sexualmente

Figura 42 — Imagem presente no Instagram do Espaço Ciência Viva, postada por meio de colaboração com a página educart_porsuellendeoliveira

Fonte: Instagram do Espaço Ciência Viva. Disponível em: https://www.instagram.com/p/CoVermaJVkj/ Acesso em: 28 ago. 2024. Durante *13.ª Bienal da União Nacional dos Estudantes (UNE)* a *EducArt: consultoria e produção de materiais educacionais*, em parceria com o Espaço Ciência Viva, promoveu a exposição *Direitos Sexuais e Reprodutivos*

Após a pandemia, a instituição reduziu a produção de conteúdo para o YouTube e o Instagram tem sido a rede social mais utilizada para divulgar os eventos presenciais (Figura 41) e promover a popularização da ciência (Figura 42).

4.3.11 AS ATIVIDADES ITINERANTES SOBRE EDUCAÇÃO SEXUAL

Atividades sobre educação sexual também são oferecidas em eventos realizados nas escolas e em outros espaços. Em 2011, por exemplo, no evento de comemoração dos 194 anos do Museu Nacional, no Centro Cultural Banco do Brasil (CCBB) e em escolas em Teresópolis o museu promoveu a atividade chamada *Conversando sobre Sexualidade* (Espaço Ciência Viva, 2013). Em 2020, participou do evento *Museu também é lugar de Educação Sexual*, promovido pelo Museu Nacional. No ano de 2022, a equipe do museu ajudou a organizar o I Workshop de Educação Sexual do Centro Universitário Celso Lisboa (Figura 43) e promoveu diversas oficinas para graduandos dos cursos de licenciatura e da área da saúde (Rosa; Fonseca; Oliveira, 2024).

Desde 2022 o museu tem ampliado as atividades sobre educação sexual nas escolas públicas e já esteve presente em escolas de Cachoeiras de Macacu, São Gonçalo e Rio de Janeiro, oportunizando o acesso à educação sexual para estudantes do ensino fundamental, ensino médio e educação de jovens e adultos. Em 2023, em parceria com a *EducArt: consultoria e produção de materiais educacionais*, o museu promoveu a exposição *Direitos Sexuais e Reprodutivos*, realizada na 13.ª Bienal da União Nacional dos Estudantes (Figura 44), além de realizar oficinas para contribuir com a formação de estudantes de cursos da área da saúde e educação do Centro Universitário Celso Lisboa (Rosa; Fonseca; Oliveira, 2024).

Figura 43 — Participantes realizando as atividades propostas durante o *I Workshop de Educação Sexual do Centro Universitário Celso Lisboa*

Fonte: a autora

Figura 44 — Equipe do Espaço Ciência Viva em um dos módulos da exposição *Direitos Sexuais e Reprodutivos*, realizada na 13.ª Bienal da União Nacional dos Estudantes (UNE)

Fonte: a autora

4.3.12 A FORMAÇÃO DA ATUAL EQUIPE E A CRIAÇÃO DA ÁREA TEMÁTICA DE EDUCAÇÃO SEXUAL INTEGRAL

Diversos mediadores, com formações acadêmicas distintas, passaram pela história do setor de sexualidade do museu. No entanto, independentemente de suas áreas de formação e das suas concepções sobre sexualidade, o diálogo com o público sempre foi uma prioridade para a instituição, por compreender que era necessário despertar uma reflexão sobre determinadas questões relacionadas ao tema. Vale ressaltar que para muitas dessas questões não há uma resposta correta ou um gabarito. O mais importante é que cada um possa refletir sobre a sua própria sexualidade e, para isso, a arte sempre foi inserida (Paixão *et al.*, 2004):

> A proposta do módulo experimental sobre sexualidade parte da valorização do conhecimento popular e pretende que seus visitantes/participantes desenvolvam as seguintes capacidades: respeitar a diversidade de valores, crenças e comportamentos relativos à sexualidade; compreender a sexualidade como uma dimensão fundamental do desenvolvimento humano; conhecer seu corpo, valorizar e cuidar da sua saúde como condição necessária para usufruir de prazer sexual; proteger-se de relacionamentos sexuais coercivos ou exploradores; conhecer e adotar práticas de sexo protegido ao iniciar um relacionamento sexual, prevenindo-se das DSTs, em especial da AIDS. As abordagens são feitas através da exposição interativa e das dinâmicas, dramatizações, discussões, trabalhos em grupo, mural, jogos, filmes, etc. que são desenvolvidos durante as oficinas (Pereira *et al.*, 2009, p. 5).
>
> Assim como a arte, a sexualidade pode ser vista como expressão do conjunto de vivências. Assim como na arte, podemos expressar a sexualidade de forma que nos pareça mais adequada ao modelo cultural que vivemos, sem nunca chegar a encontrar um equilíbrio e uma vivência satisfatória. [...] as oficinas de sexualidade [...] partem da ideia de que a arte pode despertar áreas adormecidas no indivíduo, convidando-o à reflexão e à ação (Paixão *et al.*, 2004, p. 224).

Apesar dos valores institucionais estarem sempre presentes, o setor de sexualidade sofreu muitas modificações ao longo do tempo. Isso porque a maneira como os mediadores compreendem a sexualidade influencia diretamente na sua prática (Coutinho-Silva, 2021). Nesse contexto, o

Espaço Ciência Viva enfrenta um grande desafio, pois não recebe uma verba fixa e, por isso, os mediadores não possuem vínculos empregatícios, o que resulta em uma grande rotatividade, e por vezes, na ausência de profissionais associados a algumas áreas. Com a saída de Sônia Camanho, o setor enfraqueceu e em janeiro de 2019 uma mudança importante aconteceu: o setor (área temática) de sexualidade deixou de existir e o módulo de sexualidade, assim como todas as atividades relacionadas ao tema, passaram a fazer parte da área temática *Corpo Humano*, limitando a abordagem do tema aos aspectos biológicos da sexualidade humana. Para que isso acontecesse, algumas atividades foram realocadas para outras áreas, como, por exemplo, a de sexualidade das plantas, que passou a fazer parte da área *As Bases da Vida* (Espaço Ciência Viva, 2019c). Na ocasião, o Espaço Ciência Viva possuía os seus módulos e oficinas organizadas nas seguintes áreas temáticas: *Corpo Humano*; *Desvendando o Sangue*; *As Bases da Vida*; *Saúde e Alimentação*; *O Mundo dos Insetos*; *Jardim Didático e Meio Ambiente*; *Brincando com a Matemática*; *Investigando a Física*; e *Ciência e Arte* (Espaço Ciência Viva, 2021).

Ao longo do desenvolvimento da minha tese, a área de educação sexual foi fortalecida, pois o meu objeto de pesquisa se tornou a minha luta. A frase célebre da Clarice Lispector, resume bem esse processo: "Quem caminha sozinho pode até chegar mais rápido, mas aquele que vai acompanhado, com certeza vai mais longe". Tudo começou quando o objetivo da tese era avaliar se estratégias de ensino promovidas pelo museu poderiam oportunizar o desenvolvimento da percepção de risco de transmissão de infecções sexualmente transmissíveis nos adolescentes e jovens que o visitam. Além de avaliar a oficina *Dançando no Escuro*, eu desejava desenvolver um jogo de tabuleiro (jogo *Colonizando*). Inicialmente eu pedi ajuda do psicólogo Pedro Vitiello[67], que frequentemente colaborava com o museu e era reconhecido por seu trabalho na área de jogos. A partir daí, construímos uma grande parceria e promovemos oficinas de formação inicial e continuada dos mediadores da instituição, além de criarmos o *Grupo de Estudos em Educação Sexual (GEEduSex)*, que será apresentado mais adiante neste livro. Um pouco depois, Lucas Heleno, um ex-aluno e amigo, que na época atuava como mediador no Museu da

---

[67] Pedro Vitiello e eu cocriamos a Ludus Magisterium, que atualmente é formada por 250 profissionais de todo o país, que tem um interesse em comum: jogos utilizados com fins educacionais. A Ludus Magisterium já realizou diversos eventos e oficinas com e para pessoas interessadas nessa temática e publicamos o livro *Jogos de Tabuleiro na Educação*, em parceria com a editora Devir em 2022.

Vida (Fundação Oswaldo Cruz), desenvolveu conosco uma oficina para um *Sábado da Ciência* e permaneceu colaborando com o museu durante o período da pandemia. Mais tarde, comecei a orientar estudantes de graduação do Centro Universitário Celso Lisboa que tinham o desejo de desenvolver seus Trabalhos de Conclusão de Curso (TCC) na área de sexualidade e/ou educação sexual. Uma dessas estudantes, Diana da Silva Thomaz de Oliveira, desenvolveu o seu TCC[68] no museu em 2020 e se encantou pela área de educação sexual. Por isso, realizou o mestrado investigando as potencialidades da oficina da barriga da empatia na sensibilização dos jovens sobre os possíveis impactos de uma gravidez não planejada[69]. Durante os anos de 2022 e 2023, Diana e eu orientamos dois estudantes de graduação — Milena Michiles Rosa e Vinicius da Silva Fonseca — em um projeto de Iniciação Científica do Centro Universitário Celso Lisboa, em parceria com o museu[70]. Com o fortalecimento da área de educação sexual, essa temática foi resgatada e atualmente está sob minha coordenação com o nome de **Educação Sexual Integral**, pois a sexualidade envolve diversos aspectos do ser humano (Unesco, 2019) e a educação sexual é essencial para o desenvolvimento integral das pessoas.

> A educação integral em sexualidade é um processo de ensino e aprendizagem dos aspectos cognitivos, emocionais, físicos e sociais da sexualidade [...]. [...] é essencial para o alcance de vários Objetivos de Desenvolvimento Sustentável (ODS). Entre outras coisas, contribui para a redução dos problemas relacionados à saúde sexual e reprodutiva, como a infecção pelo HIV e a taxa de gravidez na adolescência, o que, por sua vez, ajuda a ampliar as oportunidades educacionais. Ademais, permite desconstruir as normas de gênero prejudiciais e promove a igualdade de gênero, o que ajuda a reduzir ou prevenir a violência de gênero e, portanto, a criar ambientes de aprendizagem seguros e inclusivos. Por fim, é um componente essencial de uma educação de qualidade: por se tratar de uma abordagem ativa de ensino e aprendizagem centrada nos e nas estudantes, contribui

---

[68] Ver em: OLIVEIRA, D. S. T.; REINOSO, E. M. S.; BARROS, L. M. S.; OLIVEIRA, M. S. P.; OLIVEIRA, S. *A educação sexual no contexto escolar como forma de prevenção às infecções sexualmente transmissíveis*. Trabalho de Conclusão de Curso de Graduação em Biologia, Centro Universitário Celso Lisboa, Rio de Janeiro, 2021.

[69] Ver em: OLIVEIRA, D. S. T. *O uso de uma oficina de simulação de gravidez*: As potencialidades e limitações de uma estratégia de ensino em saúde aplicadas à educação formal e não formal. 2024. 75f. Dissertação (Mestrado em Ensino em Biociências e Saúde) – Instituto Oswaldo Cruz, Fundação Oswaldo Cruz, Rio de Janeiro, 2024.

[70] Projetos: "A educação sexual no processo de formação dos futuros professores" e "A extensão universitária como estratégia de formação de educadores sexuais".

para o desenvolvimento de habilidades como pensamento crítico, comunicação e tomada de decisão, que preparam os estudantes para assumir a responsabilidade e o controle de suas ações e ajudá-los a se tornarem cidadãos saudáveis, responsáveis e produtivos (Unesco, 2019, p. 1, tradução nossa).

A educação integral em sexualidade é uma parte essencial da educação de boa qualidade que ajuda a preparar os jovens para uma vida plena em um mundo em mudança. Essa educação melhora a saúde sexual e reprodutiva, promove ambientes de aprendizagem seguros e com equidade de gênero [...] (Unesco, 2019, p. 1, tradução nossa).

4.3.13 A CONTRIBUIÇÃO DAS ESTRATÉGIAS DE EDUCAÇÃO SEXUAL PROMOVIDAS PELO ESPAÇO CIÊNCIA VIVA

Difícil mensurar o quanto o Espaço Ciência Viva contribuiu para a educação sexual, pois além de atuar diretamente com o público durante as visitas de grupos escolares, nos *Sábados da Ciência,* nas atividades itinerantes e nos cursos ofertados[71], o museu também preparou futuros educadores museais, professores e profissionais de saúde, seja durante os cursos de formação continuada de professores ou nos cursos de formação de mediadores no período de estágio desses profissionais.

4.3.13.1 FORMAÇÃO CONTINUADA DE PROFESSORES

Os processos formativos promovidos pela instituição também contribuíram com a melhoria do ensino de ciências no contexto escolar. Foram diversas oficinas e cursos de formação continuada oferecidos pelo Espaço Ciência Viva, mas poucos são os documentos que relatam os temas explorados. O primeiro registro com a descrição explícita do tema sexualidade encontra-se no termo aditivo ao convênio de cooperação celebrado em 8 de dezembro de 1986, com a Fundação Oswaldo Cruz, no projeto de pesquisa intitulado *Práticas científicas e educativas na popularização de biologia celular,* cuja contrapartida do Espaço Ciência Viva era o:

> Treinamento sistemático de estudantes do Politécnico de Saúde Joaquim Venâncio, como futuros monitores do

---

[71] O Espaço Ciência Viva ofertou o "Curso de Sexualidade: Do natural ao cultural" em 2001. Além disso, promoveu (e ainda promove) oficinas sobre a temática nos cursos de mediadores, Sábados da Ciência, eventos temáticos (exemplo: "Falando de sexualidade") e cursos nos quais a instituição é convidada.

módulo "Células da Vida", preparando-os didaticamente e transmitindo a eles conhecimentos sobre Biologia Celular. O mesmo será organizado com o módulo "Sexualidade", cujo conteúdo visa conhecimento básico sobre saúde sexual (Fundação Oswaldo Cruz, 1986).

Nos Cursos de Formação Continuada de Professores em Ciências Naturais, realizados no Espaço Ciência InterAtiva, um dos temas abordados era *Corpo humano, reprodução e sexualidade*, já que 20% dos 51 participantes tinham interesse no tema corpo humano e 13% em sexualidade (Pereira *et al.*, 2012). Pereira *et al.* (2017) avaliaram os cursos de formação continuada realizados no Espaço Ciência InterAtiva, buscando identificar se eles eram capazes de motivar o professor a mudar a educação científica nos anos iniciais da educação básica. O curso foi desenvolvido em parceria com diversas instituições e a Sônia, colaboradora da Praça da Ciência e do Espaço Ciência Viva, ficou responsável pelo módulo intitulado *Corpo humano, saúde e sexualidade*[72]. Muitos docentes focavam no ensino da língua portuguesa e da matemática, negligenciando o ensino de ciências, história e geografia; o que parece ser incentivado pelos gestores, já que apenas essas disciplinas são consideradas nas avaliações nacionais. Ao longo do curso, os organizadores evidenciaram que era possível articular o ensino de ciências com o processo de alfabetização e da matemática. A principal estratégia de ensino era a clássica aula expositiva, utilizando o livro didático como apoio; alguns acreditavam até que a participação dos alunos provocava desordem. Após o curso os professores passaram a investir mais tempo no planejamento das aulas, incluíram práticas e adotaram uma abordagem interdisciplinar. A mudança de postura inicialmente incomodou os gestores, mas após observar o interesse dos alunos, eles reconheceram a importância do trabalho realizado:

> Aquele bonequinho da sexualidade [...] A escola toda veio pra porta da minha sala, praticamente. E na escola tinha muitas dificuldades no passado com relação a isso, foi uma coisa que eu meio que "peitei" a coordenação pra poder fazer. "Peitei" não, na verdade eu não avisei. E fez o maior sucesso, depois a coordenadora veio até me conhecer e conversar comigo, o que foi bom. E os outros alunos pediram pra assistir essa aula também. O pessoal passou e viu o boneco lá, viram o menino com pênis e a menina com

---

[72] Foram realizadas 14 edições do curso durante o período de sete anos. Em todas as edições ocorreram atividades de educação sexual. Informação dada por Grazielle Rodrigues Pereira, autora do trabalho.

> vagina, e veio todo mundo interessado nisso, o interesse inicial era esse. E fui explicando, foi uma aula assim, muito bacana. Isso tá marcado na minha vida! (Professor E, Turma II *In:* Pereira *et al.*, 2017, p. 16).

Em entrevista, Fabiana Bandeira relatou que a oficina de sexualidade oferecida aos professores sempre foi a mais procurada de toda PCI, já que muitos profissionais da área de educação sentem dificuldade para abordar o tema (Bandeira, 2021).

Bevilacqua, Kurtenbach e Coutinho-Silva (2011) relataram o impacto do curso de formação em estudantes do ensino médio da modalidade formação de professores / curso normal e do estágio realizado por eles no museu, realizando atendimento de grupos escolares. Uma das oficinas do curso de formação foi intitulada *como Sexo e sexualidade*:

> As oficinas sobre temas envolvendo sexo e sexualidade e percepção foram as de maior aceitação, sendo que pelo menos 80% dos participantes atribuíram notas 9 e 10 para estas atividades. Nas oficinas "Conversando sobre Sexo" e "Sexo e Sexualidade" foram realizados jogos e dinâmicas para abordar questões como: desenvolvimento do corpo, doenças sexualmente transmissíveis e gravidez na adolescência, já a oficina "Percepção" abordou o funcionamento do sistema nervoso e a percepção de estímulos do ambiente. A preferência por estes assuntos pode estar relacionada aos interesses da faixa etária dos participantes, jovens de 16 a 19 anos (Bevilacqua; Kurtenbach; Coutinho-Silva, 2011, p. 71-72).

A avaliação realizada um mês após o início do estágio revelou que a experiência vivenciada proporcionou a construção do conhecimento de maneira satisfatória, afetuosa, divertida e surpreendente (Bevilacqua; Kurtenbach; Coutinho-Silva, 2011).

A equipe do projeto *Sexualidade, Arte e Ciência na Sociedade* também contribuiu com a formação desses estudantes durante o período de estágio, realizando encontros semanais durante para discutir sobre assuntos relacionados à sexualidade, buscando prepará-los para ensinar sobre tema nas escolas com estudantes de todas as faixas etárias (Mattos; Coutinho-Silva, 2012). Com esses estudantes a equipe elaborou um vídeo para ser utilizado em uma oficina com discentes do ensino médio, em um dos *Sábados da Ciência*[73] promovidos pela instituição. O vídeo contou com

---

[73] Evento mensal, gratuito e aberto a todos.

26 entrevistas de pessoas acima de 18 anos, com diferentes idades, que apresentavam o seu ponto de vista a respeito das perguntas elaboradas pelos estagiários:

> O que é virgindade? Sexo anal engravida? E sexo oral? O que é coito interrompido? Funciona? É possível engravidar sem nunca ter menstruado? Sexo oral pode passar DSTs? É possível engravidar durante a menstruação? Pílula anticoncepcional previne DSTs? Existe algum método contraceptivo que previne gravidez e DSTs? Masturbação causa acne? Se um homem se masturba muito, seu peito cresce? Usar mais de uma camisinha protege mais? (Mattos; Coutinho-Silva, 2012, p. 3).

Durante a pandemia, Pedro Vitiello e eu criamos o de GEEduSex, que renuía mensalmente, por meio de plataformas de web conferências, educadores da educação formal e não formal para discutir sobre assuntos relacionados à sexualidade e estratégias de educação sexual (Quadro 7). Estratégias semelhantes foram adotadas por outros museus, como Grupo de Estudos e Investigação em Sexualidade, Educação Sexual e Tecnologias (GEISEXT), que promove atividades para docentes, tais como a realização de conferências internacionais, postagens em redes sociais, *webinars* com palestras proferidas por especialistas, relatos de experiências docentes e oficinas (Chagas, 2017).

Com o fim do isolamento social e o retorno às atividades presenciais, o número de participantes reduziu consideravelmente e a partir de outubro de 2021 e em 2022 poucas pessoas compareciam aos encontros. Por isso, os encontros mensais foram suspensos. Apesar disso, os participantes permaneceram no grupo do WhatsApp e frequentemente compartilha materiais, dialoga sobre a temática e discute sobre desafios enfrentados pelos educadores.

Quadro 7 — Temas discutidos nos encontros do GEEduSex

Mês / ano	Tema dos encontros	Palestrantes	Mediadores
08/2020	O que é sexualidade, afinal?	Suellen de Oliveira e Pedro Vitiello	
09/2020	Live: Educação sexual para SER feliz!	Mary Neide Damico Figueiró (Convidada externa)	Suellen de Oliveira e Robson Coutinho-Silva

10/2020	Reeducação sexual e História da sexualidade	Suellen de Oliveira e Pedro Vitiello	
11/2020	Oficina: E agora, professor?[74]	Diana da Silva Thomaz de Oliveira e Suellen de Oliveira	
02/2021	Oficina: Como trabalhar com educação sexual?	Beatriz Melo (Convidada externa)	Suellen de Oliveira
03/2021	Anatomia e fisiologia dos sistemas reprodutores feminino e masculino	Ludmila Cunha (Convidada externa)	Suellen de Oliveira
04/2021	Ciclo ovariano e endometrial	Suellen de Oliveira	
05/2021	Sexualidade das plantas: Biologia reprodutiva de angiospermas	Lucas Heleno Lopes e Suellen de Oliveira	
06/2021	Funcionamento sexual masculino	Pedro Vitiello	Suellen de Oliveira
07/2021	Funcionamento sexual feminino	Carolina do Amaral e Silva (Convidada externa)	Suellen de Oliveira e Pedro Vitiello
08/2021	Genética: Como ela influencia na determinação sexual?	Patrícia Santana Correia (Convidada externa)	Suellen de Oliveira e Pedro Vitiello
09/2021	Representatividade LGBTQIA+	Elson Bemfeito e João Léste (Convidados externos)	Suellen de Oliveira e Pedro Vitiello

Observação: nos últimos encontros de 2021 poucas pessoas compareceram aos encontros. Portanto, apenas conversamos sobre assuntos relacionados a temática.

Fonte: a autora

---

[74] Ver em: OLIVEIRA, D. S. T. et al. Oficina: E agora, professor? Disponível em: https://educapes.capes.gov.br/handle/capes/644725?mode=full. Acesso em: fev. 2022.

Um dos encontros do GEEduSex foi aberto ao público. O webinário intitulado *Educação sexual para SER feliz!*[75] foi organizado em parceria com o Programa de Pós-graduação em Ensino de Biociências e Saúde e consistiu em uma palestra proferida pela Dra. Mary Neide Damico Figueiró e um bate-papo com o público, mediado por mim (Suellen de Oliveira) e por Robson Coutinho-Silva, cuja análise foi apresentada em um evento de divulgação científica (Oliveira *et al.*, 2021).

Durante o desenvolvimento dos projetos *A educação sexual no processo de formação dos futuros professores* (2022) e *A extensão universitária como estratégia de formação de educadores sexuais* (2023) coordenado por mim no Centro Universitário Celso Lisboa, o Espaço Ciência Viva também contribuiu com a formação de futuros profissionais da educação e saúde (Rosa; Fonseca; Oliveira, 2024).

4.3.13.2 FORMAÇÃO DE MEDIADORES DE MUSEUS

Gomes e Cazelli (2016) analisaram o processo de formação de mediadores no Espaço Ciência Viva. O processo começa com a participação no *Curso de capacitação de mediadores para atuação em ambientes de ensino não formal* (Figura 45), que costuma ocorrer no início do ano. Durante a formação são apresentadas aos futuros mediadores as atividades desenvolvidas pelo museu, bem como as bases teóricas da educação museal e dos conceitos científicos trabalhados nessas atividades. Após o curso, o processo formativo se dá através de: estudo individual e coletivo; reuniões periódicas; participação em palestras, seminários e cursos promovidos por essa e por outras instituições, treinamentos em atividades específicas e observação da atuação dos mediadores experientes; inclusive esses mediadores participam da condução das atividades durante o curso de formação. Na edição avaliada pelas autoras, a sexualidade foi trabalhada por meio de discussão em grupo sobre os sistemas reprodutores (Gomes; Cazelli, 2016). Elas identificaram que muitos mediadores que já atuavam no museu tiveram a sua primeira experiência de mediação nessa instituição.

---

[75] O vídeo está disponível em: https://www.youtube.com/watch?v=E182WOgkP9Q&list=PLGRVP1nU2b9Yr-3676Kjx7Arg-ADpFdqKO. Acesso em: 1 jun. 2023.

Figura 45 — Oficina sobre educação sexual realizada em uma das edições do curso de mediadores do Espaço Ciência Viva

Fonte: a autora

Costantin (2001) compartilhou a análise das 20 entrevistas realizadas com mediadores que atuaram no Espaço Ciência Viva. Uma das entrevistadas relevou que aprendeu muito sobre o corpo humano, métodos contraceptivos e Infecções Sexualmente Transmissíveis (IST) e que isso a ajudava a lidar com os adolescentes da escola em que trabalhava, pois muitos tinham dúvidas relacionadas à sexualidade e a procuravam pedindo ajuda. Outra entrevistada revelou que apesar de ser casada e mãe, só no museu pôde aprender sobre alguns assuntos relacionados à sexualidade, incluindo os métodos contraceptivos e IST (Costantin, 2001).

Laís Pereira, que foi bolsista do projeto *Sexualidade, Arte e Ciência na Sociedade*, é enfermeira e não atua mais como educadora museal, mas a experiência vivenciada no museu repercute até hoje em sua prática. Chegou ao museu muito jovem, com cerca de 20 anos, e apesar do conhecimento científico construído na universidade, ela ainda não tinha muita experiência de vida. Durante o processo de formação para atuar como mediadora, as conversas com Sônia e Fabiana foram essenciais. Por meio delas, muitas das suas dúvidas foram esclarecidas. As primeiras mediações foram supervisionadas por suas mentoras, principalmente com grupos de adolescentes (Pereira, 2021). Hoje, Laís consegue adequar a linguagem para conversar com os seus pacientes, respondendo as suas dúvidas com segurança. A sexualidade não é um tabu. Encara os assuntos relacionados ao tema com naturalidade e, dessa forma, acredita que os seus pacientes se sentem mais confortáveis durante os procedimentos que exigem a manipulação dos órgãos genitais, como a colocação de sonda na uretra e a coleta de amostra durante o Papanicolau — exame preventivo realizado no colo do útero. Durante o seu internato, ao fazer esses procedimentos, ela buscava orientar os pacientes acerca da higiene íntima, já que alguns idosos não se higienizam corretamente por não se sentirem confortáveis em tocar as suas próprias genitálias. Algumas senhoras relatavam, inclusive, que nunca haviam observado as suas vulvas. Por isso, Laís costumava apresentá-las, com auxílio de um espelho, para que a paciente pudesse se observar. Laís também foi uma referência para suas colegas de trabalho, que por vezes não sabiam como responder as dúvidas dos pacientes e pediam ajuda a ela (Pereira, 2021).

Ao longo da sua história, o Espaço Ciência Viva também tem contribuído com a formação de mediadores de outras instituições, em um programa de intercâmbio. Em 2017, por exemplo, a instituição recebeu dez mediadores do Museu Nacional e 15 do Museu de Astronomia e Ciências Afins (Mast) (Espaço Ciência Viva, 2017). Em 2023 recebeu os participantes do *Curso Inter-Museus de formação de mediadores para atuação em Centros e Museus de Ciências* que contou com a presença dos mediadores do Espaço Ciência Viva, Espaço Ciência Interativa, Casa da Ciência, Ciências Sob Tendas e demais pessoas interessadas, participaram da oficina *A educação sexual nos museus de ciências*.

Durante minha tese eu também investiguei as percepções dos futuros mediadores sobre a educação sexual nos museus (Oliveira; Vitiello; Coutinho-Silva, 2021), pois compreendê-las é fundamental para desenvolver estratégias de formação inicial e continuada adequadas. A partir daí desenvolvi atividades formativas para superar as limitações identificadas na pesquisa (exemplo: oficina Catarse), contribuindo assim para a formação de muitos educadores museais.

4.3.13.3 O QUE OS EDUCADORES SEXUAIS DO ESPAÇO CIÊNCIA VIVA TÊM A DIZER AOS QUE DESEJAM ATUAR NA EDUCAÇÃO SEXUAL NOS MUSEUS DE CIÊNCIAS?

Esta seção foi escrita exclusivamente a partir da análise das entrevistas de profissionais que atuaram no Espaço Ciência Viva, buscando oportunizar o compartilhamento dos saberes que construíram a partir da atuação como educadores museais.

1. **Romper o tabu e naturalizar o tema: talvez esses sejam os principais desafios das atividades de educação sexual realizadas no contexto não formal.** Isso é importante porque quando a sexualidade é encarada de maneira natural, com possibilidade de falar sobre ela sem preconceito, medo e angústia, há espaço para construção do conhecimento. Isso porque há liberdade para poder falar, perguntar e/ou pesquisar sobre os assuntos relacionados ao tema. Ou seja, a busca pela construção do conhecimento depende, em parte, do rompimento desse tabu e da naturalização dos assuntos relacionados à sexualidade (Bandeira, 2021). A educação sexual é necessária para que as pessoas sejam capazes de analisar a si mesmos e o mundo de maneira crítica (Coutinho-Silva, 2021), sendo capazes de vivenciar a sexualidade de forma consciente (Silva, 2020), contribuindo para o desenvolvimento de uma sociedade mais saudável (Coutinho-Silva, 2021).

2. Todos os indivíduos têm o direito de conhecer o seu próprio corpo e as diversas formas de vivenciar a sexualidade, de maneira saudável. Vivemos em um mundo no qual as informações estão disponíveis, mas o acesso a elas não é garantia de compreensão. É preciso oportunizar o diálogo para que assim as dúvidas possam ser esclarecidas. Sendo assim, é preciso ser um bom ouvinte **para atuar como educador sexual**, pois o mais importante é identificar e esclarecer as dúvidas dos visitantes. No museu, o assunto é apenas introduzido e a partir dos questionamentos recebidos, a mediação é conduzida. Nenhuma

oficina é exatamente igual a outra, pois se o público muda, a mediação também precisa mudar. Nesse contexto, a educação sexual nos museus é essencial, pois permite que muitas dessas dúvidas sejam esclarecidas, com base no conhecimento científico (Pereira, 2021).

3. **Aqueles que desejam atuar como mediadores não necessitam chegar ao museu dominando todo o conhecimento científico necessário, mas precisam estar dispostos a aprender** (Bandeira, 2021; Camanho, 2020; Coutinho-Silva, 2021; Silva, 2020). O tema carrega consigo uma certa subjetividade que exigirá um certo cuidado (Coutinho-Silva, 2021). Além disso, **devem se sentir minimamente confortáveis para conversar sobre os assuntos relacionados à sexualidade com o público** (Camanho, 2020; Vitiello, 2020). Caso contrário poderão ficar envergonhados, com as bochechas coradas, o que reforçará o tabu acerca do tema (Camanho, 2020). Mas isso não significa que, às vezes, não haverá um sentimento de insegurança. Mesmo atuando por anos no setor de sexualidade, alguns mediadores relataram que ocasionalmente se sentiam inseguros, principalmente quando recebiam o público infantil (Bandeira, 2021; Silva, 2020). É preciso avaliar a si mesmo, reconhecer seus medos e preconceitos (Bandeira, 2021) para poder superá-los.

4. **Além de ter conhecimento sobre o tema, é preciso saber como mediá-lo.** Para aprender a fazê-lo os profissionais recém-chegados ao museu podem observar a atuação daqueles que já estão há mais tempo se ocupando da função. Além disso, podem ensaiar, com a própria equipe, a mediação com diferentes tipos de públicos, sendo avaliados por seus pares. E ao começar a mediar para o público real, as primeiras ações precisam ser supervisionadas (Camanho, 2020). Ao observar a atuação dos mediadores mais antigos, trocar experiências com os colegas da equipe de sexualidade e das demais áreas do museu, o mediador conhecerá estratégias que podem ser experimentadas e avaliadas a fim de identificar aquilo que lhe serve (Silva, 2020). Por exemplo, talvez ao chegar a um museu um jovem mediador se depare com alguém que atua de maneira

vibrante, com muito entusiasmo, que canta, dramatiza e que conquista o público com o seu humor. Mas será que esse é o único caminho? A resposta é não! Há diferentes formas de mediar, independente do tema e cada pessoa precisa encontrar o seu próprio estilo.

Vale ressaltar que não há uma receita ou um passo a passo a ser seguido, pois a mediação é dialógica e depende muito do público. Mas é preciso estar atento para compreender o que o visitante realmente quer saber ao fazer uma pergunta. Há uma anedota que exemplifica isso muito bem:

> A menina de 9 anos, almoçando com a mãe, pergunta "Mãe, o que é Virgem?". A mãe, quase se engasgando com a pergunta inesperada, lança mão de uma explicação razoável falando de sexualidade, primeiras vezes, cuidados com o corpo e proteção. A menina, com uma cara um pouco contrariada, vira o rótulo do vidro de azeite para a mãe e pergunta, "Tá, mas o que é Extra Virgem?" (Vitiello, 2020).

O trecho supracitado mostra que nem sempre as explicações dadas estão de acordo com o que quem perguntou quer saber. Portanto, sempre que for possível, devolva a pergunta para o visitante. No exemplo acima, a mãe poderia ter perguntado: "O que você acha que é?". A partir da resposta dada é possível fazer uma mediação mais apropriada, partindo do conhecimento prévio do interlocutor.

O mediador também precisa aprender a analisar a linguagem corporal para identificar se o visitante deseja ou não ser abordado. Essa abordagem precisa ser feita com sutileza, por exemplo, se o visitante estiver observando modelos do sistema genital feminino e masculino, o mediador pode chegar delicadamente e iniciar uma conversa sobre o modelo observado: "Você consegue identificar alguma diferença entre a bexiga do modelo feminino e masculino?" (Camanho, 2020).

Nas mediações com grupos escolares, também deve se mostrar disposto ao diálogo. Evitar sentar-se, apoiar nos elementos expositivos ou bocejar enquanto conversa com os visitantes. O mediador deve valorizar esse momento, pois pode ser a única oportunidade de despertar no visitante o desejo de saber mais sobre o tema ou de esclarecer alguma dúvida. Alguns adolescentes não encontram um espaço aberto para conversar sobre as questões relacionadas à sexualidade em suas casas e/ou escolas (Camanho, 2020; Vitiello, 2020). Ao oportunizar o acesso às informações científicas a respeito da sexualidade, o museu contribui para o autoconhecimento dos visitantes e possibilita que eles utilizem o conhecimento científico ali construído para tomar suas próprias decisões de maneira consciente (Camanho, 2020; Silva, 2020; Vitiello, 2020).

Ao citar conceitos, é preciso verificar se o público compreende o que esse conceito significa[76]. Sendo assim, é possível promover uma mediação dialógica para poder identificar o que os visitantes já sabem e, partir daí, **adaptar a mediação ao público** (Camanho, 2020), **abordando a sexualidade de maneira positiva** (Vitiello, 2020), explorando as questões acerca do prazer e do erotismo. Além disso, é preciso cuidado para **não se limitar apenas à abordagem preventiva da gravidez não planejada e das infecções sexualmente transmissíveis**. A sexualidade faz parte da nossa vida (Coutinho-Silva, 2021) e envolve aspectos biológicos e psicossociais. Portanto, precisa ser compreendida de maneira global.

5. Eventualmente, os mediadores encontrarão resistência ao atuar como educadores sexuais, principalmente ao trabalhar o tema com crianças. Algumas vezes os responsáveis pela organização da visita não querem que o tema seja abordado porque temem a reação dos pais. Alguns pais, quando presentes nas visitas espontâneas, movimentam os seus dedos de um lado para outro, fazendo o sinal de não para os mediadores, temendo que eles possam abordar algo inapropriado para seus filhos. Então, é preciso ter cuidado com a linguagem e com a escolha dos assuntos, realizando as adaptações necessárias conforme a faixa etária. Quando isso é feito, muitos pais que inicialmente não aprovam a abordagem do tema, agradecem a maneira como ele foi trabalhado (Camanho, 2020). Portanto, não se deve ter medo de abordar o tema, pois a maneira como o tema é abordado nos espaços de educação não formal costuma **encantar**

---

[76] Temos adotado a Teoria da Aprendizagem Significativa como referencial teórico para o desenvolvimento das nossas atividades. Para compreender como os princípios dessa teoria podem ser aplicados nas estratégias de educação não formal, acesse: OLIVEIRA, S.; COUTINHO-SILVA, R. Aprendizagem significativa no contexto do ensino não formal. Aprendizagem Significativa em Revista, v. 10, n. 1, p. 46-67, 2020. Disponível em: https://www.if.ufrgs.br/asr/artigos/Artigo_ID169/v10_n1_a2020.pdf. Acesso em: 28 ago. 2024.

e **despertar interesse do público** (Coutinho-Silva, 2021; Silva, 2020; Vitiello, 2020), contribuindo para o processo de alfabetização científica (Coutinho-Silva, 2021) e o rompimento do tabu associado à sexualidade (Silva, 2020).

6. Além do cuidado com a linguagem e seleção dos assuntos, é preciso naturalizar o tema, afinal, a maioria de nós foi originada a partir da relação sexual entre duas pessoas. Então por que não encarar isso de forma natural? Mas isso deve ser feito sempre de forma respeitosa, mesmo ao se deparar com opiniões divergentes (Camanho, 2020). O exercício da empatia é essencial, pois o museu recebe um público heterogêneo, com diferentes valores e experiências de vida, é preciso respeitar a história **de cada visitante e não tentar impor a sua verdade** (Bandeira, 2021; Vitiello, 2020). **O papel do museu é fornecer informações científicas que favoreçam o autoconhecimento e tomadas de decisões conscientes. Nesse contexto, é possível apresentar consensos científicos e controvérsias, mas o mediador <u>não pode julgar o visitante</u>** (Vitiello, 2020), <u>**atuar como doutrinador ou repressor**</u>**, seja na linguagem verbal ou corporal** (Coutinho-Silva, 2021). Também é papel do museu mostrar que há diferentes formas de vivenciar a sexualidade (Coutinho-Silva, 2021) e que todas as formas, exceto aquelas que afetam os direitos de outros seres, precisam ser respeitadas.

7. Outra coisa muito importante na formação dos educadores museais é **não se limitar a reproduzir as propostas já existentes**. É preciso exercitar a criatividade e criar algo. Durante o processo de criação de um módulo, por exemplo, se aprende muito. É preciso visitar outros museus para se inspirar e deixar as ideias fluírem. Afinal, "Ninguém cria nada, do nada". Sendo assim, é preciso deixar um tempo reservado para o processo de criação. Logo, o mediador não pode preencher toda a sua carga horária em mediação, por exemplo. Esse processo de criação pode ser feito de forma cooperativa, sem competição. O Espaço Ciência Viva sempre seguiu esse princípio e tudo que ali existe é fruto de cooperação (Araújo-Jorge, 2021).

8. A avaliação do processo de mediação deve ser feita frequentemente após a visita, assim é possível identificar os aspectos que precisam ser melhorados e corrigi-los (Camanho, 2020).
9. Além de aprender sobre os assuntos relacionados à sexualidade e à educação sexual, é preciso compreender o campo **de atuação: a educação museal.** O que é um museu? Quais são as particularidades da educação não formal? Como é ser um educador museal? Quem é o público do museu em que atuo? Como promover a acessibilidade? Questões como essas precisam ser respondidas por todos os profissionais do museu (Silva, 2020).

4.4 O MUSEU DA DIVERSIDADE SEXUAL: UMA CONQUISTA!

Historicamente, os museus têm privilegiado histórias e perspectivas heteronormativas (Frost, 2015). Portanto, a criação do Museu da Diversidade Sexual é uma grande conquista! Fundado em 2012, constitui o primeiro museu da América Latina relacionado à diversidade sexual e pode ser acessado gratuitamente.

Embora seja um museu do Governo do Estado de São Paulo, ele foi idealizado por ativistas da comunidade LGBTQIAP+[77], que lutaram para conquistar o espaço onde hoje encontra-se o museu: uma estação de metrô na cidade de São Paulo (Reinaudo, 2020). Entre as estações disponíveis, foi escolhida a estação República – Largo do Arouche, área bastante frequentada pela comunidade e com relevância histórica (Reinaudo, 2020). Foi ali que ocorreu a *Operação Tarântula*, na qual policiais prenderam travestis da região sob acusação de "crime de contágio venéreo" (Cavalcanti; Barbosa, 2018) e onde ocorreu um assassinato por homofobia que resultou na primeira condenação pelo crime de ódio por homofobia no país (Reinaudo, 2020).

Inicialmente, a instituição foi gerida por um dos ativistas fundadores e embora não tivesse um conselho, a direção mantinha o diálogo com grupos e organizações que atuam na mesma temática (Reinaudo, 2020). Criada como Centro de Cultura, Memória e Estudos da Diversidade

---

[77] LGBTQIAP+ → L: Lésbicas; G: Gays; B: Bissexuais; T: Transgêneros e Travestis; Q: Queer; I: Intersexuais; A: Assexuais; P: Pansexuais; +: outras identidades e orientações sexuais.

Sexual do Estado de São Paulo, pertencia à Unidade de Difusão Cultural da Secretaria de Cultura e Economia Criativa do Estado do Governo do Estado de São Paulo e tinha como atribuições:

> I – garantir a preservação do patrimônio cultural da comunidade LGBT brasileira, através da coleta, organização e disponibilização pública de referenciais materiais e imateriais;
>
> II – pesquisar e divulgar o patrimônio histórico e cultural da comunidade LGBT brasileira e, em especial, paulista;
>
> III – valorizar a importância da diversidade sexual na construção social, econômica e cultural do Estado de São Paulo e do Brasil;
>
> IV – publicar e divulgar documentos e depoimentos referentes à memória e à história política, econômica, social e cultural da comunidade LGBT e sua interface com o Estado de São Paulo (São Paulo, 2012).

Com um espaço de 100 m², um orçamento anual de R$ 40.000,00 e a limitação de contratação máxima de três funcionários, não era possível manter arquivos, reservas ou exposições permanentes. Sendo assim, o museu destinou os seus esforços ao desenvolvimento de exposições temporárias. O espaço reduzido e a limitação de recursos não foram as principais dificuldades enfrentadas pela instituição. Quando o projeto foi noticiado, muitas pessoas foram contra a sua abertura. Alguns alegavam que se tratava de um preconceito reverso, dizendo que seguindo o mesmo raciocínio, seria necessário criar um museu heterossexual. Conservadores intitularam a instituição de "Museu da Imoralidade" e tentaram impedir sua abertura, principalmente por se tratar de um projeto financiado pelo governo estadual e instalado em um espaço público (Reinaudo, 2020).

Em suas primeiras exposições, realizadas nos anos 2013 e 2014, a instituição recebeu mais de 58 mil visitantes (Museu da Diversidade Sexual, 2024a), mas também atraiu reações negativas, como o registro de palavras ofensivas nas suas paredes externas, insultos e gestos grosseiros. Em algumas situações foi necessário acionar a polícia para coibir ações violentas. Apesar disso, a instituição não recuou, pelo contrário, assumiu o seu caráter ativista e passou a utilizar as paredes externas para se comunicar com o público (Reinaudo, 2020).

> O Museu da Diversidade Sexual começou como um corpo queer muito estranho em uma cidade conservadora onde reinava a discriminação.
>
> Primeiro, foi desprezado e criticado, recebeu ameaças e foi perseguido pelos fundamentalistas cristãos. Em seguida, surpreendeu a muitos com sua peculiar, postura despretensiosa. Finalmente, impactou muitos outros através da arte e informação.
>
> O museu é uma declaração de inclusão, direitos humanos e a celebração da diversidade na maior cidade do Brasil. Obriga preconceituosos e transeuntes desinformados sobre a questão LGBTQI+ a ver as diferentes imagens apresentadas a eles e os desafia a se envolver com ideias fora de suas experiências diárias.
>
> [...] Os conservadores sempre quiseram nos apagar da paisagem, mas nós temos resistido mesmo no atual contexto nacional desfavorável.
>
> Somos, em essência, um museu ativista (Reinaudo, 2020, p. 26, tradução nossa).

A instituição sempre buscou desenvolver estratégias que favoreçam a construção de um acervo inclusivo e democrático. Em 2015, por exemplo, o museu lançou o edital Diversa, que permitiu que muitos artistas pudessem exibir suas obras. Outra medida adotada foi o convite a coletivos LGBTQIAP+ das periferias da cidade para organizarem uma exposição com textos, imagens e fotografias produzidas por pessoas da comunidade que vivem distantes do centro de São Paulo. Também foram construídas exposições coletivas, com artistas renomados convidados pelos curadores (Reinaudo, 2020). Em 2018, o público enviou mais de 1.500 fotografias de desfiles em diversas partes do mundo para cocriarem a exposição *Com muito orgulho* (Reinaudo, 2020). Nesse mesmo ano, a instituição foi realocada para a Unidade de Preservação do Patrimônio Museológico que pertence a mesma secretaria, passou a ser regida pelas diretrizes e procedimentos dos demais museus do estado (São Paulo, 2018), passando a ter as seguintes atribuições:

> O Museu da Diversidade Sexual tem por missão preservar o patrimônio sócio, político e cultural da comunidade LGBT brasileira, por meio da pesquisa, salvaguarda e comunicação de referências materiais e imateriais, com vista à valorização e visibilidade da diversidade sexual, contribuindo para a

educação e promoção da cidadania plena e de uma cultura em direitos humanos.

Parágrafo único – Para fins de perfeita execução do previsto neste artigo, o Museu da Diversidade Sexual tem as seguintes atribuições:

1. **formação de acervo**, divulgação e publicação de documentos, estudos, relatos, depoimentos e outros materiais referentes à memória e à história política, econômica, social e cultural da comunidade LGBT no Brasil;

2. promoção e apoio a eventos culturais, cursos, conferências, palestras e pesquisas, com o objetivo de promover e divulgar a produção cultural relacionada com a diversidade sexual (São Paulo, 2018, grifo nosso).

Segundo Cordeiro (Podcast Museu da Diversidade Sexual, 2023), até o ano de 2021, a instituição foi gerenciada por Organizações Sociais sem experiência com a gestão de instituições museológicas e talvez seja por isso que até o momento não há um Plano Museológico, como prevê o Estatuto dos Museus (Brasil, 2013). A partir de 2022, o Museu da Diversidade Sexual passou a ser gerido pelo Instituto Odeon, uma Organização Social (OS) que tem realizado a gestão de diversos equipamentos culturais (Vieira, 2023). A OS realizou o primeiro inventário museológico e bibliográfico do museu, bem como o desenvolvimento e aplicação de uma Política de Gestão do Acervo.

No Brasil, entre os 159,2 milhões de pessoas com 18 anos de idade ou mais que participaram da Pesquisa Nacional de Saúde em 2019, 2% se declararam como homossexuais, bissexuais ou com outra orientação sexual (exemplos: assexual e pansexual), número possivelmente subnotificado, já que muitas pessoas podem não se sentir confortáveis para declararem as suas orientações sexuais (Instituto Brasileiro de Geografia e Estatística, 2019). Essas pessoas são frequentemente marginalizadas e se tornam vítimas de atos preconceituosos, e muitas vezes violentos, pelo simples fato de adotar práticas sexuais discordantes das normas sociais existentes em nossa sociedade patriarcal e heteronormativa. Os museus podem contribuir para a transformação desse cenário, convidando o público a analisar o passado e o presente e a refletir sobre as mudanças necessárias para a construção de uma sociedade que promova a equidade hoje para que no futuro a igualdade possa ser uma realidade. No entanto, muitas vezes os museus não selecionam ou classificam de maneira incorreta os artefatos dessas comunidades, amplificando o seu silenciamento (Pinto, 2012). Nesse sentido, o Museu da Diversidade Sexual tem um papel muito importante: permitir que as comunidades LGBTQIAP+ possam: 1) ser protagonistas na construção da cultura; e 2) ter suas histórias preservadas. Segundo o seu site, o Museu da Diversidade Sexual:

> [...] é uma instituição destinada à memória, arte, cultura, acolhimento, valorização da vida, agenciamento e desenvolvimento de pesquisas envolvendo a comunidade LGBTQIA+ – contemplando a diversidade de siglas que constroem hoje o MDS – e seu reconhecimento pela sociedade brasileira.
>
> Trata-se de um museu que nasce e vive a partir do diálogo com movimentos sociais LGBTQIA+, se propõe a discutir a diversidade sexual e tem, em sua trajetória, a luta pela dignidade humana e promoção por direitos, **atuando como um aparelho cultural para fins de transformação social** (Museu da Diversidade Sexual, 2024b, grifo nosso).

Para compreender como o museu tem atuado como um agente de transformação social um breve resumo de suas atividades será apresentado a seguir. Considerando a programação divulgada no site institucional, desde a sua criação, pelo menos 17 exposições foram desenvolvidas: 2021: *Memória para auto defesa* / 2020: *Quarentena expira; Quarentena inspira; Ressetar; O orgulho ocupa a rua* / 2019: *Plural 24h; Devassos no Paraíso: o Brasil mostra sua cara* / 2018: *Exposição Tarja Preta; Exposição Textão* / 2017: *Exposição Solidão*; 2.º *Amostra Diversa* / 2016: *CAIO mon amour – amor e sexualidade* / 2015: 1.º *Amostra Diversa – Expressões de Gêneros, Identidades e Orientações* / 2014: *Diversidade Futebol Clube – No nosso time joga todo mundo* / 2013: *O T da Questão* / 2012: *Crisálidas; Moda & Diversidade* (Museu da Diversidade Sexual, 2024a). Por meio da itinerância, suas exposições também chegaram ao interior do estado de São Paulo (Vieira Junior, 2013).

O museu promoveu o lançamento de diversos livros, tais como: 2021 — *Páginas de Transgressão*, que traz um panorama amplo sobre a representação da diversidade sexual na mídia brasileira; 2019 — *Positivo, Maxwell*, relatando uma história de superação de uma pessoa infectada pelo vírus HIV na atualidade; 2017 — *O Espelho de João*, um livro infantil que conta a história de uma criança transsexual que enfrenta dificuldades para compreender a sua identidade; *Mel e Fel*, no qual o autor transexual compartilha a sua história e relata o seu processo de transição de gênero;

2016 — *Cinema que ousa dizer seu nome*, que conta a história cinematográfica brasileira LGBT. Produziu os livros: *Acervos e referências de memória LGBTQIAP+*; e *Museologia Comunitária LGBTQIA+ e outros ensaios Queer Interseccionais*; além do *Guia para pensar juntos: Como acolher estudantes LGBTQIAP+?* (Museu da Diversidade Sexual, 2024a; 2024c).

Datas importantes para a comunidade são frequentemente comemoradas, tais como o *Dia Internacional contra a LGBTfobia* e o *Dia Internacional dos Direitos Humanos* (Museu da Diversidade Sexual, 2023a). A instituição também promove blocos carnavalescos e eventos para dialogar com público, como rodas de conversa, oficinas e seminários. Em 2022, por exemplo, ocorreu o *Seminário Museu da Diversidade Sexual: a escuta e a construção de novos caminhos* em parceria com o Centro de Pesquisa e Formação do Sesc São Paulo. O evento foi realizado de forma híbrida (presencial e virtual) devido à pandemia, discutiu temas relevantes e contou com a participação de diferentes atores da história LGBTQIAP+, tais como pesquisadores, militantes e colaboradores de grupos parceiros de luta como o Rede Latino-Americana de Acervos, Museus, Arquivos e Investigadores LGBTQIA+; Acervo Bajubá, Coletivo Arouchianos, #VoteLGBT, Sapatão BR, Família Stronger e Grupo Mexa. Uma de suas mesas teve como tema *Memória e patrimônio LGBTQIA+ e interseccionalidades*, na qual os palestrantes ressaltaram a necessidade de "superar o G", ou seja, de superar a representação majoritária de homens brancos, urbanos e gays e desenvolver estratégias para que todos os dissidentes sexuais consigam contar a sua própria história. Também foi problematizado o uso de fotografias descontextualizadas sem narrativa historiográfica. Uma das alternativas apresentadas foi a construção de documentos a partir da memória contada por essas pessoas, destacando que o museu precisa ir para a rua para construí-las, tendo o cuidado de incluir pessoas de diversas classes sociais (Museu da Diversidade Sexual, 2022a). No entanto, ser um museu inclusivo é um grande desafio:

> Formular aspirações para o acervo do MDS não constitui tarefa fácil, afinal, a primeira e maior diretriz que surge para a constituição deste acervo diz respeito à sua representatividade com relação às comunidades LGBTQIAP+. Esta questão por si só já nos coloca uma série de desafios tendo em vista uma maior marginalização histórica de determinados grupos, tais como travestis e pessoas trans, em detrimento de outras, como homens cis gays.

> Talvez o segundo maior desafio relacionado ao ato de definir um acervo desejado para o MDS diz respeito ao fato de que o Museu da Diversidade Sexual constitui o único equipamento público – ou seja, ligado à estrutura do estado, no caso, o paulista – dedicado exclusivamente a "preservar o patrimônio sócio, político e cultural da comunidade LGBT brasileira" existente no território nacional.
>
> Tal característica, aliada ao fato de a instituição estar ligada ao estado de São Paulo e localizada na região central da capital paulista, impõe uma série de questões, dentre as quais ressalto a seguinte: Quais as potências e os desafios que se impõem na constituição de um acervo de referências LGBTQIAP+ de abrangência nacional por uma instituição ligada à esfera estadual? (Vieira, 2023, p. 16-17).

Durante a mesa *Diálogo transversal e Construção de Territorialidades com Abordagem Interseccional*, foram proferidas palestras sobre inclusão social, ressaltando a necessidade de ampliação das oportunidades de emprego para a comunidade LBTQIAP+, visando a melhoria da qualidade de vida dessas pessoas, já que muitas vezes elas não são apoiadas por sua família e são expulsas de casa ao revelarem a sua identidade sexual dissidente. Isso evidencia a importância das instituições que amparam essas pessoas. Discutiram também sobre a família LGBT e as dificuldades enfrentadas por elas para receber assistência, como as cestas básicas distribuídas na pandemia. O público também foi convidado a refletir sobre a necessidade de lutar pela inserção do nome social — que já é um direito reconhecido — nos sistemas desenvolvidos pelo governo, utilizados na área da saúde e educação, por exemplo. Também foi discutido sobre a importância da realização das Paradas do Orgulho LGBT nas periferias, convidando as populações desses locais a refletirem sobre como a comunidade LGBT é tratada, buscando transformar essa realidade para que as pessoas possam vivenciar a sua identidade e orientação sexual de maneira plena. Outra questão levantada foi a necessidade de a comunidade ocupar os espaços políticos, bem como considerar essa representatividade na hora do voto. Outra questão discutida foi: o que é um espaço acessível para essas comunidades? Após o questionamento foi destacada a importância da gratuidade de entrada dos museus (nem que seja um dia na semana) e do acesso ao banheiro. Também foi realizada a divulgação do Mapa LGBT do #VoteLGBT. A acessibilidade da linguagem foi considerada uma questão relevante para proporcionar a acessibilidade. Nesse contexto, o próprio título da mesa foi problematizado, por ser complexo e incompreensível para muitas pessoas. Experiências bem-sucedidas também foram compartilhadas, como o desenvolvimento de uma revista com a temática lésbica para circular na periferia (Museu da Diversidade Sexual, 2022b).

Os vídeos do seminário relatado acima e outros produzidos pelo museu podem ser acessados no YouTube[78] da instituição. Além dos registros de eventos e divulgação das mostras, há vídeos da série *Memórias da Diversidade Sexual* com entrevistas de pessoas da comunidade LGBTQIAP+, que compartilharam as suas histórias, inclusive os momentos em que sofreram discriminação por terem uma identidade ou orientação dissonante das normas da nossa sociedade (Museu da Diversidade, 2018). Também há video-guia em Língua Brasileira de Sinais — Libras (Museu da Diversidade, 2014).

O museu também democratiza o acesso a temas relevantes para a comunidade LGBTQIAP+ por meio dos seus *podcasts* gratuitos, nos quais conceitos básicos relacionados à sexualidade são definidos e temas mais complexos são apresentados, como as ideias da filósofa Judith Butler. Até 2023 foram publicados os seguintes episódios: *Arte queer: subjetividades e desafios*; *Por uma museologia LGBT nacional*; *Territorialidades LBTQIA+: visibilidade e acessibilidade*; *Preservação da Memória e Promoção da Arte LBTQIA+*; *Gestão com Inclusão e Diversidade*; *Museus e Patrimônio Cultural: movimentos e lutas sociais*; *"Acervos e referências de memória LBTQIAP+" é (muito) mais que um livro*; *Esporte & Equidade: pontes de inclusão e representatividade*; *Memória & Audiovisual LGBTQIAP+*; *Palomas, por Dan Agostini – A fotografia como ferramenta construtora de significados*; *Territorialidades: A influência da EMEI Armando de Arruda na República*; *Territorialidades: Saúde Pública LGBTQIAP+*; *Territorialidades: histórias de vida e união de museus*; *40 anos do Levante de Ferro's Bar e Exposição "Quando as lésbicas se levantam: a luta e resistência sapatão nos anos 80"*; *"Museologia comunitária LGBTQIAP+ e outros ensaios Queers interseccionais", um livro de afetos e lutas*; *Assexualidades plurais*; *Cenas Bi, SENABI e mais sobre bissexualidades*; *Documentário "Amistosa" e mulheridades no universo esportivo*; *Mês do Museólogo com ELA, Leila Antero*; *O Xirê das Yabás te convida a girar!* (Podcast Museu da Diversidade Sexual, 2024a). Em um dos episódios, a museologia dos

---

[78] YouTube do Museu da Diversidade Sexual: https://www.youtube.com/@MuseudaDiversidadeSexual/videos. Acesso em: 1 jun. 2023.

museus normativos é colocada em xeque e o papel do Museu da Diversidade Sexual é exaltado pela pesquisadora participante:

> Esse Museu nos ensina a repensar a museologia, a reinventar os museus e os espaços de memória. Esse Museu questiona o que não está nos museus normativos, no sentido de apontar essas ausências. Ele traz o que é posto à margem (Podcast MDS, 2022).

Museus como esse, ancorados no arcabouço teórico da Museologia Social, têm lutado em prol de uma Museologia com protagonismo LGBTQIAP+, que:

> Dotada de uma linguagem própria, nascida diretamente das pautas do movimento social, a Museologia que se desenha tem o combate à homofobia como tema central, bem como é organizada, mantida e multiplicada majoritariamente pelas próprias pessoas com identidades de gênero ou sexualidades dissidentes — uma Museologia que abre espaços em cenários onde, corriqueiramente, não é considerada bem-vinda (Baptista; Boita, 2023, p. 21).
>
> Questiona diretamente a matriz heterossexual como a definidora de um discurso hegemônico e hierarquizante presente nos museus;
>
> Entende que a memória pode contribuir no combate à homofobia expressa no Brasil, país que mais mata pessoas LGBTQIA+ no mundo, a partir do princípio de que os museus vinculam-se diretamente com as premissas dos Direitos Humanos e Culturais;
>
> Concebe que possui como público dois amplos setores sociais: a comunidade LGBTQIA+, carente de espaços de memória e de referências históricas que possam servir de arcabouço positivo para a constituição de nossas identidades, e o público geral, homofóbico e desconhecedor da humanidade das LGBTQIA+, necessitando de políticas públicas que provoquem sua adequação ao Estado regido pelo princípio de Direitos Humanos e Culturais [...] (Baptista; Boita, 2023, p. 25).

O Museu da Diversidade Sexual também oportuniza o acesso ao conteúdo relacionado à diversidade sexual por meio de exposições virtuais, tais como: *Dando pinta no Brasil Colônia*; *Palomas*; *Sexualidades múltiplas: Autobiografias indígenas*; *Ressetar* (Museu da Diversidade Sexual, 2024d) e

Memórias de uma epidemia (Nicolau, 2021). A instituição também constitui um lugar de socialização da comunidade LGBTQIAP+ (Nicolau, 2021; Reinaudo, 2020), que utilizam esse espaço para ensaio de coral, saraus, eventos literários, apresentações teatrais, festivais de cinema e palestras (Reinaudo, 2020).

Trata-se de um museu de passagem, sem ingressos e catracas (Nicolau, 2021). Devido ao acesso gratuito, recebe um público diversificado, incluindo pessoas que nunca haviam visitado um museu, pessoas sem teto, profissionais do sexo e usuários de drogas (Reinaudo, 2020). Essa peculiaridade traz uma limitação: lá não são expostas obras raras (Nicolau, 2021), visto que não podem garantir a sua segurança (Reinaudo, 2020).

A instituição tem um grande compromisso com a parte educativa, pois o seu objetivo é conscientizar a população sobre a diversidade sexual, destacando os problemas enfrentados pelas minorias. Para isso, há uma equipe de educadores que atuam no local. O museu tem apoiado a educação formal, recebendo grupos escolares e auxiliando os professores a lidarem com conflitos e violências motivadas pela homofobia (Nicolau, 2021; Reinaudo, 2020). Os cursos técnicos e as instituições de educação não formal, como abrigos e organizações não governamentais também procuram o museu para promover ações educativas relacionadas à necessidade de respeitar as pessoas que atuam ou são atendidas por elas (Nicolau, 2021). A instituição também produz materiais para auxiliar os professores a abordarem o tema em sala de aula (Chagas, 2022; Reinaudo, 2020).

As atividades educativas por lá desenvolvidas mudam de acordo com o tema da exposição. A historiadora Ellen Nicolau[79], que atuou como supervisora do setor educativo do Museu da Diversidade Sexual, se orgulha da educação sexual promovida pela instituição, pois, segundo ela, independente da ação realizada, sempre há uma explanação sobre o autoteste de HIV, o uso de preservativos, Profilaxia Pré-Exposição (PrEP) e Profilaxia Pós-Exposição (PEP). Ademais, logo na entrada do museu, há folhetos informativos da Secretaria de Saúde sobre a PrEP e PEP, autotestes de HIV, preservativos e lubrificantes disponíveis para o público. Os educadores estão atentos aos tabus relacionados ao sexo, por isso, ao

---

[79] Ellen Nicolau é mestranda em museologia; especialista em Divulgação Científica em Saúde e em Educação em Direitos Humanos; se aperfeiçoou em Movimentos Sociais e Crises Contemporâneas à luz do materialismo crítico; é licenciada em História, bacharel em pedagogia e técnica em museologia.

perceberem que uma pessoa manifestou interesse nesses itens, mas não os pegou, eles os oferecem, incentivando a pessoa a levá-los (Nicolau, 2021).

O museu se tornou um local seguro para o seu público e as atividades de educação sexual são requisitadas. Assim, a República se tornou a estação de metrô com maior distribuição de preservativos da cidade. Algumas pessoas, além de pegarem o autoteste no museu, pedem a ajuda dos funcionários para realizá-lo. Há também pessoas, incluindo adolescentes, que ao receberem o diagnóstico de infecção pelo vírus HIV, buscam a instituição para receber orientações (Nicolau, 2021). Segundo a educadora Ellen Nicolau os educadores museais precisam aprender a escutar sem realizar um julgamento com base nos seus conhecimentos prévios, pois só assim é possível compreender o ponto de vista do outro. Para ela:

> O que faz o Museu da Diversidade ser a potência incrível como ele é são os públicos. [...] Os públicos que cobram uma atuação mais enfática. [...] São as prostitutas da praça que vão lá buscar preservativos que cobram que aquilo esteja lá a disposição (Nicolau, 2021).

Não são apenas as pessoas da comunidade LGBTQIAP+ que buscam a instituição para realizar a testagem. Mulheres heterossexuais e casadas, ao passarem pelo museu, também aproveitam as campanhas de testagem, inclusive em uma das campanhas, o número de testes positivos foi maior nesse grupo que nos demais (Nicolau, 2021). Os funcionários exercem um papel social importantíssimo, que vai além daquele atribuído ao museu. Talvez isso ocorra, pois eles também fazem parte da comunidade LGBTQIAP+ e se identificam com a missão institucional. Por exemplo: já houve situações, nas quais eles acompanharam os visitantes até a unidade básica de saúde para motivá-los a iniciar o tratamento antirretroviral (Nicolau, 2021).

A equipe do museu é diversa sexualmente e há pessoas que vivem com o vírus HIV (Nicolau, 2021). Essa identificação com o público e com a missão institucional pode ser um dos fatores responsáveis pelo museu cumprir com excelência sua missão, apesar dos desafios. Muitas dessas pessoas não tinham iniciado um curso de graduação ao ingressar na instituição, mas foram motivadas pelos colegas a superar os seus medos (exemplo: a recusa do uso do nome social), oportunizando a formação de pessoas que poderão contribuir para a transformação social (Nicolau, 2021).

A sexualidade ainda é um tabu e muitas pessoas nem sequer foram convidadas a refletir sobre a sua própria identidade e orientação sexual, assumindo papéis que lhes foram impostos socialmente sem a oportunidade de questioná-los. Nesse contexto, as atividades desenvolvidas pelo museu podem contribuir para a transformação desse cenário, como exemplificado na história descrita a seguir. de acordo com a educadora Ellen Nicolau (2021), uma senhora com 65 anos que visitava o museu com a sua turma da escola disse: "Olha, eu vou falar uma coisa aqui que eu nunca falei: Eu acho que sou lésbica!". Ela era uma viúva, negra, com três filhos, que passou a vida casada e nunca se relacionou com uma mulher. No entanto, o que ela sente por mulheres, ela nunca sentiu nem pelo próprio marido e segundo ela, nunca teve tempo "disso". Por isso, durante a visita, questionou se poderia se assumir como lésbica, mesmo sem ter se relacionado com uma mulher (Nicolau, 2021). Vale ressaltar que a identidade e a orientação sexual não são fixas e imutáveis e o mais importante é que as pessoas possam vivenciar a sua sexualidade de maneira consciente e responsável.

Para Ellen Nicolau (2021) o museu tem um papel muito importante na educação sexual: construir outros futuros; combater as violências de gênero e sexualidade; estimular cientificamente a compreensão do corpo e a valorização do Sistema Único de Saúde (SUS); valorizar conquistas; e desenvolver autonomia. Em minha atuação como docente e educadora museal pude identificar que muitas pessoas acreditam que as escolas e os museus não devem promover a educação sexual, pois para elas esse é o papel da família. No entanto, muitas vezes é dentro dos lares que ocorrem situações de violência sexual. Além disso, muitos responsáveis legais e educadores não promovem uma educação sexual positiva e emancipatória, como é possível notar pelo relato a seguir, compartilhado pela educadora Ellen Nicolau. Ela narrou a história de uma adolescente da capital paulista que contou para os funcionários do museu que para não engravidar, sempre cobria o umbigo durante as relações sexuais. Por se tratar de algo tão absurdo, a equipe achou que a menina estava brincando, mas não, ela estava convicta que ao cobrir o umbigo, não engravidaria. Isso evidencia a importância do trabalho desenvolvido pelas instituições de educação não formal, como o Museu da Diversidade Sexual.

Como já mencionado, em 2022 o Instituto Odeon assumiu a gestão do museu. Nesse mesmo ano, quando os museus estavam iniciando o processo de reabertura após a pandemia da Covid-19, o Museu da Diversidade Sexual precisou fechar as suas portas novamente. O fechamento ocorreu devido a uma ação judicial após ação popular movida pelo deputado estadual Gil Diniz que considerou o repasse de verba excessivo80, colocando em risco a manutenção do espaço e do acervo, além de provocar a suspensão de projetos e contratos dos trabalhadores (PODCAST MUSEU DA DIVERSIDADE SEXUAL, 2023; São Paulo, 2022). Mas será que o deputado de extrema-direita moveria uma ação semelhante para um museu que abordasse outra temática? Segundo o relator do processo:

> [...] É preciso considerar que a temática objeto do Museu da Diversidade Sexual, lamentavelmente ainda pode despertar debate aguerrido ou resistência preconceituosa.
>
> Nos dias de hoje isso nem sinal de retrocesso pode ser considerado, pois curiosamente a orientação sexual não definia o homem grego ou homem romano.
>
> Na Idade Média com a forte influência da Igreja sobre os rumos da sociedade o homo (igual) sexualismo passou a ser visto como heresia.
>
> O tempo foi agravando a discriminação tal como se viu na última Grande Guerra quando homossexuais juntamente com ciganos, judeus, negros foram vítimas de grande violência em nome da "superioridade da raça ariana".
>
> Aliás, nesse mesmo período como ainda nada tivesse sido apreendido, destacável a repressão a diversidade sexual, pois não poupou a liberdade de orientação sexual de um dos maiores gênios da matemática e da criptografia. Sabido que o inglês Alan Turing, mesmo tendo conseguido quebrar os códigos nazistas que, permitiram o desembarque de milhares de soldados na Normandia e dar ensejo ao fim da 2ª. Grande Guerra, nem por isso deixou de ser discriminado e "tratado/condenado" com hormônios femininos.
>
> Sabido que essa intolerância ainda está longe de terminar a despeito dos esforços de muitos, como os movimentos sociais, os poderes públicos que trouxeram um avanço na equalização dos direitos, v. g. Governo Federal – Programa Brasil sem Homofobia, STF – Casamento entre pessoas do mesmo sexo, nome e o registro civil.
>
> Essas experiências históricas precisam ser conhecidas e o aprendizado cultural é um forte componente de transformação da sociedade, especialmente necessário, principalmente

---

[80] O valor do contrato para o período de 01/01/2022 a 31/12/2026 é de R$ 33.847.629,00. As principais informações anuais serão compartilhadas no site do Portal de Transparência da Cultura. Disponível em: https://www.transparenciacultura.sp.gov.br/museu-da-diversidade-sexual-2022-2026/. Além disso, há verbas destinadas à expansão do museu no valor de R$40.000.000,00 (São Paulo, 2022).

> porque há que ainda se importe muito com a orientação de gênero de outrem, classificando-o com o objetivo claro de controle na busca do "normal social", como bem pontuado por Foucault em sua obra a História da Sexualidade.
>
> Afastar, reprimir, agredir o que tem orientação sexual diversa é negativa aos direitos humanos cujo primado é igualdade de direitos e da cidadania plena.
>
> Projetos e ações culturais permanentes em prol da diversidade sexual exigem política pública, recursos, gestão.
>
> Indiscutivelmente, a ação popular é um instrumento de cidadania, mas a suspensão dos repasses fundada em questionamentos amplíssimos feitos pelo autor popular não nos parece adequada, especialmente porque há na inicial forte carga especulativa, que acaba pôr em risco um trabalho que já existe desde 2012, mas que justificadamente propôs-se a avançar com pautas mais amplas desenvolvendo cultura (São Paulo, 2022, p. 11-13).

Em dezembro de 2022, o museu fechou para reforma de ampliação, permanecendo fechado durante o ano de 2023. Segundo a educadora Val Chagas, apesar do fechamento, a instituição realizou diversas atividades educativas no território, como o projeto *Rolezinho LGBTQIAP+*, que constitui em caminhadas temáticas na região da República para apresentar ao público alguns pontos e personalidades relevantes para a história e resistência LGBTQIAP+ em São Paulo; e o *Café com a vizinhança*, que convida pessoas que atuam em instituições de pequeno e médio porte próximas ao museu a conversarem, como a organização *Aids Healthcare Foundation no Brasil* (Chagas, 2024; Podcast Museu da Diversidade Sexual, 2023a).

O museu não se distanciou da escola e promoveu oficinas como a de produção de bonecas abayomi", realizada na Emei Armando de Arruda Pereira, uma creche localizada próxima ao museu, que facilitou a discussão sobre gênero e racismo, história e cultura afro-brasileira (Chagas, 2024; Podcast Museu da Diversidade Sexual, 2023b). Além de auxiliar na formação continuada dos profissionais que atuam nessa escola (Podcast Museu da Diversidade Sexual, 2023b) e em outros museus (Chagas, 2024).

Sem a sua sede, os educadores do Museu da Diversidade Sexual atuaram em parceria com instituições parceiras. Uma dessas instituições é o Museu da Língua Portuguesa, na qual auxiliaram na mediação de um grupo de estudantes surdos, utilizando como tema gerador dialetos adotados pela comunidade LGBTQIAP+ (Chagas, 2024).

Em 2023, o museu ganhou um novo espaço na região da República: o Centro de Referência e Empreendedorismo do Museu da Diversidade Sexual, com 186 m² no térreo e 237,53 m² no primeiro pavimento. Ele possui um espaço expositivo; uma área administrativa e técnica, visando à criação e manutenção da sua reserva técnica; além de um local destinado às oficinas e cursos oferecidos à comunidade. A sede principal foi ampliada e agora possui 540 m² (Núcleo de Educação, 2024).

5

DESAFIOS E POTENCIALIDADES DA EDUCAÇÃO SEXUAL NO CONTEXTO MUSEAL

5.1 DESAFIOS ENFRENTADOS PELOS MUSEUS AO PROMOVEREM A EDUCAÇÃO SEXUAL DE MANEIRA INTENCIONAL

Embora a sexualidade seja um aspecto central do ser humano e esteja presente em toda a sua vida (World Health Organization, 2015), a sua vivência e expressão é influenciada pelos diferentes contextos nos quais uma pessoa está inserida. Exemplos: contexto sociocultural; econômico; familiar, que envolve os valores morais e religiosos; e o subjetivo, como as questões emocionais e cognitivas (Maia, 2014). Portanto, a abordagem do tema por si só já é um grande desafio. Nesta seção serão apresentados os principais desafios identificados nas situações apresentadas neste livro.

5.1.1 A PERCEPÇÃO DA EQUIPE GESTORA E DOS CURADORES DO MUSEU SOBRE OS ASSUNTOS RELACIONADOS À SEXUALIDADE E À EDUCAÇÃO SEXUAL DETERMINA A INCLUSÃO OU EXCLUSÃO DE ESTRATÉGIAS DE EDUCAÇÃO SEXUAL INTENCIONAL NA INSTITUIÇÃO.

Diferentemente do contexto escolar, no qual os educadores precisam seguir o currículo, no museu são os funcionários que determinam quais temas serão abordados e quais atividades serão realizadas. Portanto, suas percepções sobre os assuntos relacionados à sexualidade e à educação sexual nos museus é um fator determinante para o desenvolvimento de estratégias de educação sexual intencional nessas instituições e a abordagem empregada, como discutido anteriormente.

Neste livro foi possível analisar diversos casos ao longo da história nos quais itens que poderiam ser utilizados em exposições sobre sexualidade estavam disponíveis, mas por decisão das equipes dos museus, não foram. Além disso, muitas vezes, objetos expostos que poderiam ser usados para promover a reflexão sobre algum assunto relacionado à sexualidade não são explorados com essa finalidade. **Basta um novo olhar sobre os itens musealizados que será possível identificar elementos associados à sexualidade passíveis de serem explorados para despertar no público determinadas interpretações sobre o tema.** "Corpo e Desejo" de Luska Wolski exposta no Museu Oscar Niemeyer (Curitiba) em 2018 é um bom exemplo, veja a descrição da mostra presente em uma das paredes da instituição:

> **A nudez, *per se*, não é responsável pelo erotismo.** Durante a História da Arte o corpo nu veio em deuses, anjos, plebeus, retirantes e soldados; o corpo nu carregou inúmeras vezes o drama e a ciência ausentes de lascívia. Em contrapartida, a luxúria se fez presente em corpos vestidos: nobres, heróis e figuras sacras. Entre os milhares de nus existentes nas artes, que película é essa que transfigura algumas linhas em volúpia e traz ares escusos para o formalismo puro? O corpo existe como qualquer outro, feito de carne, grafite, carvão ou tinta. Evidente que há o sexo, simples e explícito, que nem a mais tradicional das imagens sucede em mascarar em sua estranha posição de sublime – onde não há espaço para sexualidade mundana. Entretanto a partícula do erotismo opera de maneira bem mais sútil, deleita-se no que é latente ao corpo, aos corpos; aquele que posa, aquele que traduz, a representação e o corpo que vê; manequim, artista, tela, espectador.
>
> A figura do *voyer* é determinante no mecanismo erótico, sua presença tem o poder de tornar público o que se supõe privativo; as cenas em boudoirs, o enquadramento furtivo e até a mais óbvia de suas funções; espectador solicitado do modelo que deliberadamente se expõe.
>
> Esta seção tem o papel fundamental de evidenciar a maneira como o erotismo ocorre nos acervos de Curitiba, sutil ou explicitamente. Em tempos de censura é essencial construir parâmetros. Nem toda nudez é erótica, nem todo erotismo é explícito e a sexualidade não ficará escondida nos sótãos dos artistas (Wolski, 2018, grifo nosso).

É possível apontar diversos outros exemplos, mas mencionarei apenas mais um caso. No Museu Histórico Nacional, ao lado dos quadros "Retrato de Carmen Pimentel" (1965), de Armando Assis Pacheco; "Retrato de Criança" (Século XIX), de Aurélio de Figueiredo; e "Réfugièe" (1915), de Angelina Agostini; há uma placa contendo o texto a seguir, que convida o público a refletir sobre um importante problema existente em nossa sociedade: a violência contra as mulheres.

> QUEM AMA NÃO MATA
>
> Na história do Brasil, a defesa dos direitos das mulheres confrontou a tradição patriarcal. O ideal da condição feminina definido pela maternidade e a vida doméstica foi superado pela ampla participação das mulheres no mundo do trabalho e economia. O voto feminino foi aprovado em 1932 e estabelecido na Constituição de 1934 confirmou a força política das mulheres. Em 1962, o Estatuto da Mulher Casada garantiu a independência civil das mulheres diante da vontade de seus maridos, antecedendo o direito ao divórcio garantido por emenda constitucional em 1977. Nessa época de estado autoritário sob tutela militar, a causa feminina e suas lideranças reforçaram a luta contra a censura e pela anistia política. A organização do movimento feminista promoveu a crítica da dominação masculina defendendo a liberdade de costumes e o direito ao corpo. Desde os anos de 1980, o combate à violência contra as mulheres impôs a construção de políticas públicas específicas, representando o compromisso com a vida (Museu Histórico Nacional, 2023).

Apesar da relevância do tema, os currículos dos cursos de museologia no Brasil não costumam incluir disciplinas relacionadas à sexualidade (Baptista, 2021), contribuindo para a formação de profissionais que possivelmente terão dificuldade para reconhecer a importância de abordar a temática nos museus e de elaborar estratégias para promover a educação sexual. É possível que esse seja um dos fatores responsáveis pelo baixo número de estratégias de educação sexual intencional promovidas pelos museus. Sendo assim, os cursos de museologia precisam ser atualizados, promovendo a inclusão de temas relevantes para o desenvolvimento sustentável, como aqueles relacionados à educação sexual, a partir de uma abordagem emancipatória. Desse modo, por meio da transformação dos museólogos, será possível promover a mudança da cultura dos museus que, por sua vez, poderão contribuir para a transformação da sociedade.

5.1.2 A PERCEPÇÃO DOS EDUCADORES MUSEAIS SOBRE OS ASSUNTOS RELACIONADOS À SEXUALIDADE E A EDUCAÇÃO SEXUAL PODE IMPACTAR NA EDUCAÇÃO SEXUAL OFERTADA PELA INSTITUIÇÃO DE ENSINO.

Segundo a Unesco (2019), mesmo em contextos favoráveis à educação sexual, a sua implementação pode ser frustrada por obstáculos operacionais, como a insuficiência de treinamento, orientação e apoio aos educadores. Essa falta de preparo dos educadores é um fato reconhecido por eles próprios e pelos educandos. As percepções pessoais dos educadores sobre assuntos relacionados à sexualidade também podem influenciar a sua prática profissional. Tais afirmações foram feitas pela Unesco (2019) com base em pesquisas realizadas no contexto de educação formal. E no contexto da educação não formal? Como será que um jovem mediador se sente ao chegar a um museu que lhe propõe o desafio de trabalhar com educação sexual? Para responder a essa pergunta, realizei uma pesquisa com jovens que participaram de duas edições do "Curso de capacitação de mediadores para atuação em ambientes de ensino não formal" do Espaço Ciência Viva. A maioria considerou a educação sexual vivenciada no ensino formal como insatisfatória. Isso pode ter contribuído para a dificuldade relatada por eles para mediar sobre assuntos relacionados à sexualidade nos museus, já que o consideram um tabu, têm pouco conhecimento sobre o tema e se sentem inseguros para lidar com o público (Oliveira; Vitiello; Coutinho-Silva, 2021).

Como já mencionado, "Não existe a possibilidade de não educar sexualmente, porque educamos com o que fazemos, com o que dizemos e também com o que calamos" (Cahn *et al.*, 2022, p. 11, tradução nossa). Sendo assim, para que os museus possam promover uma educação sexual positiva, intencional e emancipatória é preciso investir na formação dos educadores museais, começando pela inclusão da educação sexual integral no currículo escolar e dos cursos de ensino superior, como já ocorre em diversos países. Ademais, é essencial oportunizar atividades sobre essa e outras temáticas para promover a formação continuada dos profissionais que atuam diretamente com o público.

5.1.3 O CURRÍCULO ESCOLAR INFLUENCIA NA ESCOLHA DOS TEMAS ABORDADOS PELOS MUSEUS, MAS APESAR NO AUMENTO DA INCLUSÃO DA EDUCAÇÃO SEXUAL NO CURRÍCULO, OS ASPECTOS SOCIAIS E PSICOLÓGICOS DA SEXUALIDADE FREQUENTEMENTE NÃO SÃO INCLUÍDOS.

O currículo escolar influencia na escolha dos temas explorados pelos museus, pois muitos deles recebem grupos escolares. No entanto, a educação sexual intencional nem sempre está presente na escola e quando está costuma ter como foco os aspectos biológicos da sexualidade, como os assuntos relacionados à reprodução e prevenção de infecções sexualmente transmissíveis (Oliveira; Vitiello; Coutinho-Silva, 2021; Unesco, 2019). Portanto, os museus podem incluir elementos relacionados à sexualidade que estão presentes no currículo escolar, mas sem se abster de incluir os aspectos psicológicos e sociais. Assim, deixarão de ser reativos às transformações curriculares e serão proativos, contribuindo para a construção da cultura e consequentemente da transformação social.

Apesar das limitações dos currículos, diversos países têm elaborado documentos que legitimam e/ou garantem a educação sexual nas escolas (Neto, 2022) e já é possível notar uma crescente ampliação da abordagem do tema nos museus.

5.1.4 A ESCASSEZ DE RECURSOS HISTÓRICOS PARA COMPOR E FUNDAMENTAR AS EXPOSIÇÕES É UM DESAFIO QUE PODE SER SUPERADO.

Apesar da escassez de recursos históricos para compor e fundamentar as exposições constituir um grande desafio, já que muitos itens não foram coletados, outros não foram catalogados de maneira adequada e alguns foram destruídos, esse desafio pode ser superado. Diversos casos foram apresentados ao longo deste livro para sustentar essa proposição e com base neles podemos afirmar que é possível construir exposições que promovam a reflexão do público sobre assuntos relevantes associados à sexualidade utilizando diferentes recursos, como, por exemplo, impressão 3D; modelos didáticos; animais vivos ou taxidermizados; jogos digitais e analógicos; livros, revistas e jornais armazenados nas bibliotecas públicas ou presentes em acervos de colecionadores particulares; fotografias; reconstruções; vídeos; cartas de amor; obras de arte; relatos coletados por meio de entrevistas ou até mesmo analisando publicações nas redes sociais. Neste livro também foram apresentadas algumas exposições virtuais, sustentando essa proposição.

5.1.5 A OPOSIÇÃO SOCIAL É UMA DAS PRINCIPAIS LIMITAÇÕES ENFRENTADAS PELOS MUSEUS, POIS PODE RESULTAR NA CENSURA E AUTOCENSURA.

Segundo a Unesco (2019), **há muitos desafios relacionados à promoção da educação integral em sexualidade e a oposição social é um deles.** Ela se manifesta por meio da resistência ou reações negativas da população, fomentadas por <u>crenças equivocadas</u> sobre o propósito e o efeito do ensino de assuntos relacionados à sexualidade nos jovens, como a possibilidade de incentivar o início precoce da atividade sexual, provocar uma "confusão de gênero" ou até mesmo encorajamento para adotar uma orientação sexual ou identidade de gênero não conforme. Além disso, alguns julgam a educação sexual como inadequada por ir contra as normas, valores culturais ou religiosos da localidade. Essas ideias errôneas muitas vezes são difundidas por grupos organizados e de pressão, como grupos religiosos.

> A forte resistência da comunidade à educação integral em sexualidade, ou mesmo a perspectiva de tal resistência, é um risco real que pode impedir a promulgação de leis e retardar a aplicação de políticas relacionadas com a igualdade de gênero e direitos sexuais e reprodutivos, que afetam especialmente meninas e mulheres (Unesco, 2019, p. 4, tradução nossa).

A resistência da comunidade pode resultar na censura das atividades propostas pelos museus, como pudemos observar no relato do caso de "Sexo: Uma exposição reveladora" (Sex: A Tell-All Exhibition), discutido anteriormente. Quando chegou ao Museu de Ciência e Tecnologia do Canadá (Canada's Science and Technology Museum), a mostra recebeu dezenas de críticas por e-mail e telefone antes mesmo da sua abertura (National Post, 2012a). Tal fato ocorreu após representantes de organizações religiosas terem se expressado publicamente criticando a exposição (Quist, 2012; The Evangelical Fellowship Of Canada, 2012), levando o Ministro do Patrimônio a contactar o presidente do museu (Raj, 2012). Com isso, a instituição, que recebe financiamento público, removeu parte do conteúdo que seria exposto e aumentou a classificação indicativa (Raj, 2012), perdendo grande parte do seu público-alvo (National Post, 2012a).

A restrição à liberdade de expressão é algo temido por todos, principalmente por aqueles cuja atividade laboral nem sempre expressa ideias amplamente difundidas e/ou aceitas na sociedade, como os jornalistas e artistas, afinal, como disse Paul Klee: "A arte não reproduz o que vemos. Ela nos faz ver". Por isso, é comum observar a manifestação dessas pessoas diante de situações como essas. **O caso ocorrido no museu foi amplamente criticado pela mídia, que ressaltou que a censura à exposição constituiu um ataque à democracia e poderia levar os curadores a se autocensurarem ao desenvolverem futuras exposições** (National Post, 2012b). Apesar do aspecto negativo da censura, ela incita o debate sobre o tema, conforme apontado por Victor Arruda ao ser entrevistado por Odier (2014):

> **A censura é um tipo de elogio!** Você está falando de um assunto que as pessoas não querem falar. Se você foi censurado, porque o que você estava fazendo era apenas uma provocação sem importância, a censura não pode ser aceita nem nesses casos. Mas vamos dizer, não há grandes prejuízos. Mas **quando você está falando de um assunto que relevante e a censura vem porque incomoda, porque cria possibilidades de modificação, de pensamento, de modificação do pensamento do espectador; então essa censura é uma censura que é péssima, mas ao mesmo tempo é de alguma forma, uma mostra da força e da vitalidade do trabalho** (Odier, 2014, p. 9, grifo nosso).

No Brasil, por exemplo, a exposição *Queermuseum* — Cartografias da Diferença na Arte Brasileira, que ocorreu no Santander Cultural *de* Porto Alegre, foi fechada cerca de um mês após a inauguração devido às críticas recebidas (Seoane; Bechelany, 2018). Ela também seria realizada no Museu de Arte do Rio, no entanto, após ser cancelada pelo espaço Santander Cultural, foi censurada pelo prefeito Marcelo Crivella. Como forma de resistência, o Parque Lage propôs um financiamento coletivo para acolher a exposição. Mais de 1670 participantes contribuíram com a campanha, arrecadando mais de um milhão de reais (Canal Saúde Oficial, 2019; Fórum Permanente, 2018). Apesar do fechamento dessa mostra incitar o debate no país acerca do direito à liberdade de expressão, ela trouxe uma série de repercussões.

Embora o Museu de Arte de São Paulo (Masp) reconheça o sexo como elemento essencial da vida e a necessidade de preservação da liberdade artística (Museu de Arte de São Paulo Assis Chateaubriand, 2017) **o movimento social conservador possivelmente influenciou a equipe do museu que, inicialmente, autocensurou a exposição Histórias da Sexualidade**, proibindo a entrada de pessoas com menos de 18 anos, como mostra o texto abaixo extraído do site da instituição:

> O sexo é parte integral de nossa vida e, sem ele, sequer existiríamos. Por isso, a sexualidade tem desde sempre ocupado lugar central no imaginário coletivo e na produção artística. A exposição Histórias da sexualidade traz um recorte abrangente e diverso dessas produções. O objetivo é estimular um debate — urgente na atualidade — cruzando temporalidades, geografias e meios. **Episódios recentes ocorridos no Brasil e no mundo trouxeram à tona questões relativas à sexualidade e aos limites entre direitos individuais e liberdade de expressão, por meio de embates públicos, protestos e violentas manifestações nas mídias sociais.** [...].
>
> Nessas histórias, não há verdades absolutas ou definitivas. As fronteiras do que é moralmente aceitável deslocam-se de tempos em tempos. Esculturas clássicas que são ícones da história da arte não poucas vezes tiveram o sexo encoberto. Também os costumes variam entre as culturas e civilizações. Em diversas nações europeias e comunidades indígenas, é natural a nudez exposta em lugares públicos; a poligamia é aceita em alguns países islâmicos; a prostituição é prática legal em alguns estados e condenada em outros; há países onde o aborto é livre mas há outros onde é proibido. Até mesmo o conceito de criança mudou ao longo do tempo, assim como as regras de especificação etária.
>
> **O único dado absoluto, do qual não podemos abrir mão, é o respeito ao outro, à diferença e à liberdade artística.** Portanto, é preciso reafirmar a necessidade e o espaço para o diálogo e que se criem condições para que todos nós — cada um com suas crenças, práticas, orientações políticas e sexualidades — possa conviver de forma harmoniosa (Museu de Arte de São Paulo Assis Chateaubriand, 2017, grifo nosso).

Posteriormente, seguindo a orientação estabelecida pela Nota Técnica n.º 11/2017 da Procuradoria Federal dos Direitos do Cidadão do

Ministério Público Federal (Brasil, 2017) essa classificação deixou de ser restritiva e passou a ser indicativa (Museu de Arte de São Paulo Assis Chateaubriand, 2023), conforme apresentado na seção 2.2.4

A autocensura também esteve presente no Rio de Janeiro na mostra "Sífilis: História, Ciência e Arte, Brasil", apresentada na seção 4.5.6. A equipe organizadora se opôs ao curador emérito Mauro Romero e optou por não incluir imagens reais com sinais e sintomas da doença temendo a censura de representantes do governo conservador do presidente Jair Bolsonaro (Petra, 2022; Romero, 2022).

> Para evitar a oposição social os museus têm desenvolvidos algumas estratégias, tais como:
> 1. Envolver uma equipe multidisciplinar de especialistas e, quando necessário, realizar o recrutamento de consultores externos, de representantes de organizações sociais, professores, responsáveis legais e estudantes durante o processo de construção de uma exposição (Cassidy; Lock; Voss, 2016; Montreal Science Centre, 2015; Pavilhão Do Conhecimento, 2010).
> 2. Realizar grupos focais com pessoas semelhantes ao público-alvo para avaliar as exposições (Cassidy; Lock; Voss, 2016; Frost, 2017; Montreal Science Centre, 2015).
> 3. Consultar responsáveis legais, ao desenvolver exposições para crianças e adolescentes, buscando identificar suas principais expectativas, necessidades e preocupações (Montreal Science Centre, 2015), como recomenda a Unesco:
>> Uma estratégia fundamental para superar a possível oposição é ouvir as preocupações dos pais e incorporar suas sugestões, sempre que viável ou apropriado. Paralelamente, estratégias para sensibilizar os pais e fornecer-lhes informações precisas sobre os benefícios dessa educação são essenciais (Unesco, 2019, p. 15-16, tradução nossa).
> 4. Disponibilizar livretos contendo imagens de itens presentes na mostra na bilheteria para que o público tenha clareza do conteúdo que será abordado (Frost, 2017) e/ou inserir avisos na entrada da exposição informando-os sobre o que a presença de

informações e/ou imagens de natureza sexualmente explícita (Cassidy; Lock; Voss, 2016; Frost, 2017).
5. Adaptar exposições itinerantes de acordo com o seu contexto sociocultural (White, 2013).
6. Realizar um acompanhamento jurídico (Frost, 2017).
7. Determinar a classificação indicativa, se for necessário, e recomendar a presença dos responsáveis legais para pessoas abaixo dessa idade (Frost, 2017; Museu de Arte de São Paulo Assis Chateaubriand, 2017).

5.1.6 HÁ DIVERSOS DESAFIOS ENFRENTADOS PELOS MUSEUS QUE NÃO ESTÃO NECESSARIAMENTE ASSOCIADOS À EDUCAÇÃO SEXUAL, MAS IMPACTAM NEGATIVAMENTE NA SUA PROMOÇÃO.

Entre os diversos desafios que podem ser inseridos nesta categoria, quatro deles serão mencionados a seguir, pois estão presentes em instituições citadas neste livro. O Plano Museológico constitui um instrumento de sistematização do trabalho exercido pelo museu. É nele que ocorre o detalhamento dos programas: institucional, de gestão de pessoas, de acervos, de exposições, educativo e cultural; de pesquisa; arquitetônico-urbanístico, de segurança, de financiamento e fomento, de comunicação. Embora o Estatuto de Museus o considere obrigatório (Brasil, 2013), nem todos os museus o possuem. Além disso, muitos têm dificuldade de realizar o registro e o inventário de seus bens culturais, bem como o desenvolvimento de estratégias que garantam a conservação e a segurança de seus acervos, seja por limitação de espaço físico, carência de recursos humanos ou financeiros.

A carência de recursos humanos também compromete o trabalho educativo, já que a maior parte dos educadores museais não possui vínculo trabalhista estável com a instituição na qual atua, resultando em grande rotatividade de profissionais. Quando um colaborador chega a uma organização é preciso investir em sua formação, preparando-o para atuar de acordo com a missão, valores e cultura institucional. Ao substituí-lo, o processo recomeça. Se esses educadores tivessem vínculos estáveis, poderiam se especializar melhor, aperfeiçoando a qualidade do serviço prestado e a instituição poderia investir esforços em outras atividades relevantes.

Por fim, os museus precisam garantir a construção de um setor de educação museal, composto por uma equipe qualificada e multidisciplinar, seguindo os princípios e diretrizes da Política Nacional de Educação Museal (Brasil, 2021).

5.2 POTENCIALIDADES DA EDUCAÇÃO SEXUAL EMANCIPATÓRIA NOS MUSEUS

"O <u>direito à informação e à educação sexual e reprodutiva</u>" é um direito sexual e "<u>O direito de acesso a informações</u>, meios, métodos e técnicas para ter ou não ter filhos" é um direito reprodutivo (Brasil, 2013, p 4., grifo nosso). As atividades educativas devem contribuir para "fortalecimento do respeito pelos direitos do ser humano", conforme recomenda a Declaração Universal dos Direitos Humanos (Fundo das Nações Unidas para a Infância, [1997 ou 1998]). Portanto, **ao promover a educação sexual e o reconhecimento desses direitos, os museus contribuem para a efetivação dos direitos humanos.**

A educação sexual é essencial para a promoção do desenvolvimento sustentável, visto que para alcançá-los é preciso atingir os objetivos mencionados a seguir: 3. Saúde e bem-estar: "Assegurar uma vida saudável e promover o bem-estar para todos, em todas as idades"; 4. Educação de Qualidade: "Assegurar a educação inclusiva e equitativa e de qualidade, e promover oportunidades de aprendizagem ao longo da vida para todos"; e 5. Igualdade de Gênero: "Alcançar a igualdade de gênero e empoderar todas as mulheres e meninas" (Brasil, 2023; Unesco, 2019). Isso porque "a sexualidade não é apenas uma questão pessoal, mas é social e política [...] é "aprendida, ou melhor, é construída, ao longo de toda a vida, de muitos modos, por todos os sujeitos" (Louro, 2021, p. 11). A educação sexual intencional e emancipatória pode contribuir com o desenvolvimento do pensamento crítico (Aragão *et al.*, 2017) e do desenvolvimento sustentável.

Conforme discutido ao longo deste livro, **os museus podem oportunizam o acesso à educação sexual integral emancipatória**, já que ela nem sempre é oferecida de maneira satisfatória pelas famílias ou instituições de educação formal, seja pelo tabu associado ao tema, carência de conhecimentos científicos sobre alguns assuntos relacionados à sexualidade ou dificuldade em realizar a transposição didática desses conteúdos.

Os museus têm potencial para oferecer uma **abordagem única da educação sexual, seja pela exploração dos objetos musealizados, pela variedade de recursos disponíveis, pela LIBERDADE de apresentação de temas controversos ou ainda pela presença de equipes multidisciplinares, permitindo a construção de atividades interdisciplinares, contextualizadas, lúdicas e interativas. Além disso, o processo de aprendizagem costuma ser facilitado pela motivação intrínseca do público, que voluntariamente visita a instituição** (exceto quando as escolas e universidades agendam a visita).

Santos (2012), tendo como base a exposição *Teen Fact* do Centro de Ciência de Amsterdã (Nemo), afirma que exposições permanentes "podem constituir uma oferta formativa não formal em educação em sexualidade, lúdica e atrativa, complementar à educação formal escolar" (Santos, 2012, p. 8). A autora, após avaliar os módulos expositivos desenvolvidos no Exploratório Infante D. Henrique (Centro Ciência Viva de Coimbra), ressaltou que a aprendizagem pode ser potencializada pela interação e a diversão.

Os educandos que fizeram parte da sua pesquisa apreciaram a interatividade e a liberdade de interagir com os módulos expositivos. Eles conseguiram "ver a aplicação prática das matérias abordadas nas aulas" (Santos, 2012, p. 23), demonstraram a sua satisfação em utilizar jogos e afirmaram que aprenderam se divertindo. Além disso, reconheceram que esses conhecimentos serão úteis em suas vidas, pois os auxiliarão a tomar decisões mais conscientes e responsáveis (Santos, 2012).

Os educadores afirmam que os alunos "sentem-se mais à vontade para discutir os assuntos e por vezes tiram mais partido destas experiências do que das realizadas em contexto formal" (Santos, 2012, p. 22 e 23). Para eles as atividades propostas permitem que "alunos encararem a sexualidade como um tema natural e do qual se deve falar abertamente" (Santos, 2012, p. 22), além disso "demonstra que a sexualidade também pode ser abordada de forma lúdica e descontraída tal como os outros aspectos da ciência porque a brincar também se aprende" (Santos, 2012, p. 22). Eles também reconheceram as potencialidades da educação sexual nos museus e a consideram complementares às atividades já desenvolvidas pela escola, ao "articular as aprendizagens dentro e fora da escola" (Santos,

2012, p. 23) e "aprofundar e consolidar as aprendizagens desenvolvidas em sala de aula" (Santos, 2012, p. 23). Ademais, consideram as como vantagem o fato dos espaços de educação não formal "poderem ajudar muitos professores que sintam maior constrangimento em abordar os assuntos relacionados com a sexualidade em sala de aula" (Santos, 2012, p. 23). Acreditam também que a proposta do museu pode "constituir uma excelente oportunidade para as famílias [...] (re)assumirem o seu papel na educação em sexualidade" (Santos, 2012, p. 24).

Durante a realização da tese que deu origem a este livro, eu não me distanciei do objeto de pesquisa, pelo contrário. Nesse contexto, pude idealizar, produzir e realizar diversas estratégias de educação sexual no Espaço Ciência Viva e em parceria com outras instituições, como o Museu Nacional. Muitas delas não foram compartilhados neste livro. No entanto, para ilustrar a afirmação realizada anteriormente, compartilharei um breve relato da minha experiência na mediação da exposição "Direito Sexual e Reprodutivo", realizada durante a 13.ª Bienal da União Nacional dos Estudantes (UNE) na Fundição Progresso e da exposição "Saúde Sexual e Reprodutiva", realizada no *Sábado da Ciência* no Espaço Ciência Viva; ambas organizadas por mim e realizadas em 2023. Nessas exposições havia diversos itens, tais como carteiras de vacinação, um jogo sobre direitos sexuais e reprodutivos, modelos de órgãos genitais sobre as mesas e preservativos com sabores, texturas e odores diversos. Para surpresa de muitas pessoas conservadoras, o público não ficou escandalizado com essas exposições. Crianças, adolescentes, pais e mães com seus filhos e filhas, jovens, idosos, profissionais de educação e saúde se dirigiram até a equipe para conversar e esclarecer dúvidas sobre assuntos relacionados à sexualidade. Alguns responsáveis levavam seus filhos e filhas e diziam para eles permanecerem ali, pois precisavam aprender sobre assuntos relacionados ao tema e logo se distanciavam para deixá-los mais confortáveis. Outros permaneciam durante a mediação. Ao final da mediação de cada grupo no qual os responsáveis estavam presentes, algumas orientações sobre como abordar o tema em seus lares foram compartilhadas, indicando quais conteúdos precisam ser ensinados na faixa etária daquela criança ou adolescente e quais recursos podem ser utilizados. Também foi ressaltada a importância de imunizá-las contra agentes causadores de IST, como os vírus causadores do HPV. Essas orientações foram dadas, pois a promoção da educação sexual integral precisa ser contínua na vida das crianças e adolescentes. Para isso, as famílias, espaços de educação formal e não formal precisam assumir a sua responsabilidade. Porém, como ensinar algo que não se sabe? Muitos adultos não tiveram acesso a uma educação sexual integral e emancipatória, mas **os museus podem fornecer orientações para que os responsáveis legais possam contribuir com a educação sexual das crianças e adolescentes sob sua responsabilidade.** Durante o evento, muitos responsáveis demonstraram interesse em aprender questões relevantes para os adolescentes, pois desejavam auxiliar os seus filhos e filhas. Nesse contexto, o item que mais incitou o diálogo foi o preservativo com diâmetro de 49 mm, destinado principalmente aos adolescentes, pois parecia ser uma novidade para TODOS os visitantes.

Segundo a Unesco (2020), a aprendizagem intergeracional fortalece o vínculo familiar, contribui para o desenvolvimento de competências socioemocionais e para a manutenção da saúde física e mental. Durante a pandemia da Covid-19 especialistas desenvolveram materiais para orientar os pais a auxiliarem os seus filhos durante o período de isolamento social. Nesse contexto, **além de convidar os responsáveis para as atividades realizadas, os museus também podem desenvolver materiais educativos para que as famílias promovam a aprendizagem intergeracional sobre os assuntos relacionados à sexualidade,** como os produtos educacionais desenvolvidos por José de Albuquerque (item 4.1).

Alguns adolescentes que visitaram a nossa exposição, após percorrerem o local, retornavam a ela trazendo seus amigos. Era nítido o entusiasmo com a possibilidade de interagir com os materiais e de poder perguntar o que desejassem. Alguns mencionaram que isso foi inédito em suas vidas. Eles puderam esclarecer muitas dúvidas, e algumas delas destacam a necessidade urgente de se investir em estratégias de educação sexual nos museus. Exemplos: Se urinar após a relação sexual, a pessoa ainda corre o risco de engravidar? É normal sentir dor durante a relação sexual? Após concluir o tratamento da sífilis ainda é possível transmiti-la durante o ato sexual? Sendo assim, **os museus podem oportunizar o acesso ao conhecimento científico e desmistificar assuntos relacionados à sexualidade, contribuindo para a promoção da saúde sexual.**

Profissionais de educação, incluindo educadores que atuaram no evento, também aproveitaram a oportunidade para esclarecer suas dúvidas sobre o tema e sobre as estratégias pedagógicas que poderiam ser realizadas por eles nas escolas. Alguns demonstraram interesse em convidar a equipe do museu para ir até a escola ou em levar as suas turmas até um museu. Uma professora que nos visitou, diante da resistência inicial da sua coordenadora pedagógica, construiu um projeto para conseguir mobilizar os seus gestores escolares a autorizar a visita ao local. Ademais, alguns estudantes de licenciatura e de cursos da saúde pediram para fazer parte do nosso projeto de extensão, em parceria com o Centro Universitário Celso Lisboa. Isso mostra que **os museus podem motivar os educadores e futuros educadores a promover a educação sexual na escola, além de contribuir para a formação inicial e continuada desses profissionais**, como já foi mencionado ao longo do livro.

Durante as exposições, os adultos também esclareceram muitas dúvidas sobre sexo, prazer, saúde sexual e reprodutiva, evidenciando que **os museus são locais oportunos para implementação de estratégias que promovam a aprendizagem ao longo da vida** (*lifelong learning*).

> A aprendizagem ao longo da vida está enraizada na integração da aprendizagem e da vida, abrangendo atividades de aprendizagem para pessoas de todas as idades, em todos os contextos da vida e através uma variedade de modalidades que, juntas, atendem a uma gama de necessidades de aprendizagem e demandas (Unesco, 2022, p. 17, tradução nossa).

Essas estratégias oportunizam o acesso a informações atualizadas, mesmo para aqueles que já não estão inseridos no contexto da educação formal. Elas podem envolver atividades: 1) presenciais no museu, 2) itinerantes, ou 3) remotas, ampliando o acesso do público. Segundo a Unesco (2022): "Promover a aprendizagem ao longo da vida é construir pontes entre o setor de educação formal e ambientes de aprendizagem não formal e informal, a fim de criar novas oportunidades para uma aprendizagem muito diversificada e precisa". **O museu, ao acolher as famílias, profissionais de educação e saúde, contribuindo para que eles assumam o seu papel como educadores sexuais e ao realizar atividades de educação sexual, adaptando a mediação para cada tipo de público, torna-se um ator relevante e essencial na promoção da a aprendizagem ao longo da vida acerca dos assuntos relacionados à sexualidade.**

Vale ressaltar que as potencialidades identificadas no relato de experiência dessas exposições já foram mencionadas ao longo deste livro e diversos exemplos foram compartilhados. Neste trabalho também vimos que, em relação à sexualidade e à educação sexual, **os museus podem:**

1. Oportunizar o acesso a informações confiáveis, tendo como base o conhecimento científico e histórico.
2. Promover a aprendizagem ao longo da vida a *todes*.
3. Incentivar os educadores e profissionais de saúde a atuar como educadores sexuais.
4. Contribuir para a formação dos educadores e profissionais de saúde.
5. Produzir materiais educativos que possam ser utilizados em diferentes contextos educativos.
6. Promover o diálogo sobre questões relacionadas à sexualidade e cooperar para a redução do tabu associado às questões relacionadas à sexualidade.
7. Desmistificar questões controversas associadas à sexualidade.
8. Dar voz aos dissidentes, recolocando-os na posição de protagonistas da construção da cultura, contestando o direito de ter as suas histórias preservadas e resgatando as suas memórias de luta e resistência.
9. Contribuir para a ressignificação de percepções, reduzindo a ignorância e o preconceito.
10. Colaborar para a transformação social.

Querido leitor, se você chegou até aqui, espero que esteja se sentindo motivado a aceitar o desafio de promover a educação sexual emancipatória. Caso tenha alguma dúvida, estou disponível para ajudá-lo.

E-mail de contato: faleconosco.educart@gmail.com

6

REFERÊNCIAS

INTRODUÇÃO

BOURDIEU, P. Esboço de uma teoria da prática. 1930. *In:* ORTIZ, R. (org.). *Pierre Bourdieu:* sociologia. São Paulo: Editora Ática, 1983.

CELLARD, A. A análise documental. *In:* POUPART, J. et al. (org.). *A pesquisa qualitativa:* enfoques epistemológicos e metodológicos. Petrópolis: Vozes, 2008.

CHAUÍ, M. *Repressão sexual:* essa nossa (des)conhecida. 6. ed. São Paulo: Brasiliense, 1984.

FIGUEIRÓ, M. N. D. Educação sexual no Brasil: estado da arte de 1980-1993. Dissertação (Mestrado em Psicologia) — Universidade de São Paulo. São Paulo, 1995.

FIGUEIRÓ, M. N. D. *Educação sexual no dia a dia.* 2. ed. Revisada, atualizada e ampliada. Londrina: Eduel, 2020.

FIGUEIRÓ, M. N. D. *Educação sexual:* retomando uma proposta, um desafio. 3. ed. Londrina: Eduel, 2010.

FIGUEIRÓ, M. N. D. *Formação de educadores sexuais:* adiar não é mais possível. 2. ed. Londrina: Eduel, 2014.

FREIRE, P. *Pedagogia da autonomia:* saberes necessários à prática educativa. 53. ed. Rio de Janeiro: Paz e Terra, 2016.

GOLDBERG, M. A. *Educação sexual:* uma proposta, um desafio. 4. ed. São Paulo: Cortez, 1988.

MARANDINO, M. Educação não formal. *In:* INSTITUTO BRASILEIRO de MUSEUS. *Caderno da Política Nacional de Educação Museal.* Brasília, DF: IBRAM, 2018.

ORGANIZAÇÃO DAS NAÇÕES UNIDAS PARA A EDUCAÇÃO, A CIÊNCIA E A CULTURA (UNESCO). *Orientações técnicas internacionais de educação em sexualidade:* uma abordagem baseada em evidências, 2019. Disponível em: https://

unesdoc.unesco.org/ark:/48223/pf0000369308?posInSet=1&queryId=-54496777-a2a3-. Acesso em: 29 set. 2020.

ROY, W. *A invenção da cultura*. Coleção Argonautas. São Paulo: UBU, 1975.

VARGAS-TRUJILLO, E. *Sexualidad... mucho más que sexo*: una guía para mantener una sexualidad saludable. Bogotá: Universidad de los Andes, Facultad de Ciencias Sociales, Departamento de Psicología, Ediciones Uniandes, 2007.

WEREBE, M. J. *A educação sexual na escola*. Tradução de RIBEIRO, A. P. Lisboa: Moraes Editores, 1977.

WORLD HEALTH ORGANIZATION. *Education and treatment in human sexuality*: the training of health professionals, report of a WHO meeting. Geneva, 1974. Disponível em: https://apps.who.int/iris/handle/10665/38247. Acesso em: 27 out. 2020.

WORLD HEALTH ORGANIZATION. *Sexual health, human rights and the law*. WHO, 2015. Disponível em: https://apps.who.int/iris/handle/10665/175556. Acesso em: 1 nov. 2020.

WORLD HEALTH ORGANIZATION. *The teaching of human sexuality in schools for health professionals*. WHO, 1974. Disponível em: https://apps.who.int/iris/handle/10665/37441. Acesso em: 29 set. 2020.

YIAN, R. K. *Pesquisa qualitativa do início ao fim*. Porto Alegre: Penso, 2016.

2 A EDUCAÇÃO SEXUAL NO CONTEXTO MUSEAL

2.1 A SEXUALIDADE ESTÁ PRESENTE NOS MUSEUS?

LIDDIARD, M. Changing histories: museums, sexuality and the future of the past. *Museum and Society*, v. 2, n. 1, p. 15-29, 2004.

LIDDIARD, M. Making Histories of Sexuality. *In*: KAVANAGH, G. (ed.) *Making Histories in Museums*. Leicester: Leicester University Press, 1996.

ORGANIZAÇÃO DAS NAÇÕES UNIDAS PARA A EDUCAÇÃO, A CIÊNCIA E A CULTURA (UNESCO). *Orientações técnicas internacionais de educação em sexualidade*: uma abordagem baseada em evidências. 2019. Disponível em: https://unesdoc.unesco.org/ark:/48223/pf0000369308?posInSet=1&queryId=-54496777-a2a3-. Acesso em: 29 set. 2020.

TYBURCZY, J. *Sex Museums*: the politics and performance of display. Chicago, Londres: The University of Chicago Press, 2016.

2.2 QUAIS SÃO OS FATORES QUE INFLUENCIAM NA INCLUSÃO OU EXCLUSÃO DE EXPOSIÇÕES SOBRE SEXUALIDADE NOS MUSEUS?

ASSIS, G. Refletindo o museu: um exercício decolonial para uma educação museal desobediente. *In: Educação museal*: conceitos, história e políticas. v. 4. Rio de Janeiro: Museu Histórico Nacional, 2020. p. 28-41.

ASSOCIAÇÃO DAS PROSTITUTAS de MINAS GERAIS. *Vozes da Guaicurus 14* – Cultura na Guaicurus e Museu do Sexo das Putas. Disponível em: https://aprosmig.org.br/vozes-da-guaicurus/vozes-da-guaicurus-14-cultura-na-guaicurus-e-museu-do-sexo-das-putas.html. 2020. Acesso em: 13 jan. 2023.

BAPTISTA, J. Ensino universitário e Memória LGBTQI+: estratégias e desafios para formação de profissionais da Museologia. *In: Anais Eletrônicos [...]* Seminário Internacional Fazendo Gênero 12, Florianópolis, p. 1-7, 2021.

BARBOSA, D. Museu do sexo das putas: a arte pulsa na rua Guaicurus. *O Tempo*, 2016. Disponível em: https://www.otempo.com.br/diversao/magazine/a-arte-pulsa-na-rua-guaicurus-1.1383382. Acesso em: 13 jan. 2023.

BNEWS. *Após protesto contra exposição 'Cu é lindo', Goethe-Institut fecha as portas neste sábado.*, Salvador, 21 jul. 2018. Cultura. Disponível em: https://www.bnews.com.br/noticias/cultura/211572-apos-protesto-contra-exposicao-cu-e-lindo-goethe-institut-fecha-as-portas-neste-sabado-21.html. Acesso em: 25 abr. 2023.

BRAGA, J. L. Observatório da Diversidade Cultural. Notícias. *Museus, Memória e Diversidade*, Belo Horizonte, 2 jul. 2021. Disponível em: https://observatoriodadiversidade.org.br/noticias/02_07_2021/. Acesso em: 16 mar. 2023.

BRASIL. Ministério da Educação. *Base Nacional Comum Curricular*. Educação é a base. 2018. Disponível em: http://basenacionalcomum.mec.gov.br/images/BNCC_EI_EF_110518_versaofinal_site.pdf. Acesso em: 4 set. 2020.

BRASIL. Ministério da Saúde. Ministério da Educação. *Caderno do gestor do PSE*. Brasília, 2022.

BRASIL. Ministério da Saúde. Secretaria de Atenção à Saúde. Departamento de Atenção Básica. *Saúde sexual e saúde reprodutiva*. Brasília: Ministério da Saúde, 2013.

BRASIL. Ministério Público Federal. Procuradoria Federal dos Direitos do Cidadão. *Nota técnica n.º 11/2017*. Disponível em: https://crianca.mppr.mp.br/arquivos/File/legis/notas/nota_tecnica_11_2017_pfdc_mpf_liberdade_artistica.pdf. Acesso em: 15 fev. 2023.

BRASIL. Secretaria de Educação Fundamental. *Parâmetros curriculares nacionais*: pluralidade cultural, orientação sexual. Brasília: MEC/SEF, 1997.

BRULON, B. Descolonizar o pensamento museológico: reintegrando a matéria para re-pensar os museus. *In: Anais [...]* Museu Paulista. São Paulo, Nova Série, v. 28, 2020, p. 1-30.

BRUSANTIN, B. Partilhar sentidos, permitir mudanças- Parte 1. *Museu do Sexo das Putas*. 2016. Disponível em: https://museudasputas.wixsite.com/museu/historias. Acesso em: 13 jan. 2023.

CANAL CONTEMPORÂNEO. ABAIXO-ASSINADO – CENSURA NÃO! – Pelo retorno da obra de Márcia X à exposição Erótica no CCBB. 2006. Disponível em: https://www.canalcontemporaneo.art.br/brasa/archives/000708.html. Acesso em: 13 jan. 2023.

CARVALHO, M. C. Censura a arte viola a Constituição, afirma Gil. Cotidiano. *Folha de São Paulo*, 26 abr. 2006. Disponível em: https://www1.folha.uol.com.br/fsp/cotidian/ff2604200619.htm. Acesso em: 9 jul. 2023.

CHEREM, C. E. *UOL*, Belo Horizonte, 14 jul. 2019. Cotidiano. BH terá Museu do Sexo das Putas para abrigar memória de sua zona boêmia. Disponível em: https://noticias.uol.com.br/cotidiano/ultimas-noticias/2019/07/14/bh-tera-museu-do-sexo-das-putas-para-abrigar-memoria-de-sua-zona-boemia.htm?cmpid=copiaecola&cmpid=copiaecola. Acesso em: 13 jan. 2023.

CHIARELLI, T. O caso Erótica: proposta/realização/desdobramentos. *In: Anais [...]* XXXVIII COLÓQUIO DO COMITÊ BRASILEIRO de HISTÓRIA DA ARTE, ARTE E EROTISMO: PRAZER E TRANSGRESSÃO NA HISTÓRIA DA ARTE. Realização: CBHA Museu da Escola Catarinense. Universidade do Estado de Santa Catarina (UDESC) Florianópolis, 16 a 20 out. 2018.

CORREIO BRAZILIENSE. *Censura veta obras eróticas*. Brasília, 28 abr. 2006. Disponível em: http://fndc.org.br/clipping/censura-veta-obras-eroticas-43704/. Acesso em: 9 jul. 2023.

D'OLIVEIRA, R. *BHAZ*. Belo Horizonte, 2 jul. 2019. BH terá Museu do Sexo das Putas na Guaicurus; parlamentares embarcam em falsa acusação. Disponível em: https://bhaz.com.br/noticias/bh/museu-sexo-putas-bh/. Acesso em: 13 jan. 2023.

FOUCAULT, Michel. *História da sexualidade I*: a vontade de saber. Rio de Janeiro: Graal, 1988.

FROST, S. Museums and Sexuality. *Museum International*, n. 257-260, p. 16-25, 2015.

FROST, S. Secret Museums and Shunga: sex and sensitivities. *In: Proceedings* of the Interpret Europe Conferences in Primošten and Kraków (2014 and 2015), p. 86-97, 2017.

FROST, S. Secret Museums: hidden histories of sex and sexuality. *Museums & Social Issues*, v. 3, n. 1, p. 29-40, 2008.

GENTIL CARIOCA *et al.* Exigimos que a obra censurada pelo CCBB retorne à exposição. *Canal Contemporâneo*, 24 abr. 2006. Disponível em: https://www.canalcontemporaneo.art.br/brasa/archives/000704.html. Acesso em: 9 jul. 2023.

GOÉS, J. M. *Corpo, autonomia e associativismo: a participação das prostitutas da Guaicurus*. 2017. Dissertação (Mestrado em Ciência Política) — Faculdade de Filosofia e Ciências Humanas, Universidade Federal de Minas Gerais, Minas Gerais, 2017.

GOÉS, J. O que promove a participação política? um estudo de caso com as prostitutas da rua guaicurus. *Política & Sociedade*, v. 20, n. 47, p. 211-243, 2021.

GUERRILLA GIRLS. *Site das Guerrilla Girls*. Artistas ativistas anônimas. Disponível em: www.guerrillagirls.com. Acesso em: 13 jan. 2023.

HONORATO, C.; KUNSCH, G. Mediar a censura: entrevistas com educadores(as) de exposições que sofreram ataques. *Pol. Cult. Rev.*, v. 11, n. 1, p. 197-229, 2018.

INSTITUTO BRASILEIRO de MUSEUS. 2023. Disponível em: https://www.instagram.com/museusbr/. Acesso em: 13 jan. 2023.

INSTITUTO BRASILEIRO de MUSEUS. Caminhos da m*emória*: para fazer uma exposição. Brasília, DF: IBRAM, 2017. Disponível em: https://www.museus.gov.br/wp-content/uploads/2017/06/Caminhos-da-Mem%C3%B3ria-Para-fazer-uma-exposi%C3%A7%C3%A3o1.pdf. Acesso em: 11 jan. 2023.

INSTITUTO BRASILEIRO de MUSEUS. Museu Victor Meirelles. *Seminário online Museus, Memória e Museologia LGBT+ Resistências acontece em outubro*. 2021.

Disponível em: https://museuvictormeirelles.museus.gov.br/seminario-online-museus-memoria-e-museologia-lgbt-resistencias-acontece-em-outubro/. Acesso em: 13 jan. 2023.

INTERNATIONAL COUNCIL OF MUSEUMS BRASIL. *Os 20 termos escolhidos pelo ICOM Brasil.* 2022. Disponível em: https://www.icom.org.br/?page_id=2249. Acesso em: 18 jan. 2023.

ITATIAIA. *Associação pede ajuda para reformar casarão que sediará museu do Sexo das Putas de BH.*, 15 jul. 2019. Disponível em: https://www.itatiaia.com.br/noticia/associacao-pede-ajuda-para-reformar-casarao-q. Acesso em: 13 jan. 2023.

LANÇA, L. G. *A Profanação Sagrada de Márcia X.* 2017. Dissertação (Mestrado em Artes) — Universidade Federal de Minas Gerais, Escola de Belas Artes, 2017.

LIDDIARD, M. Changing histories: museums, sexuality and the future of the past. *Museum and Society*, v. 2, n. 1, p. 15-29, 2004.

LIDDIARD, M. Making Histories of Sexuality. *In:* KAVANAGH, G. (ed.). *Making Histories in Museums.* Leicester: Leicester University Press, 1996.

MAGALHÃES, S. Museu do Sexo Hilda Furacão – Belo Horizonte. *Caçadores de Bibliotecas*, 14 ago. 2016. Disponível em: http://www.cazadoresdebibliotecas.com/2016/08/museu-do-sexo-hilda-furacao-belo.html. Acesso em: 25 abr. 2023.

MARANDINO, M. Educação em museus e divulgação científica. *Com Ciência*, 2008. Disponível em: https://www.comciencia.br/comciencia/index.php?section=8&edicao=37&id=441. Acesso em: 16 fev. 2023.

MARQUES, M. S. Exposições de arte e Instagram: da contemplação íntima às selfies compartilhadas. Dissertação (Mestrado em Novos Media e Práticas Web) – Faculdade de Ciências Sociais e Humanas, Universidade Nova de Lisboa, Lisboa, 2019.

MEDEIROS, I. M. S. Produzindo ruídos no encontro com o outro: uma análise de Guia das putas e Na calada, de Bruno Faria. *Arte e Ensaios*, Rio de Janeiro, PPGAV-UFRJ, v. 26, n. 39, p. 177-191, 2020.

MONTREAL SCIENCE CENTRE. *Sex:* A Tell-all Exhibition, 2015. Disponível em: https://www.montrealsciencecentre.com/temporary-exhibition/sex-a-tell-all-exhibition. Acesso em: 9 fev. 2023.

MOTT, L.; CERQUEIRA, M. O pioneiro Museu do Sexo da Bahia. *In:* MUSEU DA DIVERSIDADE SEXUAL. *Acervos e referências da memória LGBTQIAP+*. 2023. Disponível em: https://museudadiversidadesexual.org.br/. Acesso em: 22 abr. 2023.

MUSEU BAJUBÁ. Disponível em: https://museubajuba.org. Acesso em: 18 jan. 2023.

MUSEU DA DIVERSIDADE SEXUAL. *O Museu*. Disponível em: https://museudadiversidadesexual.org.br/sobre. Acesso em: 18 jan. 2023.

MUSEU DA PESSOA. Disponível em: https://museudapessoa.org/sobre/o-que-e/. Acesso em: 22 jan. 2024.

MUSEU DA PESSOA. SESI Vira Vida. 2013. Disponível em: https://museudapessoa.org/acoes/sesi-vira-vida/. Acesso em: 22 jan. 2024.

MUSEU de ARTE de SÃO PAULO ASSIS CHATEAUBRIAND. *Acervo MASP*. 2023. Disponível em: https://masp.org.br/acervo. Acesso em: 13 jan. 2023.

MUSEU de ARTE de SÃO PAULO ASSIS CHATEAUBRIAND. *Guerrilla Girls: gráfica, 1985-2017*. 2017. Disponível em: https://masp.org.br/exposicoes/guerrilla-girls--grafica-1985-2017. Acesso em: 15 fev. 2023.

MUSEU de ARTE de SÃO PAULO ASSIS CHATEAUBRIAND. *História da Sexualidade*. 2017. Disponível em: https://masp.org.br/exposicoes/historias-da-sexualidade. Acesso em: 15 fev. 2023.

MUSEU DO SEXO DAS PUTAS. *Site do Museu das Putas*. Belo Horizonte, 2016. Disponível em: https://museudasputas.wixsite.com/museu. 2016. Acesso em: 13 jan. 2023.

MUSEU HISTÓRICO NACIONAL. *Exposição*: 10 objetos: outras histórias. 2023.

MUTHA. *Museu Transgênero de História e Arte*. São Paulo. Disponível em: https://mutha.com.br/. Acesso em: 18 jan. 2023.

NETO, A. R. Educação em sexualidade na Europa e as sexualidades interseccionais do Brasil. *Revista Estudos Feministas*, v. 30, n. 1, p. 1-16, 2022.

OBSERVATÓRIO DA CENSURA. *Márcia X:* 60 dias da censura no CCBB. 15 jul. 2006. Disponível em: http://observatoriodacensura.blogspot.com/2006/07/mrcia-x-60-dias-da-censura-no-ccbb.html. Acesso em: 9 jul. 2023.

ODIER, F. S. Eros, Pornôs e expressão plástica: signos da sexualidade na arte contemporânea brasileira. *In: Anais* [...] 1º Congresso de Diversidade Sexual e de Gênero, 2014, Belo Horizonte. Belo Horizonte, MG. Disponível em: https://anaiscongressodivsex.wordpress.com/artigos/. Acesso em: 9 jul. 2023.

OLIVEIRA, S.; VITIELLO, P. COUTINHO-SILVA, R. Percepções de futuros mediadores sobre a educação sexual nos museus de ciências. *Revista Ciência & Ideias*, v. 12, n. 4, 2021, p. 99-117.

PIMENTEL, T. Museu do Sexo conta as histórias das prostitutas da Guaicurus, em BH. *G1*, 11 out. 2016. Disponível em: https://g1.globo.com/minas-gerais/noticia/2016/10/museu-do-sexo-conta-historias-das-prostitutas-da-guaicurus-em-bh.html. Acesso em: 1 jun. 2023.

PODCAST MUSEU DA DIVERSIDADE SEXUAL. [Locução de] Eduardo Cordeiro. [*S. l.*]: Territorialidades: histórias de vida e a união de museus, ago 2023. *Podcast*. Disponível em: https://open.spotify.com/episode/0TqZSi2pRt3uegynEk4DOl. Acesso em: 22 jan. 2024.

PORTUGAL. Lei n.º 3/84. Educação sexual e planejamento familiar. *Diário da República*, I Série, n. 71, 1984.

RIBEIRO, N. *Correio 24 horas*. Salvador, 24 jul. 2018. O que eu vi na polêmica exposição Cu é Lindo. 2018. Disponível em: https://blogs.correio24horas.com.br/mesalte/o-que-eu-vi-na-polemica-exposicao-cu-e-lindo/. Acesso em: 25 abr. 2023.

SANTOS, A. B. *Educação em sexualidade em contexto não formal*. 2012. Dissertação (Mestrado em Educação para a Saúde) — Escola Superior de Tecnologia da Saúde de Coimbra, Coimbra, 2012.

SEOANE, M. L.; BECHELANY, C. Diálogo con Camila Bechelany. *Estudios Curatoriales*, n. 7, 2018.

SP-ARTE. *Editorial*. As Guerrilla Girls chegaram! Exposição no Masp faz retrospectiva do coletivo feminista. 2017. 29 set. 2017. Disponível em: https://www.sp-arte.com/editorial/as-guerrilla-girls-chegaram-exposicao-no-masp-faz-retrospectiva-do-coletivo-feminista/. Acesso em: 11 jan. 2023.

THE BRITISH MUSEUM. *Desire, love and identity*. London, 2023a. Disponível em: https://www.britishmuseum.org/collection/desire-love-and-identity. Acesso em: 11 jan. 2023.

THE BRITISH MUSEUM. *Desire, love, identity*: exploring LGBTQ histories. London, 2018. Disponível em: https://www.britishmuseum.org/blog/desire-love-identity-exploring-lgbtq-histories. Acesso em: 11 jan. 2023.

THE BRITISH MUSEUM. *Desire, love, identity*: LGBTQ histories trail. London, 2023d. Disponível em: https://www.britishmuseum.org/visit/object-trails/desire-love-identity-lgbtq-histories. Acesso em: 11 jan. 2023.

THE BRITISH MUSEUM. *Let's talk about sex*. London, 2017. Disponível em: https://www.britishmuseum.org/blog/lets-talk-about-sex. Acesso em: 11 jan. 2023.

THE BRITISH MUSEUM. *Tantra at the British Museum*: Collecting histories. London, 2023c. Disponível em: https://www.britishmuseum.org/exhibitions/tantra-enlightenment-revolution/tantra-collecting-histories. Acesso em: 11 jan. 2023.

THE BRITISH MUSEUM. *The Ladies of Llangollen*. London, 2023b. Disponível em: https://www.britishmuseum.org/collection/desire-love-and-identity/ladies-llangollen. Acesso em: 11 jan. 2023.

UNIVERSIDADE FEDERAL de MINAS GERAIS. Arte e Cultura. *BH ganha Museu do Sexo*, Belo Horizonte, 9 ago. 2016a. Disponível em: https://ufmg.br/comunicacao/noticias/bh-ganha-museu-do-sexo. Acesso em: 25 abr. 2023.

UNIVERSIDADE FEDERAL de MINAS GERAIS. Museu do Sexo das Putas. *Rádio UFMG*, Belo Horizonte, 7 out. 2016b. Disponível em: https://www.ufmg.br/online/radio/arquivos/045533.shtml. Acesso em: 13 jan. 2016.

VIEIRA, C. Museu do Sexo das Putas. *In: Anais [...]* 7.º Fórum Nacional dos Museus. Porto Alegre. Painel: Função social dos museus. Disponível em: https://forum.acervos.museus.gov.br/wp-content/uploads/2019/08/7FNM-Funcao-social-dos-museus-Museu-do-Sexo-e-das-Putas-Painel.pdf. Acesso em: 13 jan. 2023.

2.3 OS MUSEUS DEVEM PROMOVER AÇÕES EDUCATIVAS?

BRASIL. Instituto Brasileiro de Museus. *Portaria Ibram n.º 605, de 10 de agosto de 2021*. Dispõe sobre a Política Nacional de Educação Museal – PNEM e dá outras providências. Disponível em: https://www.gov.br/museus/pt-br/assuntos/legislacao-e-normas/portarias/portaria-ibram-no-605-de-10-de-agosto-de-2021. Acesso em: 16 fev. 2023.

BRASIL. Presidência da República. Casa Civil. Subchefia para Assuntos Jurídicos. *Decreto n.º 8.124 de 17 de outubro de 2013*. Regulamenta dispositivos da Lei n.º 11.904, de 14 de janeiro de 2009, que institui o Estatuto de Museus, e da Lei n.º 11.906, de 20 de janeiro de 2009, que cria o Instituto Brasileiro de Museus – IBRAM.

Disponível em: http://www.planalto.gov.br/ccivil_03/_Ato2011-2014/2013/Decreto/D8124.htm. Acesso em: 16 fev. 2023.

BRASIL. Presidência da República. Casa Civil. Subchefia para Assuntos Jurídicos. *Lei n.º 11.904, de 14 de janeiro de 2009*. Institui o Estatuto de Museus e dá outras providências. Disponível em: https://www.planalto.gov.br/ccivil_03/_ato2007-2010/2009/lei/l11904.htm. Acesso em: 16 fev. 2023.

CAHN, L.; LUCAS, M.; CORTELLETI, F.; VALERIANO. *Educación sexual integral*: guía básica para trabajar em la escuela y em la familia. Ciudad Autónoma de Buenos Aires: Siglo XXI Editores, 2022.

CHAGAS, V. *Guia para pensar junto:* Como acolher estudantes LGBTQIA+?. São Paulo: Museu da Diversidade Sexual, 2022. Disponível em: https://drive.google.com/file/d/1IqCBALgslLyeEYGUyq8SI3m01zJnCWvp/view. Acesso em: 16 jan. 2024.

CONSELHO INTERNACIONAL de MUSEUS. *ICOM aprova Nova Definição de Museu*. São Paulo, 25 ago. 2022. Disponível em: https://www.icom.org.br/?p=2756. Acesso em: 16 fev. 2022.

COSTA, A.; CASTRO, F.; CHIOVATTO, M.; SOARES, O. Educação Museal. *In:* INSTITUTO BRASILEIRO de MUSEUS. *Caderno da Política Nacional de Educação Museal*. Brasília, DF: IBRAM, 2018.

COSTA, A.; CASTRO, F.; SOARES, O. Por uma História da Educação Museal no Brasil. *In:* MUSEU HISTÓRICO NACIONAL. *Educação Museal*: conceitos, história e políticas. v. 1. História da Educação Museal no Brasil & Prática político-pedagógica museal. Rio de Janeiro: Museu Histórico Nacional, 2020.

COSTA, M. Educadores museais: relações entre a formação e a profissionalização. *In:* MUSEU HISTÓRICO NACIONAL. *Educação Museal*: conceitos, história e políticas. v. 2. Gestão, financiamento e reconhecimento da função educativa dos museus & A questão da profissionalização. Rio de Janeiro: Museu Histórico Nacional, 2020.

MARANDINO, M. Educação não formal. *In:* INSTITUTO BRASILEIRO de MUSEUS. *Caderno da Política Nacional de Educação Museal*. Brasília, DF: IBRAM, 2018.

ORGANIZAÇÃO DAS NAÇÕES UNIDAS PARA A EDUCAÇÃO, A CIÊNCIA E A CULTURA. (UNESCO). *Orientações técnicas internacionais de educação em sexualidade* – Uma abordagem baseada em evidências. 2019. Disponível em: https://

unesdoc.unesco.org/ark:/48223/pf0000369308?posInSet=1&queryId=-54496777-a2a3-. Acesso em: 29 set. 2020.

2.4 Os museus têm promovido educação sexual?

BORDIEU, P.; PASSERON, J. C. *A reprodução*: elementos para uma teoria do sistema de ensino. Rio de Janeiro: Livraria Francisco Alves Editora S. A., 1975.

CAHN, L.; LUCAS, M.; CORTELLETI, F.; VALERIANO. *Educación sexual integral*: guía básica para trabajar em la escuela y em la familia. Ciudad Autónoma de Buenos Aires: Siglo XXI Editores, 2022.

FOUCAULT, M. *História da sexualidade*: 1- A vontade de saber. 10. ed. Rio de Janeiro / São Paulo: Paz e Terra, 2020.

GUERRILLA GIRLS. *Site das Guerrilla Girls*. Artistas ativistas anônimas. Disponível em: www.guerrillagirls.com. Acesso em: 13 jan. 2023.

LIDDIARD, M. Changing histories: museums, sexuality and the future of the past. *Museum and Society*, v. 2, n. 1, p. 15-29, 2004.

ROY, W. *A invenção da cultura*. Coleção Argonautas. São Paulo: UBU, 2017.

3 EDUCAÇÃO SEXUAL INTENCIONAL NOS MUSEUS

CASSIDY, A; LOCK, S. J.; VOSS, G. Sexual Nature? (Re)presenting Sexuality and Science in the Museum. *Science as Culture*, v. 25, n. 2, p. 214-238, 2016.

CURY, M. X. Comunicação e pesquisa de recepção: uma perspectiva teórico--metodológica para os museus. *História, Ciências, Saúde* – Manguinhos, v. 12 (suplemento), p. 365-80, 2005.

PALHARINI, L. A. *A história da atenção ao parto e nascimento*: possibilidades dos museus como espaços de comunicação e formação sobre o tema. Tese (Doutorado em Ensino de Ciências e Matemática) — Faculdade de Educação, Universidade Estadual de Campinas, SP, 2015.

SCHEINER, T. C. Museums and Exhibitions. *In:* ICOM. International Committee for Museology. *Basic Papers of the Symposium*: the language of exhibitions, p. 109-113, 1991.

WORLD HEALTH ORGANIZATION. Regional Office for Europe and BZgA. *Standards for Sexuality Education in Europe*. A framework for policy makers, educational and health authorities and specialists, 2010.

3.1 SEXO: UMA EXPOSIÇÃO REVELADORA (*SEX: A TELL-ALL EXHIBITION*), CANADÁ, 2010 A 2012

BUNCH, L. Museum Exhibitions and the Politics of Change. *The Public Historian*, v. 14, n. 3, 1992, p. 63-65.

CBC NEWS. Ottawa. *Sex exhibit at sci-tech museum causes furor*, 2012. Disponível em: https://www.cbc.ca/news/canada/ottawa/sex-exhibit-at-sci-tech-museum-causes-furor-1.1162561. Acesso em: 8 mar. 2023.

CTV NEWS. *Provocative sex exhibit opens in Ottawa*. 2012. Disponível em: https://ottawa.ctvnews.ca/provocative-sex-exhibit-opens-in-ottawa-1.828537. Acesso em: 8 mar. 2023.

HOWELLS, R. Contriversy, Art, and power. *In:* HOWELLS, R.; RITIVOI, A. D.; SCHACHTER, J. *Outrage*: Art, Controversy and Society. London: Palgrave Macmillan, 2012.

MONTREAL SCIENCE CENTRE. *Sex*: A Tell-all Exhibition. 2015. Disponível em: https://www.montrealsciencecentre.com/temporary-exhibition/sex-a-tell-all-exhibition. Acesso em: 8 mar. 2023.

NATIONAL POST. Post Media News. *Educational sex exhibition may be too racy for Ottawa (though fine in Regina)*. 16 maio 2012a. Disponível em: https://nationalpost.com/news/canada/educational-sex-exhibition-too-racy-for-ottawa-though-fine-in-regina. Acesso em: 8 jan. 2023.

NATIONAL POST. Sarah Elton on the 'porn exhibit': government censorship hurts us all. 12 jun. 2012b. Disponível em: https://nationalpost.com/opinion/sarah-elton-on-the-porn-exhibit-government-censorship-hurts-us-all. Acesso em: 8 mar. 2023.

QUIST, D. Sex: A Tell-all *Exhibition in Ottawa*: an open letter to Minister of Heritage James Moore. *Cardus*, 16 maio, 2012. Disponível em: https://www.imfcanada.org/archive/611/sex-tell-all-exhibition-ottawa-open-letter-minister-heritage-james-moore. Acesso em: 8 mar. 2023.

RAJ, A. Sex: A Tell-All Exhibitiona a At Ottawa Museum Has Age Limit Raised After Minister Expresses Concerns. *Huff Post*, 16 maio, 2012. Disponível em: https://www.huffpost.com/archive/ca/entry/sex-a-tell-all-exhibition-at-ottawa-museum-has-age-limit-raised_n_1521979. Acesso em: 7 jan. 2022.

SEALLY, K. Self-Censorship in Museums: The case of Sex: A Tell-all Exhibition. *The iJornal*, v. 1, n. 2, 2016. Disponível em: https://theijournal.ca/index.php/ijournal/article/view/27076. Acesso em: 8 mar. 2023.

THE EVANGELICAL FELLOWSHIP OF CANADA. RE: Sex: A Tell All Exhibition. 14 maio 2012. Disponível em: https://www.evangelicalfellowship.ca/Communications/Outgoing-letters/May-2012/Re-Sex-A-Tell-All-.aspx. Acesso em: 08 mar. 2023.

THE MUSEUM. *The Science of Sexuality*. Canada, © 2023. Disponível em: https://themuseum.ca/exhibitions/past-exhibitions/science-of-sexuality/. Acesso em: 8 mar. 2023.

WHITE, N. J. Controversial sex exhibit heads to Kitchener museum. *Toronto Star*, 1 nov. 2013. Disponível em: https://www.thestar.com/life/2013/11/01/controversial_sex_exhibit_heads_to_kitchener_museum.html. Acesso em: 8 mar. 2023.

3.2 NATUREZA SEXUAL (SEXUAL NATURE), INGLATERRA, 2011

BROOKS, R. Darwin's closet: the queer sides of the descent of man (1871). *Zoological Journal of the Linnean Society*, n. 191, v. 2, p. 323-346, 2021.

CASSIDY, A.; LOCK, S. J.; VOSS, G. Sexual Nature? (Re)presenting Sexuality and Science in the Museum. *Science as Culture*, v. 25, n. 2, p. 214-238, 2016.

EWINGER, J. Cleveland Museum of Natural History unveils candid exhibit about animals' mating tendencies. *Metro*, 24 out. 2013. Disponível em: https://www.cleveland.com/metro/2013/10/post_207.html. Acesso em: 21 abr. 2023.

FREIRE, P. *Pedagogia da autonomia*: saberes necessários à prática educativa. 53. ed. Rio de Janeiro: Paz e Terra, 2016.

FROST, S. Secret Museums and Shunga: Sex and Sensitivities. *In: Proceedings of the Interpret Europe Conferences in Primošten and Kraków* (2014 and 2015), p. 86-97, 2017.

HOFFMAN, J. Q&A Isabella Rossellini: Animal distractions. *Nature*, v. 472, p. 294, 2011.

3.3 SH[OUT], ESCÓCIA, 2009

BRUCE, K. *Playing with Discomfort* – how GoMA promotes its human rights responsibility. Ensaio compartilhado gentilmente pela autora, via e-mail, produzido a partir do trabalho apresentado no IV Congreso Internacional de Educación Artística y Visual: Jaén, April 2012.

BRUCE, Kate. *Social Justice Program*. Destinatário: Suellen de Oliveira. Glasgow: 8 jan. 2024a. Mensagem eletrônica.

BRUCE, Kate. *Social Justice Program*. Destinatário: Suellen de Oliveira. Glasgow: 17 jan. 2024b. Mensagem eletrônica.

KHOLEIF, O. No social justice for Glasgow's art? *The Guardian*, 2009. Disponível em: https://www.theguardian.com/artanddesign/2009/sep/15/social-justice-glasgow-art. Acesso em: 17 jan. 2024.

O'NEIL, M. Question of responsibility. *In:* FARRINGTON, J.; LEHRER, N. *Beyond Belief* – theatre, freedom of expression and public order – a case study. Index on Censorship, 2010. Disponível em: https://pt.scribd.com/document/59790846/Beyond-Belief. Acesso em: 19 jan. 2024.

SANDELL, R.; DODD, J; JONES, C. *An evaluation of sh[OUT]* – The social justice programme of the Gallery of Modern Art, Glasgow 2009-2010. Leicester: Research Centre for Museums and Galleries (RCMG), 2010.

3.4 UMA QUESTÃO DE SEXO(S), PORTUGAL, 2006 A 2007

COELHO, A. R. *Experiências de visita a um centro de ciência*: um estudo qualitativo sobre o público não-escolar do Pavilhão do Conhecimento — Ciência Viva. Dissertação (Mestrado em Sociologia) — Instituto Superior de Ciências do Trabalho e da Empresa, Lisboa, 2008. 199 p.

PAVILHÃO DO CONHECIMENTO. *Centro Ciência Viva*. Exposição: Uma questão de sexo. 2006a. Disponível em: https://www.pavconhecimento.pt/76/uma-questao-de-sexos. Acesso em: 15 mar. 2022.

PAVILHÃO DO CONHECIMENTO. *Centro Ciência Viva*. Exposição: Uma questão de sexo. Corpo humano, 2006b. Disponível em: https://www.pavconhecimento.pt/media/media/757_corpo-humano.pdf. Acesso em: 15 mar. 2022.

3.5 "SEXO… E ENTÃO?!", PORTUGAL, 2010 A 2011

AMPLOS. Sexo… e então?!: *Conversas*. 2011. Disponível em: https://amplosbo.files.wordpress.com/2011/01/sexo.jpg. Acesso em: 17 jan. 2024.

BOAS NOTÍCIAS. *"Sexo… e então?"* amor e sexualidade sem tabus. 16 out. 2010. Disponível em: https://boasnoticias.pt/sexo-e-entao-amor-e-sexualidade-sem-tabus/. Acesso em: 17 jan. 2024.

CITÉ DES SCIENCES ET de L'INDUSTRIE. *Expositions passées*: Zizi Sexuel, L'expo. 2014. Disponível em: https://www.cite-sciences.fr/fr/zizi-sexuel. Acesso em: 16 mar. 2023.

CUNHA, N. F. P. P. *Relatório para obtenção do Grau de Mestre na especialidade de Ensino de Educação Física nos Ensinos Básico e Secundário*. Universidade da Beira Interior. Ciências Sociais e Humanas. 2011.

DÚVIDA METÓDICA. *A opinião dos alunos*: a exposição "Sexo e então?!". 2011. Disponível em: https://duvida-metodica.blogspot.com/2011/05/opiniao-dos-alunos-exposicao-e-entao-1.html. Acesso em: 17 jan. 2024.

PAVILHÃO DO CONHECIMENTO. Centro Ciência Viva. *Conversas Sexo… e então?! voltam ao Pavilhão no próximo sábado*. 2011. Disponível em: https://www.pavconhecimento.pt/877/conversas-sexo-e-entao-voltam-ao-pavilhao-no-proximo-sabado. Acesso em: 17 jan. 2024.

PAVILHÃO DO CONHECIMENTO. Centro Ciência Viva. Exposição Sexo… e então?! *Guião de Visita*. [2007?]. Disponível em: https://www.pavconhecimento.pt/media/media/752_fichas-alunos-sexo-entao-final.pdf. Acesso em: 17 jan. 2024.

PAVILHÃO DO CONHECIMENTO. Centro Ciência Viva. *Exposição Sexo… e então!?* Pavilhão do Conhecimento, 2010. 2010b. Disponível em: https://vimeo.com/175845666. Acesso em: 17 jan. 2024.

PAVILHÃO DO CONHECIMENTO. Centro Ciência Viva. *Sexo… e então?!* Orientações de visitas escolares: Caderno para professores. 2007. Disponível em: https://pt.scribd.com/document/51424126/Exposicao-Sexo-e-entao-guiao-do-professor. Acesso em: 17 jan. 2024.

PAVILHÃO DO CONHECIMENTO. Centro Ciência Viva. Sexo… e então?!. 2010a. Disponível em: https://www.pavconhecimento.pt/16/sexo-e-entao. Acesso em: 15 mar. 2022.

PORTUGAL. *Lei n.º 60/2009, de 6 de agosto de 2009*. Estabelece o regime de aplicação da educação sexual em meio escolar. Disponível em: https://diariodarepublica.pt/dr/detalhe/lei/60-2009-494016. Acesso em: 19 jan. 2024.

ROLLO, M. F.; AZEVEDO, A. C.; SALGUEIRO, A. *Em nome da Ciência*. Lisboa: Imprensa Nacional - Casa da Moeda, S. A, 2017.

SAPO VÍDEOS. *Exposição "Sexo... e então?"*. 2011. Disponível em: https://videos.sapo.pt/3ZO59DJbMJNq1hLqiLWo. Acesso em: 17 jan. 2024.

SURDOS NOTÍCIAS. *Conversas "Sexo... e então?!"* 2011. Disponível em: https://fpasurdos.pt/assets/boletiminformativo/boletim-informativo-surdos-noticias--6-numero.pdf. Acesso em: 17 jan. 2024.

3.6 "HEALTHY SEXUALITY: THE STORY OF LOVE", TAILÂNDIA, 2010

HAAMOR. 2013. Disponível em: https://haamor.com/webboard/%E0%B8%AB%E0%B9%89%E0%B8%AD%E0%B8%87%E0%B8%A2%E0%B8%B2/3173#google_vignette. Acesso em: 23 jan. 2024.

MINISTRY OF SCIENCE AND TECHNOLOGY – THAILAND. "เพศศึกษา" อยากรู้แต่ไม่อยากถาม นิทรรศการ "สุขภาวะทางเพศ" ตอบได้มากกว่าเรื่องที่คุณอยากรู้. 2011. Disponível em: http://oldweb.most.go.th/main/index.php/component/content/article/130-children-young/2191-museumofsexuality.html. Acesso em: 23 jan. 2024.

ORGANIZAÇÃO DAS NAÇÕES UNIDAS PARA A EDUCAÇÃO, A CIÊNCIA E A CULTURA (UNESCO). Video & Sound Collections. *The Story of Love*. 2010. Vídeo (3'15"). Disponível em: https://www.unesco.org/archives/multimedia/document-1638. Acesso em: 21 abr. 2023.

ORGANIZAÇÃO DAS NAÇÕES UNIDAS PARA A EDUCAÇÃO, A CIÊNCIA E A CULTURA (UNESCO). *Report by the director-general on the execution of the programme adopted by the general conference*. 2011a. Disponível em: https://unesdoc.unesco.org/ark:/48223/pf0000191977. Acesso em: 23 jan. 2024.

ORGANIZAÇÃO DAS NAÇÕES UNIDAS PARA A EDUCAÇÃO, A CIÊNCIA E A CULTURA (UNESCO). *Final Report on UNESCO Regional Workshop on Situation-Response Analysis (SRA) to Review the Education Sector's Response to HIV, Drugs and Sexual Health in Brunei Darussalam, Indonesia, Malaysia, the Philippines and Timor-Leste*.

2011. Disponível em: https://unesdoc.unesco.org/ark:/48223/pf0000217480. Acesso em: 23 jan. 2024.

ORGANIZAÇÃO DAS NAÇÕES UNIDAS PARA A EDUCAÇÃO, A CIÊNCIA E A CULTURA (UNESCO). 2011c. Disponível em: https://www.facebook.com/permalink.php?story_fbid=124387784296155&id=51626468389&paipv=0&eav=AfahBO-7MU6bpf8HqgC4osNSvOimTQzUz0mW8DuAqnJjw3k-87iLtT58rwz1_RwcVXD0&_rdr. Acesso em: 23 jan. 2024.

PANTIP. 2012. Disponível em: https://topicstock.pantip.com/lumpini/topicstock/2012/03/L11801404/L11801404.html. Acesso em: 23 jan. 2024.

SCOOP INDEPENDENT NEWS. *UNESCO's Healthy Sexuality On-Line*. 2010. Disponível em: https://www.scoop.co.nz/stories/GE1012/S00107/unescos-healthy-sexuality-on-line.htm?_gl=1*1u4qaky*_ga*MzclMjE4NjUzLjE3MDYwMjEwNTI.*_ga_GGVMM3MB82*MTcwNjAzNjIxMy40LjEuMTcwNjAzNjIxMy42MC4wLjA. Acesso em: 23 jan. 2024.

UNAIDS. 30th Meeting of the UNAIDS Programme Coordinating Board Geneva, Switzerland. *UNAIDS performance monitoring report 2010-2011*. 2012. Disponível em: https://www.unaids.org/en/media/unaids/contentassets/documents/pcb/2012/20120516_UBW_2010-11_PMR_report_en.pdf. Acesso em: 23 jan. 2024.

3.7 SÍFILIS: HISTÓRIA, CIÊNCIA E ARTE, BRASIL, 2021 – 2022

ALMEIDA, F. *Entrevista concedida a Suellen de Oliveira*. Rio de Janeiro, 17 fev. 2022. 7 minutos e 19 segundos.

ARAÚJO, J. B. Mostra "Sífilis História, Ciência e Arte" é premiada com o "Oscar dos eventos". *Acesso RN*, Natal, 18 jan. 2023. Disponível em: https://www.assessorn.com/2023/01/mostra-sifilis-historia-ciencia-e-arte.html?m=1. Acesso em: 29 mar. 2023.

BARBOSA, Daniela. *Entrevista concedida a Suellen de Oliveira*. Rio de Janeiro, 17 fev. 2022. 6 minutos e 34 segundos.

BRASIL. Ministério da Saúde. *Centro Cultural do Ministério da Saúde*. Design Thinking aplicado a exposição. CCMS promove oficina virtual com profissionais de várias regiões do Brasil para elaboração de projeto sobre sífilis. 2020. Disponível em: http://www.ccms.saude.gov.br/noticias/design-thinking-aplicado-exposicao. Acesso em: 29 mar. 2023.

BRASIL. Ministério da Saúde. *Centro Cultural do Ministério da Saúde*. Evento reúne especialistas para discutir a História, Ciência e Arte da sífilis. 2022c. Disponível em: http://www.ccms.saude.gov.br/noticias/evento-reune-especialistas-para--discutir-historia-ciencia-e-arte-da-sifilis. Acesso em: 29 mar. 2023.

BRASIL. Ministério da Saúde. *Centro Cultural do Ministério da Saúde*. Mostra virtual usa história, ciência e arte para difundir informação sobre a sífilis. 2022b. Disponível em: http://www.ccms.saude.gov.br/noticias/mostra-virtual-usa-historia--ciencia-e-arte-para-difundir-informacao-sobre-sifilis. Acesso em: 29 mar. 2023.

BRASIL. Ministério da Saúde. Sífilis: História, Ciência, Arte. *Catálogo da exposição*. 2022a. Disponível em: http://exposifilis.aids.gov.br/docs/catalogo_expo_siflis.pdf. Acesso em: 29 mar. 2023.

CHUCAILO, V. C. *"O sexo à luz da verdade e da sciencia"*: um estudo sobre os Discursos de educação sexual e sexualidade no jornal o Comércio de Porto União/SC (1933-1941). Dissertação (Mestrado em História) — Universidade Estadual do Centro Oeste. Irati, 2015.

CONEXÃO INOVAÇÃO PÚBLICA. *I Encontros de Cultura e Saúde*: de Girolamo Fracastoro ao espanto atual. 1 vídeo (1h30min). Rio de Janeiro, 24 ago. 2021. Disponível em: https://www.youtube.com/watch?v=khdOPiQVe3M. Acesso em: 2 abr. 2023.

FRANÇA, J. C. *Entrevista concedida a Suellen de Oliveira*. Rio de Janeiro, 17 fev. 2022. 3 minutos e 29 segundos.

FREIRE, P. *Pedagogia da autonomia*: saberes necessários à prática educativa. 53. ed. Rio de Janeiro: Paz e Terra, 2016.

NU COM MAURO ROMERO. *Podcast*. Exposição SÍFILIS, HISTÓRIA, CIÊNCIA, ARTE. Disponível em: https://open.spotify.com/show/2liwJE1xsix7V1U0co3lgQ. Acesso em: 2 abr. 2023.

PASSOS, M. R. L. *et al*. Sífilis, história, ciência e artes: calendário da história da sífilis. *Jornal Brasileiro de Doenças Sexualmente Transmissíveis*, v. 33, 2021, p. 1-20.

PETRA, T. *Entrevista concedida a Suellen de Oliveira*. Rio de Janeiro, 10 jan. 2022. 99 minutos.

PRÊMIO CAIO. *Case*: Exposição Sífilis: História, Ciência e Arte. 2022. Disponível em: https://www.premiocaio.com.br/cases/2022/mostra-e-exposicao/7928/exposicao-sifilis--historia,-ciencia-e-arte. Acesso em: 29 mar. 2023.

ROMERO, M. *Entrevista concedida a Suellen de Oliveira*. Rio de Janeiro, 10 jan. 2022. 99 minutos.

SÁ, E. S. *Entrevista concedida a Suellen de Oliveira*. Rio de Janeiro. 17 fev. 2022. 12 minutos e 51 segundos.

SCHLEY, C. A. O museu se torna mu[seu] quando nos toca. *Revista Matéria-Prima*, v. 4, n. 3, p. 177-187, 2016.

SILVA, B. R. *Entrevista concedida a Suellen de Oliveira*. Rio de Janeiro, 17 fev. 2022. 16 minutos.

SOCIEDADE BRASILEIRA de DST. *Sífilis*: história, ciência e arte: uma exposição que insiste em continuar. Disponível em: https://www.even3.com.br/sifilisexpo2022/?fbclid=IwAR1GHLEjqMxfjW7sz4CnRuH3kUgcxWWhDxR671MQNQaAF-z4TopUXPCBiwo. Acesso em: 1 mar. 2022.

3.8 "PREVENINDO A GRAVIDEZ JUVENIL", BRASIL, 2009 – 2015

ANTONIASSI, P. V.; MIRANDA, M. A. G. C. Projeto Vale Sonhar como instrumento de educação sexual nas escolas públicas de São Paulo. *Revista Eletrônica de Educação*, v. 14, p. 1-19, 2020.

COLOMBO JUNIOR, P. D.; MARANDINO, M. Museus de ciências e controvérsias sociocientíficas: reflexões necessárias. *Journal of Science Communication* – América Latina, v. 03, n. 1, p. 1-17, 2020.

GOVERNO DO ESTADO de SÃO PAULO. *Projeto Vale Sonhar chega às salas de aula de todo Estado*. 2009. Disponível em: https://www.educacao.sp.gov.br/projeto-vale-sonhar-chega-as-salas-de-aula-de-todo-estado/. Acesso em: 3 jan. 2024.

GUASTAFERRO, C. M. *Adolescência, gravidez e Doenças Sexualmente Transmissíveis (DST):* como os adolescentes enfrentam estas vulnerabilidades? Dissertação (Mestrado em Filosofia) – Universidade Federal de São Paulo. Escola de Filosofia, Letras e Ciências Humanas. 2013.

GUASTAFERRO, C. M. *Entrevista concedida a Suellen de Oliveira*. São Paulo, 11 jan. 2024. 100 minutos.

IANNINI, A. M. N. Socioscientific issues in science exhibitions: examining contributions of the informal science education sector. *Journal of Science Communication*, v. 2, n. 2, p. 1-21, 2023.

LAZZARINI, L.; GASSERT, M. L. *Programa de prevenção de gravidez na adolescência:* projeto Vale Sonhar – Sul. 2010. Disponível em: https://docs.bvsalud.org/biblioref/sms-sp/2010/sms-1632/sms-1632-1214.pdf. Acesso em: 3 jan. 2024.

MUSEU CATAVENTO. *Institucional.* Disponível em: https://museucatavento.org.br/quem-somos. Acesso em: 29 jan. 2024.

NAVAS-IANNINI, A. M.; PEDRETTI, E. Preventing Youth Pregnancy: Dialogue and Deliberation in a Science Museum Exhibit. *Canadian Journal of Science, Mathematics and Technology Education*, v. 17, n. 4, p. 271-287, 2017.

OLIVEIRA, S. et. al. Dançando no Escuro: uma atividade lúdica para promoção da percepção de risco de infecções sexualmente transmissíveis. In: SPIEGEL, C. N.; VANNIER-SANTOS, M. A.; MAIA, R. M. (Org.) Práxis no Ensino em Biociências e Saúde: oficinas, experimentos e jogos. Curitiba: Appris, 2024. Disponível em: https://play.google.com/books/reader?id=QGkTEQAAQBAJ&pg=GBS.PT4&hl=pt. Acesso em: 14 ago. 2024.

PEDRETTI, E.; NAVAS-IANNINI, A. M. Pregnant Pauses: Science Museums, Schools and a Controversial Exhibition. *In:* CORRIGAN, D.; BUNTTING, C.; JONES, A.; LOUGHRAN, J. (ed.). *Navigating the Changing Landscape of Formal and Informal Science Learning Opportunities.* Springer, 2018.

SILVA, R. M. *Entrevista concedida a Suellen de Oliveira.* Rio de Janeiro, 26 jan. 2024. 60 minutos.

3.9 MUSEU DA VIDA

ALMEIDA, C. *et al.* O Teatro como estratégia de engajamento de jovens no enfrentamento da Aids. *Interface – comunicação, saúde, educação*, v. 25, 2021. Disponível em: https://doi.org/10.1590/interface.200402. Acesso em: 8 jul. 2023.

CEBUSAL. *Top 10:* 'O Rapaz da Rabeca e a Moça Rebeca'. Museu da Vida FIOCRUZ, 11 jan. 2022. Disponível em: https://www.museudavida.fiocruz.br/index.php/noticias/1850-top-10-o-rapaz-da-rabeca-e-a-moca-rebeca. Acesso em: 8 jul. 2023.

FIOCRUZ. Fundação Oswaldo Cruz. *Portal.* História. Disponível em: https://portal.fiocruz.br/historia. Acesso em: 8 jul. 2023.

FOLINO, C. H.; ALMEIDA, C. Teatro e Saúde: Peça Itinerante Engaja Jovens na Prevenção da Aids. *Educação Pública – Divulgação Científica e Ensino de Ciências*, v.

1, n. 1, 2022. Disponível em: https://educacaopublica.cecierj.edu.br/divulgacao-cientifica/index.php/educacaopublica/article/view/19/1. Acesso em: 8 jul. 2023.

LOPES, T.; HAMILTON, W.; GUIMARÃES, L. Ações e Produções Teatrais. In: ALMEIDA, C.; LOPES, T. (ed.) *Ciência em cena*: teatro no museu da vida. Rio de Janeiro: Fiocruz, 2019. p. 104-105.

MANO, S. M. F.; GOUVEIA, F. C.; SCHALL, V. T. "Amor e Sexo: mitos, verdades e fantasias". Jovens avaliam potencial de material multimídia educativo em saúde. *Ciência & Educação*, v. 15, n. 3, p. 647-658, 2009.

MUSEU DA VIDA. Áreas de Visitação. Como solicitar uma exposição itinerante. Disponível em: https://www.museudavida.fiocruz.br/index.php/exposicoes-itinerantes. Acesso em: 8 jul. 2023d.

MUSEU DA VIDA. *Ciência Móvel*. Atividades. Disponível em: https://www.museudavida.fiocruz.br/index.php/ciencia-movel/atividades. Acesso em: 8 jul. 2023b.

MUSEU DA VIDA. *Evento gratuito com teatro, roda de conversa e vídeos convida os jovens ao diálogo sobre HIV/Aids*, 30 nov. 2018. Disponível em: https://www.museudavida.fiocruz.br/index.php/noticias/1083-evento-gratuito-com-teatro-roda-de-conversa-e-videos-convida-os-jovens-ao-dialogo-sobre-hiv-aids. Acesso em: 8 jul. 2023.

MUSEU DA VIDA. *Exposição "Nascer"*, 2012. Disponível em: https://www.museudavida.fiocruz.br/index.php/exposicao-nascer#.ZLbWVXaZPrd. Acesso em: 8 jul. 2023.

MUSEU DA VIDA. *Exposição "Nascer"*, 2013. 1 vídeo 19 min 49 seg. Publicado pelo canal do Museu da Vida Fiocruz. Disponível em: https://www.youtube.com/watch?v=lneQkrIq46k. Acesso em: 8 jul. 2023.

MUSEU DA VIDA. *Exposições Itinerantes*. Tenda da Ciência. Disponível em: https://www.museudavida.fiocruz.br/index.php/area-de-visitacao/tenda-da-ciencia. Acesso em: 8 jul. 2023c.

MUSEU DA VIDA. *Peça "O rapaz da rabeca e a moça Rebeca" entra em cartaz no dia 5 de abril*, 19 mar. 2019. Disponível em: https://www.museudavida.fiocruz.br/index.php/noticias/11-visitacao/518-ultima-semana-da-peca-o-rapaz-da-rabeca-e-a-moca-rebeca. Acesso em: 8 jul. 2023.

MUSEU DA VIDA. *Sobre o Museu*. O que é o Museu da Vida FIOCRUZ. Disponível em: https://www.museudavida.fiocruz.br/index.php/sobre-o-museu/o-que-e-o-museu-da-vida-fiocruz. Acesso em: 8 jul. 2023a.

PALHARINI, L. A. *A história da atenção ao parto e nascimento*: possibilidades dos museus como espaços de comunicação e formação sobre o tema. Tese (Doutorado em Ensino de Ciências e Matemática) — Faculdade de Educação, Universidade Estadual de Campinas, SP, 2015.

SANTOS, T. Museu da Vida cria série de cards sobre HIV e aids para auxiliar professores. *Museu da Vida FIOCRUZ*, 29 nov. 2011. Disponível em: https://www.museudavida.fiocruz.br/index.php/noticias/2013-museu-da-vida-fiocruz-cria-serie-de-cards-sobre-hiv-e-aids-para-auxiliar-professores-a-abordar-o-tema-em-sala-de-aula. Acesso em: 8 jul. 2023.

SAWAD, A. C. M. B.; ARAÚJO-JORGE, T.C.; FERREIRA, F. R. Cienciarte ou ciência e arte? refletindo sobre uma conexão essencial. *Revista Educação, Artes e Inclusão*, v. 13 n. 3, p. 158-177, 2017.

4 EDUCAÇÃO SEXUAL NO BRASIL: OS MUSEUS PIONEIROS

4.1 MUSEU E PINACOTECA DE EDUCAÇÃO SEXUAL DO CÍRCULO BRASILEIRO DE EDUCAÇÃO SEXUAL, BRASIL

A NOITE. *No Círculo Brasileiro de Educação Sexual*. Visita dos alumnos Escola Prática de Polícia do Distrito Federal. 1935.

ALBUQUERQUE, J. Círculo Brasileiro de Educação Sexual. A palestra de amanhã em Bangu. *Jornal do Brasil*. Edição: 209. 1934.

ALBUQUERQUE, J. *Educação sexual pelo radio*. Rio de Janeiro: Circulo Brasileiro de Educação Sexual, 1935c.

ALBUQUERQUE, J. Meu encontro com os outros: memórias. *In:* CARRARA, S.; CARVALHO, M. *Meu encontro com os outros:* memórias de José de Albuquerque, pioneiro da sexologia no Brasil. Rio de Janeiro: Editora FIOCRUZ, 2016.

ALBUQUERQUE, J. *O sexo em face do individuo, da familia e da sociedade*. Rio de Janeiro: Círculo Brasileiro de Educação Sexual, 1936.

ALBUQUERQUE, J. *Para as nossas filhas quando attingirem a puberdade*. Rio de Janeiro: Círculo Brasileiro de Educação Sexual, 1935b.

ALBUQUERQUE, J. *Para nossos filhos varões quando attingirem a puberdade*. Rio de Janeiro: Círculo Brasileiro de Educação Sexual, 1935a.

ALBUQUERQUE, J. *Pinacotheca de Educação Sexual do Circulo Brasileiro de Educação Sexual*. Rio de Janeiro: Typografia do Jornal do Commercio, 1938.

ALBUQUERQUE, J. *Pinacothéca de Educação Sexual*. A notícia. Edição: 1917. 1935d.

ALBUQUERQUE, J. *Pinacothéca de Educação Sexual*. O Jornal. Edição: 107. 1935e.

ALBUQUERQUE, J. *Quatro letras... Cinco lustros...* Em comemoração do jubileu do C.B.E.S. – Círculo Brasileiro de Educação Sexual – (1933-1958). Rio de Janeiro, 1958.

BARRETO, C. *Contribuição para breve estudo das bases históricas da anatomia artística*. 1951. Tese (Concurso para aproveitamento da Cadeira de Anatomia e Fisiologia Artísticas da Escola Nacional de Belas Artes) — Universidade do Brasil. Rio de Janeiro, 1951. Disponível em: https://pantheon.ufrj.br/bitstream/11422/7521/1/272606.pdf. Acesso em: 22 mar. 2023.

BARRETO, C. *O desenho e sua atualização*. 1950. Tese (Concurso para aproveitamento de <<Desenho de Modêlo Vivo>>) — Universidade do Brasil, Rio de Janeiro, 1950. Disponível em: https://pantheon.ufrj.br/bitstream/11422/10602/1/272614.pdf. Acesso em: 22 mar. 2023.

CARRARA, S.; CARVALHO, M. *Meu encontro com os outros*: memórias de José de Albuquerque, pioneiro da sexologia no Brasil. Rio de Janeiro: Editora FIOCRUZ, 2016.

CARVALHO, L. R. Museu de Anatomia "Por dentro do Corpo": trajetória de conquistas. *In: Anais [...]* VII SEMINÁRIO de INTEGRAÇÃO DOS TÉCNICOS ADMINISTRATIVOS. 2019. Disponível em: https://conferencias.ufrj.br/index.php/sintae/sintae2019/paper/viewPaper/2907. Acesso em: 22 mar. 2023.

CHAGAS, A. F. *Ceroplastia em acervos universitários*: proposta de metodologia para estudo de modelos anatômicos preservados. 2022. Dissertação (Mestrado Profissional em Preservação de Acervos de Ciência e Tecnologia) – Museu de Astronomia e Ciências Afins, Rio de Janeiro, 2022.

CHUCAILO, V. C. *O sexo à luz da verdade e da sciencia*: um estudo sobre os discursos de educação sexual e sexualidade no jornal o Comércio de Porto União/SC (1933-

1941). 2015. Dissertação (Mestrado em História) – Programa de Pós-graduação em História, Universidade Estadual do Centro Oeste, Irati, 2015.

CORREIO DA MANHÃ. *Círculo Brasileiro de Educação Sexual*. A caravana de acadêmicos de medicina da Bahia. Rio de Janeiro, n. 13483, 21 out. 1938.

CORREIO DA MANHÃ. *Círculo Brasileiro de Educação Sexual*. Como decorreu a visita dos escoteiros do mar. Rio de Janeiro, n. 12535, 29 set. 1935.

CORREIO DA MANHÃ. *Círculo Brasileiro de Educação Sexual*. Rio de Janeiro, n. 18.486, 1 jul. 1953.

CORREIO PAULISTANO. *Círculo Brasileiro de Educação Sexual*. São Paulo, n. 24316, 30 jun. 1935.

COSTA, B. S. M. *Educando para castidade*: um olhar da Igreja Católica sobre a educação sexual nos anos 30 (séc. XX). 2007. Dissertação (Mestrado em Educação) — Universidade Federal de Pernambuco. Recife, 2007.

CRUZ, I. S. *Educação sexual na Bahia nas primeiras décadas do século XX*. 2017. Tese (Doutorado em Ensino, Filosofia e Histórias das Ciências) — Universidade Estadual de Feira de Santana. Salvador, 2017.

DIÁRIO CARIOCA. *Completa 20 anos o CBES*. Rio de Janeiro, n. 7663, 2 jul. 1953.

DIÁRIO de PERNAMBUCO. *Semana de Educação Sexual*. Semana de Educação Sexual. Recife, n. 156, 3 jul. 1935.

FELICIO, L. A. Um projeto de educação sexual para o Brasil: O Círculo Brasileiro de Educação Sexual (1933-1945). *In: Anais [...] Simpósio Nacional de História*. 26. São Paulo, 2011.

FONTOURA, A. José de Albuquerque, o esquecível: método histórico e o pioneirismo na educação sexual no Brasil. *Revista HISTEDBR*, v. 18, n. 3, p. 671-679, 2018.

GAZETA de NOTÍCIAS. *Círculo Brasileiro de Educação Sexual*. Como decorreu a visita dos Escoteiros do Mar. Rio de Janeiro, n. 231, 29 set. 1935.

JORNAL DO BRASIL. A rádio a serviço da Educação Sexual. A Rádio Cajuti inicia brevemente uma série de palestras a cargo do Dr. José de Albuquerque. Rio de Janeiro, n. 273, 15 nov., 1934a.

JORNAL DO BRASIL. *Círculo Brasileiro de Educação Sexual*. Curso popular de sexologia – sua inauguração hoje, Rio de Janeiro, n. 216, 13 set. 1933.

JORNAL DO BRASIL. *Círculo Brasileiro de Educação Sexual*. Inaugura-se hoje o "Teatro-Escola" pelo rádio, Rio de Janeiro, n. 160, 12 jul. 1938.

JORNAL DO BRASIL. *Círculo Brasileiro de Educação Sexual*. Rio de Janeiro, n. 73, 30 mar. 1937.

JORNAL DO BRASIL. *Curso de Política Sexológica*. Rio de Janeiro, n. 252, 23 out., 1936b.

JORNAL DO BRASIL. DiaDIA anti-venéreo: Decorreu com grande brilhantismo sua comemoração. *Jornal do Brasil*, Rio de Janeiro, n. 255, 27 out. 1939.

JORNAL DO BRASIL. *Primeira Conferência Inter-Americana de Higiene Mental*. Secção de sexologia em higiene mental. Rio de Janeiro, n. 90, 16 abr., 1935b.

JORNAL DO BRASIL. *Semana de Educação Sexual*, Rio de Janeiro, n. 148, 23 jun., 1934b.

JORNAL DO BRASIL. *Semana Paulista de Educação Sexual*. Rio de Janeiro, n. 136, 8 jun., 1935a.

JORNAL DO BRASIL. *Sexualidade e alcoolismo*: A palestra de hoje do Dr. José de Albuquerque na Associação dos Empregados no Comércio. Rio de Janeiro, n. 236, 03 out., 1934c.

JORNAL DO BRASIL. *Societe' de Sexologie de Paris*. A eleição do Dr. José de Albuquerque para membro desta sociedade científica. Rio de Janeiro, n. 297, 13 dez. 1936a.

JORNAL DO COMMERCIO. *Círculo Brasileiro de Educação Sexual*. Rio de Janeiro, n. 18, 1938.

JORNAL DO COMMERCIO. *Círculo Brasileiro de Educação Sexual*. Rio de Janeiro, n. 226, 1 jul. 1953.

JORNAL DO COMMERCIO. *Interior*, São Paulo, n. 233, 1935.

JÚNIOR, A. S. S.; ARAÚJO, R. N. "A hora da educação sexual": práticas educativas do sexo, da saúde e das doenças em conselhos impressos (Paraíba, década de 1930). *Fronteiras & Debates*, v. 6, n. 2, p. 7-25, 2019.

MOREIRA, T. S.; BALDISSARA, M. C. A ceroplastia como arte aplicada: os modeladores anatômicos da família Baldissera na Faculdade Nacional de Medicina do Rio de Janeiro. *In: Anais [...]* Seminário: a UFRJ faz 100 anos, 2017. Disponível em:

https://conferencias.ufrj.br/index.php/sufrj/sufrjcem/paper/viewPaper/1467. Acesso em: 22 mar. 2023.

NAVARRO, C. E. A. *Anatomia e artes plásticas*. 1969. Tese (Concurso para a docência livre de anatomia e fisiologia artística) — Escola de Belas Artes, Universidade Federal do Rio de Janeiro. 1969. Disponível em: https://pantheon.ufrj.br/bitstream/11422/10576/1/845234.pdf. Acesso em: 22 mar. 2023.

OLIVEIRA, C. "Libertar o brasileiro de seu captiveiro moral": identidade nacional, educação sexual e família no Brasil da década de 1930. *Psicologia & Sociedade*, v. 24, n. 3, p. 507-516, 2012.

PRADO, R. Bureau Internacional de Educação Sexual. *Jornal do Brasil*, Rio de Janeiro, n. 267, 15 nov. 1938.

REIS, G. V. *Sexologia e educação sexual no Brasil nas décadas de 1920 – 1950*: um estudo sobre a obra de José de Albuquerque. 2006. Dissertação (Mestrado em Educação) — Programa de Pós-graduação em Educação Escolar, Faculdade de Ciências e Letras, Universidade Estadual Paulista, 2006.

REIS, G. V.; RIBEIRO, P. R. M. A institucionalização do conhecimento sexual no Brasil. *In:* RIBEIRO, P. R. M. *Sexualidade e educação*: aproximações necessárias. São Paulo: Arte & Ciência, 2004.

4.2 VICTOR STAWIARSKI E A EDUCAÇÃO SEXUAL NO MUSEU NACIONAL

A MANHÃ. *Roteiro para uma viagem maravilhosa*. Ano: 1948. Edição: 00004.

A NOITE. *O fascinante museu da Quinta da Boa Vista*. Rio de Janeiro, n. 01142, 1951.

A NOITE. *Um fascinante estudo da biologia*. Rio de Janeiro, n. 13644, 20 nov. 1950.

BRAVO, L. *Correio da Manhã*. Na ante-sala do templo da história natural. Rio de Janeiro, n. 19107, 1955.

CORREIO DA MANHÃ. *Academias e escolas. Collegio Baptista*. Rio de Janeiro, n. 11957, 1933.

CORREIO DA MANHÃ. *Concurso de technico de educação*. Rio de Janeiro, n. 13494, 1938.

CORREIO DO AMANHÃ. *Muito viu e aprendeu no Museu Nacional quem foi a visita-guiada do "Correio"*. Rio de Janeiro, n. 20306, 1959.

COSTA, A. F.; GOUVÊA, G. Educação museal no Brasil pré-seminário de 1958: a atuação precursora do Museu Nacional. *In: Anais [...]* Museu Histórico Nacional, Rio de Janeiro, v. 52, p. 28-48, 2020.

COSTA, A. F.; GÔUVEA, G. Victor Stawiarski e a Educação Sexual no Museu Nacional (1940-1970): entre demissões e silenciamentos, o sucesso de público. *In:* LIMA, J. R.; OLIVEIRA, M. C. A.; CARDOSO, N. S. *ENEBIO*: itinerários de resistência: pluralidade e laicidade no Ensino de Ciências e Biologia. Campina Grande: Realize Editora, 2021.

DANTAS, R. M. M. C. Museu Nacional. O desenvolvimento da pesquisa científica no Brasil dos séculos XIX e XX. *In:* DUARTE, L. F. D. (org.). *Museu Nacional*: 200 anos. Rio de Janeiro: Editora Universidade Federal do Rio de Janeiro, 2022.

DIARIO CARIOCA. *Atos do chefe do governo*. Nomeações, aposentadorias, exonerações, remoções, demissões, promoções e autorizações, nas pastas de educação, fazenda, agricultura e guerra. Rio de Janeiro, n. 04667, 1943.

DIÁRIO de NOTÍCIAS. *Centro dos Técnicos de Educação*. Rio de Janeiro, n. 08304, 1949.

DIÁRIO de NOTÍCIAS. *Seminário de Cultura vai estudar educação sexual para escolares*. Rio de Janeiro, n. 15372, 1972.

DIÁRIO de NOTÍCIAS. *Simpósio da ABE sôbre ensino de ciências*. Rio de Janeiro, n. 10978, 1958.

FERNANDO, P.; FIGUEIREDO, M. *Jornal dos Sports*. Na Quinta, as crianças descobrem o sexo. Rio de Janeiro, n. 13266, 1971.

FUNDAÇÃO OSWALDO CRUZ. Brasiliana: a divulgação científica no Brasil. *Cursos Públicos do Museu Nacional*. 2009. Disponível em: http://www.fiocruz.br/brasiliana/cgi/cgilua.exe/sys/start.htm?infoid=541&sid=14. Acesso em: 12 mar. 2023.

INCT-CPCT DIVULGAÇÃO CIENTÍFICA. *Victor Stawiarski*: sexo e evolução na educação museal. 2020. 1 vídeo (6 min 24 seg). Disponível em: https://www.youtube.com/watch?v=NRLSDQMp0Zc&t=45s. Acesso em: 20 mar. 2023.

JEAN, Y. Última Hora. 11 anos depois: fim do curso de educação sexual do museu. Rio de Janeiro, n. 01982, 1956.

JORNAL DO BRASIL. *Cursos*. Rio de Janeiro, n. 00235B, 1972.

JORNAL DO BRASIL. *Uma matéria de vida*. Rio de Janeiro, n. 00203, 1972.

JORNAL DOS SPORTS. *Bola Society*. Domingo, Dia de Serra e de praia. Rio de Janeiro, n. 09552, 1960.

JORNAL DOS SPORTS. *Cada mestre no seu trabalho*. Nem todos são lembrados. Victor Stawiarski: a experiência do sexo para meio milhão. Rio de Janeiro, n. 13448, 1971.

KUCK, C. *O Cruzeiro*. Sexo: o que seu filho deve saber. Rio de Janeiro, n. 0022, 1968.

MUSEU NACIONAL. Aspectos das atividades do Museu Nacional. *Revista do Museu Nacional*, ano 1, n. 3, 1945a. Disponível em: https://obrasraras.museunacional.ufrj.br/REVMN_3.html. Acesso em: 12 abr. 2023.

MUSEU NACIONAL. O Museu Nacional prepara-se para a reabertura. *Revista do Museu Nacional*, ano 2, n. 5, 1945b. Disponível em: https://obrasraras.museunacional.ufrj.br/REVMN_5.html. Acesso em: 12 abr. 2023.

MUSEU NACIONAL. *Revista do Museu Nacional*, ano 1, n. 1, 1944. Disponível em: https://obrasraras.museunacional.ufrj.br/REVMN_1.html. Acesso em: 12 abr. 2023.

MUSEU NACIONAL. Seção de Assistência ao Ensino. *A SAE*. s.d. Disponível em: https://sae.museunacional.ufrj.br/a-sae/. Acesso em: 14 abr. 2023.

MUSEU NACIONAL. Seção de Assistência ao Ensino. *Linha do Tempo Interativa da Seção de Assistência ao Ensino (SAE)* – Museu Nacional/UFRJ. Doação de itens do Prof. Victor Stawiarski. 2021. Disponível em: tps://padlet.com/sae21/linha-do-tempo-interativa-da-se-o-de-assist-ncia-ao-ensino-s-z8zaqqe78a01cm4u. Acesso em: 20 mar. 2023.

NASCIMENTO, D. Por que educação sexual? *Jornal do Comercio*, Rio de Janeiro, n. 19898B, 1968.

NASCIMENTO, D. Por que educação sexual? *O Jornal*, Rio de Janeiro, n. 14390, 1968.

O JORNAL. *Educação sexual na escola*. Rio de Janeiro, n. 15440, 1973.

OLIVEIRA, S. S. MUSEU NACIONAL. *Relatórios mensais e anuais de atividades da Seção de Extensão Cultural*. 1941-1946. Dissertação (Mestrado em Educação) — Programa de Pós-Graduação em Educação, da Universidade do Estado do Rio de Janeiro. 2013.

PAIVA, C. L. Vá ver no museu da Quinta a única múmia de mulher que parece mulher. *Tribuna da Imprensa*, Rio de Janeiro, n. 02280, 1960.

SILVA, Fernando Dias da. A aula que não se deve perder. *O Mundo Ilustrado*. Rio de Janeiro, n. 00090, p. 12-13, 1954.

SILY, P. R. M. Casa de ciência, casa de educação: ações educativas do Museu Nacional (1818-1935). Tese (Doutorado) – Programa de Pós-graduação em Educação, Faculdade de Educação, Universidade do Estado do Rio de Janeiro, Rio de Janeiro, RJ, 2012. Disponível em: https://www.bdtd.uerj.br:8443/handle/1/10322. Acesso em: 12 abr. 2023.

SOUZA, A. M.; COSTA, A.; MARTI, F.; DESTERRO, P.; BOAS, S. Revista Docência e Cibercultura. Anúncios. Educadores/as do Museu Nacional em resgate: sobre a coleção didático-científica da seção de assistência ao ensino. 2021. Disponível em: https://www.e-publicacoes.uerj.br/re-doc/announcement/view/1267. Acesso em: 14 ago. 2024.

STAVIARSKI, V. Das Estantes do Museu Nacional. *Revista do Museu Nacional*, ano 1, n. 3, 1945ª, p.32. Disponível em: https://obrasraras.museunacional.ufrj.br/REVMN_3.html. Acesso em: 12 abr. 2023.

STAVIARSKI, V. Das Estantes do Museu Nacional. *Revista do Museu Nacional*, ano 2, n. 5, 1945c. Disponível em: https://obrasraras.museunacional.ufrj.br/REVMN_5.html. Acesso em: 12 abr. 2023.

STAVIARSKI, V. Em busca de um fóssil. *Revista do Museu Nacional*, n. 2, 1944, p.17-24. Disponível em: https://obrasraras.museunacional.ufrj.br/o/REVMN_2/2COMPLETO_REVMN_N2.pdf. Acesso em: 12 abr. 2023.

STAVIARSKI, V. O ensino das ciências nas escolas primárias. *Revista do Museu Nacional*, ano 2, n. 4, 1945b, p. 28-31. Disponível em: https://obrasraras.museunacional.ufrj.br/REVMN_4.html. Acesso em: 12 abr. 2023.

TRIBUNA DA IMPRENSA. *Técnico brasileiro de museu vai a um congresso em Atenas*. Rio de Janeiro, n. 01432, 1954.

4.3 O DESENVOLVIMENTO DA ÁREA TEMÁTICA EDUCAÇÃO SEXUAL INTEGRAL DO ESPAÇO CIÊNCIA VIVA: UMA HISTÓRIA DE RESISTÊNCIA!

ALMEIDA, M. H. G. Um projeto leva ciência às praças do Rio. *Jornal do Brasil*, Rio de Janeiro, n. 0036, 14 maio 1984.

ARAUJO-JORGE et al. Microscopy Images as Interactive Tools in Cell Modeling and Cell Biology Education. *Cell Biology Education*, v. 3, p. 99-110, 2004.

ARAUJO-JORGE, T. C. *[Entrevista cedida a] Suellen de Oliveira*. Rio de Janeiro, 20 de janeiro de 2021. Arquivo mp4 (74 min).

ARAUJO-JORGE, T. C. *Relatório de viagem científica à Índia (Nova Delhi)*, Inglaterra (Londres) e França (Paris), 15 abr. 1987.

BANDEIRA, F. C. S. *[Entrevista cedida a] Suellen de Oliveira*. Rio de Janeiro, 11 de setembro de 2020. Arquivo mp4 (125 min).

BAZIN, M. *[Correspondência]*. Destinatário: Pierre Lucie – Coordenador do Programa Educação para a Ciência. Rio de Janeiro, 28 fev. 1984.

BAZIN, M. Ciência Viva a Rio. *Alliage*, n. 3, p. 34-39, 1990.

BAZIN, M. Entrevista concedida à FIOCRUZ. *Brasiliana*: A divulgação científica no Brasil. Maurice Bazin. 2001. Disponível em: http://www.fiocruz.br/brasiliana/cgi/cgilua.exe/sys/start.htm?infoid=94&sid=31. Acesso em: 6 maio 2023.

BAZIN, M. Liberanting education in Brazil. *Science for the people*, n. 32, p. 18-19, 1988.

BAZIN, M.; COSTA, C. G. S.; FILIPPO, D. D. R.; KURTENBACH, E.; CAMARA, M. S.; PACIORNIK, S.; CASTRO, S. L.; ARAUJO-JORGE, T. C. Three Years of Living Science in Rio de Janeiro: Learning from Experience. *Science Literacy Papers*, p. 67-74, 1987.

BEVILACQUA, G. D.; KURTENBACH, E.; COUTINHO-SILVA, R. Parceria entre ensino formal e não formal: um curso de formação de professores do ensino médio e o Espaço Ciência Viva 2011. *Ciências & Cognição*, v. 16, n. 3, p. 66-77, 2011.

CAMANHO, S. S. *[Entrevista cedida a] Suellen de Oliveira*. Rio de Janeiro, 11 de setembro de 2020. Arquivo mp4 (130 min).

CAVALCANTI, C. C. B.; PERSECHINI, P. M. Science Museums and the Popularization of Science in Brazil. *Field Actions Science Reports*, Special issue 3, p. 1-10, 2011.

CHAGAS, I. Contextos educativos formais e não formais em ciência e sexualidade: possíveis aproximações. *In:* VILAÇA, T.; ROSSI, C.; RIBEIRO, C.; RIBEIRO, P. (ed.). *Investigação na Formação e Práticas Docentes na Educação em Sexualidade*: contributos para a igualdade de género, Saúde e sustentabilidade. Braga: Universidade do Minho. Instituto de Educação. Centro de Investigação em Estudos da Criança, 2017.

COLONESE, P. *Comunicação verbal*. 2021.

COSTANTIN, A. C. C. *Museus interativos de ciências*: espaços complementares de educação. O surgimento da primeira instituição brasileira. Tese (Doutorado em Química Biológica) — Universidade Federal do Rio de Janeiro, Rio de Janeiro, 2001.

COUTINHO-SILVA, R. *[Entrevista cedida a] Suellen de Oliveira*. Rio de Janeiro, 22 de julho de 2021. Arquivo mp4 (37 min).

COUTINHO-SILVA, R.; PERSECHINI, P. M.; MASUDA, M.; KUTENBACH, E. Interação museu de ciências-universidade: contribuições para o ensino não-formal de ciências. *Ciência e Cultura*, v. 57, n. 4, p. 24-25, 2005.

CUNHA, N. T. *A oficina "Dançando no escuro" como estratégia para informação e discussão sobre sexualidade e prevenção*. Trabalho de Conclusão de Curso (Bacharelado em Ciências Biológicas — Modalidade Médica) — Universidade Federal do Rio de Janeiro, Rio de Janeiro, 2014.

ENNE, O. *Praça da Ciência Itinerante:* Avaliando 12 anos de experiência. 2010 Dissertação (Mestrado em Saúde). Ensino em Biociências e Saúde. Instituto Oswaldo Cruz, Rio de Janeiro, 2010.

ESPAÇO CIÊNCIA VIVA. *Caderno de Mediação*. Rio de Janeiro: Espaço Ciência Viva, 2011.

ESPAÇO CIÊNCIA VIVA. *Estatuto Social*. 1983a.

ESPAÇO CIÊNCIA VIVA. *Experimentos e atividades participativas*. Exposição permanente. 1988.

ESPAÇO CIÊNCIA VIVA. Exposições científico-culturais do Espaço Ciência Viva: operação, manutenção e expansão. *Relatório de execução para Fundação Banco do Brasil*. Período: 12/1989 a 02/1990. Processo 30/1438-9. 25 mar. 1990.

ESPAÇO CIÊNCIA VIVA. *Histórico e Atividades*. 2019a.

ESPAÇO CIÊNCIA VIVA. *Jornada 2019*: Organização, planejamento e reflexões/ações. 2019c.

ESPAÇO CIÊNCIA VIVA. Nossa história. Disponível em: http://cienciaviva.org.br/index.php/nossa-historia/. Acesso em: 13 ago. 2021.

ESPAÇO CIÊNCIA VIVA. *Projeto de Implantação*. de 1983b.

ESPAÇO CIÊNCIA VIVA. *Projeto de pesquisa "Sexualidade e maternidade: divulgação científica para educação popular".* 1997 ou 1998.

ESPAÇO CIÊNCIA VIVA. *Relatório de atividades* (2008 a 2013). 2013.

ESPAÇO CIÊNCIA VIVA. *Relatório de atividades.* 2017.

ESPAÇO CIÊNCIA VIVA. *Relatório narrativo referente à doação n.º 885-0335.* Projeto Implementação dos Módulos de Matemática, de Astronomia e Parte de Biologia do Centro de Recepção da Natureza: Espaço Ciência Viva – Fundação Ford, [1989a ou 1990].

ESPAÇO CIÊNCIA VIVA. *Relatório técnico e crítico* – Período 1/10/84 (início do projeto) a 10/11/85. Subprojeto Espaço Ciência Viva. Convênio PI 348/84 – CONTRATO CAPES /PADCT 29/84. Programa de Apoio ao Desenvolvimento Científico e Tecnológico- PADCT. Subprograma Educação para a Ciência. Programa para Melhoria do Ensino de Ciências e Matemática. 1985b.

ESPAÇO CIÊNCIA VIVA. *Relatório técnico e crítico de 1984.* Subprojeto Espaço Ciência Viva. Convênio PI 348/84 – CONTRATO CAPES /PADCT 29/84. Programa de Apoio ao Desenvolvimento Científico e Tecnológico- PADCT. Subprograma Educação para a Ciência. Programa para Melhoria do Ensino de Ciências e Matemática. 1984.

ESPAÇO CIÊNCIA VIVA. *Relatório técnico e crítico do primeiro semestre de 1985.* Subprojeto Espaço Ciência Viva. Convênio PI 348/84 – CONTRATO CAPES /PADCT 29/84. Programa de Apoio ao Desenvolvimento Científico e Tecnológico- PADCT. Subprograma Educação para a Ciência. Programa para Melhoria do Ensino de Ciências e Matemática. 1985a.

ESPAÇO CIÊNCIA VIVA. *Relatório técnico e crítico.* Subprojeto Espaço Ciência Viva. Convênio PI 348/84 – CONTRATO CAPES /PADCT 29/84. Programa de Apoio ao Desenvolvimento Científico e Tecnológico- PADCT. Subprograma Educação para a Ciência. Programa para Melhoria do Ensino de Ciências e Matemática. [1985 ou 1986].

ESPAÇO CIÊNCIA VIVA. *Relatório técnico e crítico*: 1987-1989. Subprojeto Espaço Ciência Viva. Convênios PI-038-PADCT-076/86, PI-054-PADCT-315/87 e PI-543-PADCT-176/87. Programa de Apoio ao Desenvolvimento Científico e Tecnológico- PADCT. Subprograma Educação para a Ciência. Programa para Melhoria do Ensino de Ciências e Matemática. 1989b.

ESPAÇO CIÊNCIA VIVA. *Reunião final do ano de 2019*. 2019b.

FERREIRA, E. R. O.; SANTOS, S. A. M. *Memórias do CDCC Centro de Divulgação Científica e Cultural da Universidade de São Paulo 1980-2015*. São Carlos: CDCC/USP, 2016.

FUNDAÇÃO de AMPARO À PESQUISA DO ESTADO DO RIO de JANEIRO. *Resultado* – Edital Difusão e Popularização da C&T, 2017. Disponível em: http://www.faperj.br/?id=762.3.0. Acesso em: 12 ago. 2021.

FUNDAÇÃO OSWALDO CRUZ. *Termo aditivo ao convênio de cooperação celebrado em 08 de dezembro de 1986*, com a Fundação Oswaldo Cruz, no projeto de pesquisa intitulado "Práticas científicas e educativas na popularização de biologia celular".

GOMES, I.; CAZELLI, S. Formação de mediadores em museus de ciência: saberes e práticas. *Revista Ensaio*, v. 18, n. 1, 2016. p. 23-46.

JORNAL DO BRASIL. *História da Sexualidade*. Bichos, plantas e gente em ritual de vida e morte. 1987.

KUTENBACH, E.; PERSECHINI P.; COUTINHO-SILVA, R. Espaço Ciência Viva: a ciência e arte desde 1982. *In*: ARAUJO-JORGE, T.C. *Ciência e Arte – Encontros e Sintonias*. Rio de Janeiro: Editora Senac, 2004.

MATTOS, M. G.; COUTINHO-SILVA, R. Sexualidade, saúde e sociedade na formação de professores. *In*: Encontro Internacional de Educação Não Formal e Formação de Professores. *Resumo Estendido*, 2012. Disponível em: http://site.mast.br/multimidias/encontro_internacional_de_educacao_nao_formal_e_formacao_de_professores/pdfs-poster/ResumoEstendido_Mariana_Gouvea_de_Matos.pdf. Acesso em: 15 jul. 2021.

NEIVA, C. *Jornal do País*. Matéria de jornal sobre a atividade na Praça Santos Dumont em Nova Iguaçu. 12-18 jul. 1984.

O GLOBO. *Mostra desmistifica a sexualidade*. Rio de Janeiro, n. 19721, 17 nov. 1987.

OLIVEIRA, D. S. T.; OLIVEIRA, S. BEVILACQUA, G. D. COUTINHO-SILVA, R. Revisão integrativa sobre aplicações atribuídas ao simulador *The Empathy Belly*. Revista Ciências & Ideias. v. 15, 2024a, p. 1-12.

OLIVEIRA, S. *et al*. As superbactérias causadoras da gonorreia: uma oficina de educação sexual. *Educação Pública*: Seção Divulgação Científica e Ensino de Ciências, v. 1, n. 3, 2022, p. 1-22.

OLIVEIRA, S. et al. Colonizando: um jogo de tabuleiro moderno para promover a educação sexual. *In: Anais [...]* Trilha de Saúde – artigos completos. Simpósio Brasileiro de Jogos e Entretenimento Digital (SBGAMES), 22., 2023, Rio Grande/RS. Porto Alegre: Sociedade Brasileira de Computação, 2023. p. 1211-1222.

OLIVEIRA, S. et. al. Dançando no Escuro: uma atividade lúdica para promoção da percepção de risco de infecções sexualmente transmissíveis. In: SPIEGEL, C. N.; VANNIER-SANTOS, M. A.; MAIA, R. M. (Org.) Práxis no Ensino em Biociências e Saúde: oficinas, experimentos e jogos. Curitiba: Appris, 2024b. Disponível em: https://play.google.com/books/reader?id=QGkTEQAAQBAJ&pg=GBS.PT4&hl=pt.

OLIVEIRA, S.; VITIELLO, P. COUTINHO-SILVA, R. Percepções de futuros mediadores sobre a educação sexual nos museus de ciências. *Ciência & Ideias*, v. 12, n. 4, 2021, p. 99-117, 2021.

OLIVEIRA, S.; VITIELLO, P.; COLONESE, P. H.; COUTINHO-SILVA, R. Educação sexual para SER feliz! Uma estratégia de divulgação científica na transpandemia. *In: Anais [...]* SIMPÓSIO de DIVULGAÇÃO CIENTÍFICA – UFF, 1., 2021, Niterói. Niterói: Universidade Federal Fluminense, 2021. p. 45-46.

OLIVEIRA, S.; VITIELLO, P.; COUTINHO-SILVA, R. Dançando no escuro: uma atividade lúdica para promoção da percepção de risco de infecções sexualmente transmissíveis. *In: Anais [...]* 15 anos da Pós-graduação em Ensino em Biociências e Saúde – Semana Paulo Freire no IOC, 2019, Rio de Janeiro. Rio de Janeiro: Fiocruz e Instituto Oswaldo Cruz, 2019. p. 108.

ORGANIZACIÓN de LAS NACIONES UNIDAS PARA LA EDUCACIÓN, LA CIENCIA Y LA CULTURA (UNESCO). *Facing the facts:* the case for comprehensive sexuality education. Policy Paper 39, 2019. Disponível em: https://unesdoc.unesco.org/ark:/48223/pf0000368231. Acesso em: 15 jun. 2023.

PAIXÃO, C.; CAMANHO, S. S.; TORNAGHI, E.; KURTENBACH, E. A sexualidade por meio da arte. *In:* ARAUJO-JORGE, T. C. *Ciência e Arte* – Encontros e Sintonias. Rio de Janeiro: Editora Senac, 2004.

PAULA, L. M.; RUIZ, A. S. PEREIRA, G. R.; ANDRADE, V.A.; COUTINHO-SILVA, R.; KUTENBACH, E.; Um sábado de grandes descobertas: Um olhar acerca dos sábados da Ciência do Espaço Ciência Viva no Rio de Janeiro. *Latin American Journal of Science Education,* v. 1, p. 22011-14, 2014.

PEREIRA, G. R.; PAULA, L. M.; PAULA, L. M.; COUTINHO-SILVA, R. Formação continuada de professores dos anos iniciais da educação básica: impacto do programa formativo de um museu de ciência a partir do viés crítico-reflexivo. *Revista Ensaio*, v. 19, e 2470, p. 1-22, 2017.

PEREIRA, G. R.; PAULA, L. M.; SILVA, M. M. G. V.; SOUZA, V. V. C.; COUTINHO-SILVA, R. Formação de professores e a interface museu de ciências e escola: o caso dos anos iniciais do ensino fundamental. *In: Anais [...]* III Simpósio Nacional de Ensino de Ciência e Tecnologia. Ponta Grossa – Paraná, setembro 2012.

PEREIRA, L. A. *[Entrevista cedida a] Suellen de Oliveira*. Rio de Janeiro, 25 de agosto de 2021. Arquivo mp4 (71 min).

PEREIRA, L.; FARIA, V.; PIMENTA, L.; ANDRIETO, L.; BANDEIRA, F.; CAMANHO, S. S.; COUTINHO-SILVA, R. Ciência e educação para uma sexualidade consciente e responsável. *Saúde e Educação para a Cidadania*, v. 5, p. 1-13, 2009.

RABELLO, F.; PEREIRA, L.; SIQUEIRA, P.; FARIA, V.; BANDEIRA, F. C. S.; CAMANHO, S.S.; COUTINHO, R. Sexualidade, Arte e Ciência na Sociedade. *In: Anais [...]* III Encontro Saúde e Educação para a Cidadania, 2008, Rio de Janeiro.

RIO de JANEIRO (Estado). 1986. *Diário Oficial do Estado 31/10/86* – Decreto do governador e de extrato de cessão de uso em 12/12/86 p. 26.

ROSA, M. M.; FONSECA, V. S.; OLIVEIRA, S. A extensão universitária como estratégia de formação de educadores sexuais. *In:* CASTRO, P. A.; CAVALCANTI FILHO, S. M. (org.). *Gênero, Sexualidade e Educação*, v. 2. Campina Grande: Realize eventos, 2024.

SAITO, C. H.; BASTOS, F. P. Tributo a Maurice Bazin: um farol da prática para a liberdade. *Alexandria*, v. 11, n. 2, p. 279-305, 2018.

SHORTLAND, M. No business like show business. *Nature*, v. 328, p. 213-214, 1987.

SILVA, T. A. V. *[Entrevista cedida a] Suellen de Oliveira*. Rio de Janeiro, 24 de outubro de 2020. Arquivo mp4 (73 min).

VITIELLO, P. *[Entrevista cedida a] Suellen de Oliveira*. Rio de Janeiro, 20 de outubro de 2020. Arquivo mp4 (130 min).

4.4 MUSEU DA DIVERSIDADE SEXUAL, SÃO PAULO

BAPTISTA, J.; BOITA, T. Protagonismo LGBTQIA+ e museologia social: Uma abordagem afirmativa aplicada à identidade de gênero e orientação sexual. *In:*

BOITA, T.; BAPTISTA, J. *Museologia Comunitária LGBTQIA+ e outros ensaios queer interseccionais*. São Paulo: Museu da Diversidade Sexual, 2023.

BRASIL. *Decreto n.º 8.124*, de 17 de outubro de 2013. Regulamenta dispositivos da Lei n.º 11.904, de 14 de janeiro de 2009, que institui o Estatuto de Museus, e da Lei n.º 11.906, de 20 de janeiro de 2009, que cria o Instituto Brasileiro de Museus – IBRAM. Brasília, DF: 2013. Disponível em: https://www.planalto.gov.br/ccivil_03/_ato2007-2010/2009/lei/l11904.htm. Acesso em: 22 abr. 2023.

CAVALCANTI, C.; BARBOSA, R. B. Os Tentáculos da Tarântula: Abjeção e Necropolítica em Operações Policiais a Travestis no Brasil Pós-redemocratização. *Psicologia*: Ciência e Profissão, v. 38, n. 2, p. 175-191, 2018.

CHAGAS, V. *[Entrevista concedida a] Suellen de Oliveira*. Rio de Janeiro, 19 jan. 2024. 56 minutos.

CHAGAS, V. *Guia para pensar junto*: Como acolher estudantes LGBTQIA+?. São Paulo: Museu da Diversidade Sexual, 2022. Disponível em: https://drive.google.com/file/d/1IqCBALgslLyeEYGUyq8SI3m01zJnCWvp/view. Acesso em: 16 jan. 2024.

CORDEIRO, L. C. A. de Centro de Cultura; Memória e Estudos a Museu: Concepção do acervo do Museu da Diversidade Sexual. *In*: MUSEU DA DIVERSIDADE SEXUAL. *Acervos e referências da memória LGBTQIAP+*. 2023b. Disponível em: https://museudadiversidadesexual.org.br/. Acesso em: 22 abr. 2023.

FROST, S. Museums and Sexuality. *Museum International*, n. 257-260, p. 16-25, 2015.

INSTITUTO BRASILEIRO de GEOGRAFIA E ESTATÍSTICA. Pesquisa Nacional de Saúde. 2019. *Orientação sexual autoidentificada da população adulta*. Rio de Janeiro, 2022.

MUSEU DA DIVERSIDADE SEXUAL. Diálogo transversal e Construção de Territorialidades com Abordagem Interseccional. *Seminário MDS*. 1 vídeo. (1 h 29 min). 2022b. Disponível em: https://www.youtube.com/watch?v=rT3d09oa7H0. Acesso em: 22 abr. 2023.

MUSEU DA DIVERSIDADE SEXUAL. *Histórico da programação*. 2024a. Disponível em: https://museudadiversidadesexual.org.br/programacaohistorico. Acesso em: 22 jan. 2024.

MUSEU DA DIVERSIDADE SEXUAL. *Home*. 2024c. Disponível em: https://museudadiversidadesexual.org.br/. Acesso em: 22 jan. 2024.

MUSEU DA DIVERSIDADE SEXUAL. Memória e patrimônio LGBTQIA+ e interseccionalidades. *Seminário Museu da Diversidade Sexual*. 2022a. 1 vídeo. (1 hora 19 min). Disponível em: https://www.youtube.com/watch?v=9xcWFH2CSMA&t=1s. Acesso em: 22 abr. 2023.

MUSEU DA DIVERSIDADE SEXUAL. *O museu*. 2024b. Disponível em: https://museudadiversidadesexual.org.br/sobre. Acesso em: 22 jan. 2024.

MUSEU DA DIVERSIDADE SEXUAL. *Programação digital*. 2024d. Disponível em: https://museudadiversidadesexual.org.br/progdigital. Acesso em: 22 jan. 2024.

MUSEU DA DIVERSIDADE. Diversidade Futebol Clube. *Videoguia em Libras*. 2014. 1 vídeo. (8 min 13 seg). Disponível em: https://www.youtube.com/watch?v=toiyxZ_sjn8. Acesso em: 22 abr. 2023.

MUSEU DA DIVERSIDADE. *Teaser*: Memórias da Diversidade Sexual. 2018. 1 vídeo. (4 min 48 seg). Disponível em: https://www.youtube.com/watch?v=j3Vd5BZb4Ac. Acesso em: 22 abr. 2023.

NICOLAU, E. *[Entrevista concedida a] Suellen de Oliveira*. Rio de Janeiro, 31 jul. 2021. 71 minutos.

NÚCLEO de EDUCAÇÃO. *Solicitação de entrevista*. Destinatário: Suellen de Oliveira. São Paulo, 22 jan. 2024. Mensagem eletrônica.

PINTO, R. Museus e diversidade sexual: reflexões sobre mostras LGBT e Queer. *Arqueologia Pública*, n. 5, 2012, p. 44-55.

PODCAST MUSEU DA DIVERSIDADE SEXUAL (MDS). 2024a. Disponível em: https://open.spotify.com/show/1C0emyD7TIVCUGS3HQaSIA?si=cd25cad1067346bc. Acesso em: 22 jan. 2024.

PODCAST MUSEU DA DIVERSIDADE SEXUAL (MDS). Por uma museologia LGBT nacional. Entrevistada: Camila Moraes Wichers. [Entrevistadores: Equipe Podcast MDS]. São Paulo: Episódio 2, abr. 2022. *Podcast*. Disponível em: https://open.spotify.com/episode/1EHCTUnza6A1zlC3P26XOc?si=XnVUAqCCQhayTi2iqoHS_w&nd=1. Acesso em: 22 abr. 2023.

PODCAST MUSEU DA DIVERSIDADE SEXUAL (MDS). Territorialidades: A influência da EMEI Armando de Arruda na República. [Locução de] Eduardo Cordeiro. [S. l.]: jul. 2023. *Podcast*. 2023b. Disponível em: https://open.spotify.com/episode/5MoA8Tbosj4Ngw9ICmeHI3. Acesso em: 22 jan. 2024.

PODCAST MUSEU DA DIVERSIDADE SEXUAL (MDS). Territorialidades: Saúde Pública LGBTQIAP+. [Locução de] Eduardo Cordeiro. [S. l.]: ago, 2023. *Podcast*. 2023a. Disponível em: https://open.spotify.com/episode/1MwlravRj2AtVQ4b-4JrWme. Acesso em: 22 jan. 2024.

REINAUDO, F. A Strange Queer Body: The Museum of Sexual Diversity in São Paulo, Brazil. *Museum International*, v. 72, n. 3-4, p. 16-27, 2020.

SÃO PAULO. *Decreto n.º 58.075, de 25 de maio de 2012*. Cria, na Secretaria da Cultura, como equipamento cultural da área de Difusão Cultural, o Centro de Cultura, Memória e Estudos de Diversidade Sexual do Estado da São Paulo e dá providências correlatas. Disponível em: https://al.sp.gov.br/repositorio/legislacao/decreto/2012/decreto-58075-25.05.2012.html. Acesso em: 22 abr. 2023.

SÃO PAULO. Diário Oficial. *Decreto n.º 63.375 de 4 de maio de 2018*. Altera a denominação e a área do equipamento cultural que especifica, da Secretaria da Cultura, e dá providências correlatas. Disponível em: http://dobuscadireta.imprensaoficial.com.br/default.aspx?DataPublicacao=20180505&Caderno=DOE-I&NumeroPagina=1. Acesso em: 22 abr. 2023.

SÃO PAULO. Ministério Público do Estado de São Paulo. Procuradoria de Justiça de Interesses Difusos e Coletivos. 19ª. *Procuradoria de Justiça*. Autos n. 2100933-78.2022.8.26.0000 e 2086059-88.2022.8.26.0000). 2022.

VIEIRA JUNIOR, N. C. *Memória LGBT (Lésbicas, Gays, Bissexuais, Travestis e Transgêneros) no Museu da Diversidade Sexual em São Paulo*: sugestões de sistemas e serviços informacionais. Trabalho de Conclusão de Curso (Especialização em Gerência de Sistemas e Serviços de Informação) — Faculdade de Biblioteconomia e Ciência da Informação da Fundação Escola de Sociologia e Política da Fundação de São Paulo. 2013.

VIEIRA, L. *Acervos e referências da memória LGBTQIAP+*. São Paulo: Museu da Diversidade Sexual, 2023.

5 DESAFIOS E POTENCIALIDADES DA EDUCAÇÃO SEXUAL NO CONTEXTO MUSEAL

ARAGÃO, E.; MATOS, H.; LAGO, A.; PEREIRA, G.; VILAÇA, T. A pluralidade do olhar de alunos/as do 9.º ano sobre a sexualidade e gênero em obras de arte nos Museus do Prado e Rainha Sofia. *In:* VILAÇA, T., ROSSI, C.; RIBEIRO C.; RIBEIRO

P. (ed.). *Lições Aprendidas na Formação e Práticas Docentes na Educação em Sexualidade*. Braga: UMinho-CIEC, 2017. p. 177-196.

BAPTISTA, J. Ensino universitário e Memória LGBTQI+: estratégias e desafios para formação de profissionais da Museologia. *In: Anais Eletrônicos [...]* Seminário Internacional Fazendo Gênero 12, Florianópolis, p. 1-7, 2021.

BRASIL. Instituto de Pesquisa Econômica Aplicada. *Objetivos de Desenvolvimento Sustentável*. Disponível em: https://www.ipea.gov.br/ods/index.html. Acesso em: 25 jun. 2023.

BRASIL. Ministério da Saúde. Secretaria de Atenção à Saúde. Departamento de Atenção Básica. *Saúde sexual e saúde reprodutiva*. Brasília: Ministério da Saúde, 2013.

BRASIL. Ministério do Turismo. *Portaria IBRAM* n. 605 de 10 de agosto de 2021. Dispõe sobre a Política Nacional de Educação Museal – PNEM e dá outras providências. Disponível em: https://www.in.gov.br/en/web/dou/-/portaria-ibram-n-605-de-10-de-agosto-de-2021-338090192. Acesso em: 17 jun. 2023.

BRASIL. Ministério Público Federal. Procuradoria Federal dos Direitos do Cidadão. *Nota técnica n.º 11/2017*. Disponível em: https://crianca.mppr.mp.br/arquivos/File/legis/notas/nota_tecnica_11_2017_pfdc_mpf_liberdade_artistica.pdf. Acesso em: 15 fev. 2023.

CAHN, L.; LUCAS, M.; CORTELLETI, F.; VALERIANO. *Educación sexual integral*: guía básica para trabajar em la escuela y em la familia. Ciudad Autónoma de Buenos Aires: Siglo XXI Editores, 2022.

CANAL SAÚDE OFICIAL. *Queermuseu – Unidiversidade*. 1 vídeo (25 min). Disponível em: https://www.youtube.com/watch?v=PoxbG-9B3VI&list=PLM8TbR-F4NzKlVZ6xFWK7rvjbtskgUMoml&index=4&t=629s. Acesso em: 15 fev. 2023.

CASSIDY, A.; LOCK, S. J.; VOSS, G. Sexual Nature? (Re)presenting Sexuality and Science in the Museum. *Science as Culture*, p. 1-25, 2016.

FORUM PERMANENTE. *Queermuseu no Parque Lage*. 2018. Disponível em: http://www.forumpermanente.org/imprensa/dossie-exposicao-santander-cultural-queermuseum-2013-cartografias-da-diferenca-na-arte-brasileira/queermuseu-no-parque-lage. Acesso em: 15 fev. 2023.

FROST, S. Secret Museums and Shunga: Sex and Sensitivities. *In: Proceedings of the Interpret Europe Conferences in Primošten and Kraków* (2014 and 2015), p. 86-97, 2017.

FUNDO DAS NAÇÕES UNIDAS PARA A INFÂNCIA (Unicef). Declaração *Universal dos Direitos Humanos*, 1948. Disponível em: https://www.unicef.org/brazil/declaracao-universal-dos-direitos-humanos. Acesso em: 29 jun. 2023.

LOURO, G. L. *O corpo educado*: pedagogias da sexualidade. 4. ed. Belo Horizonte: Autêntica, 2021.

MAIA, A. C. B. Sexualidade e educação sexual. [Material Didático]. *Programa Rede São Paulo de Formação Docente (REDEFOR)*: Educação Especial e Inclusiva São Paulo, 2014.

MONTREAL SCIENCE CENTRE. *Sex: A Tell-all Exhibition*. 2015. Disponível em: https://www.montrealsciencecentre.com/temporary-exhibition/sex-a-tell-all-exhibition. Acesso em: 9 fev. 2023.

MUSEU de ARTE de SÃO PAULO ASSIS CHATEAUBRIAND. *Assunto do e-mail*. Mensagem recebida por deoliveira.suellen@gmail.com em xx abr. 2023.

MUSEU de ARTE de SÃO PAULO ASSIS CHATEAUBRIAND. *História da Sexualidade*. 2017. Disponível em: https://masp.org.br/exposicoes/historias-da-sexualidade. Acesso em: 15 fev. 2023.

MUSEU HISTÓRICO NACIONAL. *Quem Ama não Mata*. 2023.

NATIONAL POST. Post Media News. *Educational sex exhibition may be too racy for Ottawa* (though fine in Regina), 16 maio 2012a. Disponível em: https://nationalpost.com/news/canada/educational-sex-exhibition-too-racy-for-ottawa-though-fine-in-regina. Acesso em: 8 jan. 2023.

NATIONAL POST. *Sarah Elton on the 'porn exhibit'*: government censorship hurts us all, 12 jun. 2012b. Disponível em: https://nationalpost.com/opinion/sarah-elton-on-the-porn-exhibit-government-censorship-hurts-us-all. Acesso em: 8 mar. 2023.

NETO, A. R. Educação em sexualidade na Europa e as sexualidades interseccionais do Brasil. *Revista Estudos Feministas*, v. 30, n. 1, p. 1-16, 2022.

ODIER, F. S. Eros, Pornôs e expressão plástica: signos da sexualidade na arte contemporânea brasileira. *In: Anais [...]* 1º Congresso de Diversidade Sexual e de Gênero, 2014. Belo Horizonte, MG. Disponível em: https://anaiscongressodivsex.wordpress.com/artigos/. Acesso em: 9 jul. 2023.

OLIVEIRA, S.; VITIELLO, P. COUTINHO-SILVA, R. Percepções de futuros mediadores sobre a educação sexual nos museus de ciências. *Ciência & Ideias*, v. 12, n. 4, 2021, p. 99-117, 2021.

ORGANIZAÇÃO DAS NAÇÕES UNIDAS PARA A EDUCAÇÃO, A CIÊNCIA E A CULTURA (UNESCO). Facing the facts: the case for comprehensive sexuality education. 2019. *Policy Paper 39*. Disponível em: https://en.unesco.org/gem-report/node/2791. Acesso em: 15 jun. 2023.

ORGANIZAÇÃO DAS NAÇÕES UNIDAS PARA A EDUCAÇÃO, A CIÊNCIA E A CULTURA (UNESCO). Education Sector. UNESCO COVID-19 Education Response. Education Sector issue notes. *Issue note n° 6.2*, aug. 2020. Disponível em: https://en.unesco.org/covid19/educationresponse/issuenotes. Acesso em: 25 jun. 2023.

ORGANIZAÇÃO DAS NAÇÕES UNIDAS PARA A EDUCAÇÃO, A CIÊNCIA E A CULTURA (UNESCO). Institute for Lifelong Learning. *Making lifelong learning a reality*: a handbook. Hamburg, Germany, 2022.

PAVILHÃO DO CONHECIMENTO. Centro Ciência Viva. *Sexo... e então?!*. 2010. Disponível em: https://www.pavconhecimento.pt/16/sexo-e-entao. Acesso em: 15 mar. 2022.

PETRA, T. *[Entrevista concedida a] Suellen de Oliveira*. Rio de Janeiro, 10 jan. 2022. 99 minutos.

QUIST, D. Sex: A Tell-all Exhibition in Ottawa: an open letter to Minister of Heritage James Moore. *Cardus*, 16 maio, 2012. Disponível em: https://www.imfcanada.org/archive/611/sex-tell-all-exhibition-ottawa-open-letter-minister-heritage-james-moore. Acesso em: 8 mar. 2023.

RAJ, A. Sex: A Tell-All Exhibition At Ottawa Museum Has Age Limit Raised After Minister Expresses Concerns. *Huff Post*, 16 maio, 2012. Disponível em: https://www.huffpost.com/archive/ca/entry/sex-a-tell-all-exhibition-at-ottawa-museum-has-age-limit-raised_n_1521979. Acesso em: 7 jan. 2022.

ROMERO, M. *[Entrevista concedida a] Suellen de Oliveira*. Rio de Janeiro, 10 jan. 2022. 99 minutos.

SANTOS, A. B. *Educação em sexualidade em contexto não formal*. 2012. Dissertação (Mestrado em Educação para a Saúde) – Escola Superior de Tecnologia da Saúde de Coimbra, Coimbra, 2012.

SEOANE, M. L.; BECHELANY, C. Diálogo con Camila Bechelany. *Estudios Curatoriales*, n. 7, 2018.

THE EVANGELICAL FELLOWSHIP OF CANADA. *RE: Sex:* A Tell All Exhibition, 14 maio 2012. Disponível em: https://www.evangelicalfellowship.ca/Communications/Outgoing-letters/May-2012/Re-Sex-A-Tell-All-.aspx. Acesso em: 8 mar. 2023.

WHITE, N. J. Controversial sex exhibit heads to Kitchener museum. *Toronto Star*, 1 nov., 2013. Disponível em: https://www.thestar.com/life/2013/11/01/controversial_sex_exhibit_heads_to_kitchener_museum.html. Acesso em: 8 mar. 2023.

WOLSKI, L. *Exposição Corpo e Desejo*. Museu Oscar Niemeyer, 2018.

WORLD HEALTH ORGANIZATION. *Sexual health, human rights and the law*. Geneva: WHO Library, 2015. Disponível em: https://apps.who.int/iris/handle/10665/175556. Acesso em: 1 nov. 2020.